Mit Geschichten von

Inken Bartels
Julie Caplin
Rebekka Eder
Micaela A. Gabriel
Miriam Georg
Liv Helland
Katharina Herzog
Manuela Inusa
Sandra Lüpkes
Kira Mohn
Kristina Moninger
Kelly Moran
Ines Thorn
Lena Wolf

rororo

EIN GANZES

herz

VOLL

WEIHNACHTEN

Geschichten und Rezepte für
die schönste Zeit im Jahr

Herausgegeben von Lea Daume

Rowohlt Taschenbuch Verlag

Alle weihnachtlichen Lieblingsrezepte unserer Autorinnen
sind als Rezeptsammlung auf der Rowohlt-Website zu finden:

www.rowohlt.de/adventsrezepte

Originalausgabe
Veröffentlicht im Rowohlt Taschenbuch Verlag, Hamburg, Oktober 2022
Copyright © 2022 by Rowohlt Verlag GmbH, Hamburg
Christiane Steen übersetzte den Beitrag
Ein Koffer voller Weihnachten von Julie Caplin.
Vanessa Lamatsch übersetzte den Beitrag
Haileys allerschönstes Weihnachtsgeschenk von Kelly Moran.
Covergestaltung Hafen Werbeagentur, Hamburg
Coverabbildung Shutterstock
Satz Adobe Garamond bei Pinkuin Satz und Datentechnik, Berlin
Druck und Bindung GGP Media GmbH, Pößneck, Germany
ISBN 978-3-499-01083-5

Die Rowohlt Verlage haben sich zu einer nachhaltigen Buchproduktion verpflichtet.
Gemeinsam mit unseren Partnern und Lieferanten setzen wir uns für eine klimaneutrale Buchproduktion ein, die den Erwerb von Klimazertifikaten zur Kompensation des CO_2-Ausstoßes einschließt.
www.klimaneutralerverlag.de

Inhalt

JULIE CAPLIN

Ein Koffer voller *Weihnachten*

Übersetzt von Christiane Steen

*M*it einem Glas Champagner in der Hand auf meinen Flug nach London wartend in der First Class Lounge am Flughafen Charles de Gaulle zu sitzen, war nicht gerade der perfekte Zeitpunkt, um zu erfahren, dass meine Wochenendpläne soeben geplatzt waren.

Und es wurde auch nicht besser, als ich sechs Stunden später allein und niedergeschlagen in meinem Hotelzimmer ankam und feststellen musste, dass einer meiner Koffer vertauscht worden war – der mit der großen rosa Schleife am Griff. Um genau das zu vermeiden, hatte ich die Schleife extra am Koffer befestigt, weil ja jeder weiß, dass es ungefähr eine Million schwarze Handkoffer auf der Welt gibt. Wie konnte das blöde Ding einfach verschwinden? Mir fiel ein, dass die Schleife zu Hause bereits locker gewesen war und ich sie eigentlich hatte neu festbinden wollen, doch dann war sie vermutlich irgendwann während des Fluges abgefallen. Wie konnte man nur so ein Pech haben?

Ich beäugte den Inhalt des Koffers, der ganz offensichtlich nicht mir gehörte. Keine Spur von meiner teuren Unterwäsche, von meinem Make-up oder meinen Designerschuhen. Dieser Koffer sah aus, als gehöre er jemandem, den die Modewelt vergessen hatte. Obenauf lag ein Paar graue Pantoffeln aus Wolle, die den ersten Preis als hässlichste Pantoffeln der Welt, nein, des Universums verdient gehabt hätten. Darunter eine flauschige Bettjacke aus Velours. Eine Bettjacke! Ich meine, ernsthaft, wer trug denn bitte Bettjacken? Daneben lag eine grellgrüne Schaumstoff-Kniematte. Alles war noch mit Etiketten versehen, es musste sich also um Geschenke handeln – zumal sich auch noch eine Rolle weihnachtliches Geschenkpapier sowie mehrere Dosen Kekse und Geschenksets mit Olivenöl und Essig, aromatisierte Gins und Tonics sowie Körperlotion und Badeöl im Koffer fanden. Ziemlich sicher handelte sich bei dem Kofferbesitzer nicht um eine attraktive aufstrebende junge Fernsehmoderatorin um die dreißig, sondern um jemand Uraltes. Und ganz offensichtlich hatte ich dessen Weihnachtsgeschenke mitgenommen.

Ich schüttelte den Kopf und schaute auf den Adressanhänger. Christopher Hamilton. Immerhin hatte er die Weisheit besessen, seine Handynummer mit aufzuschreiben. Ich stellte mir einen Mann über sechzig vor, und nach seinem Kofferinhalt zu urteilen, besaß er nicht besonders viel Fantasie und ohne Zweifel überhaupt keinen Kleidergeschmack. Er trug vermutlich ein Flanellhemd unter einem selbst gestrickten Pullunder und dazu eine formlosen Chinohose, die schon bessere Tage gesehen hatte. Oh Gott. Wenn das die Weihnachtsgeschenke für seine Frau waren, dann hatte sie mein tiefstes Mitgefühl.

Entnervt wählte ich die Nummer vom Adressschild.

«Ja», blaffte eine Stimme.

«Guten Abend. Spreche ich mit Mr. Hamilton?»

«Dr. Hamilton.»

Das erklärte vieles.

«Dr. Hamilton, ich glaube, ich habe hier Ihren Koffer.»

Ich hörte einen tiefen Seufzer. «Und wieso glauben Sie das?»

«Vielleicht», sagte ich übertrieben geduldig, «weil Ihr Name auf dem Kofferanhänger steht und darin Gegenstände sind, die ganz sicher nicht mir gehören.»

«Ich verstehe nicht, wie das passiert sein soll», sagte er unwirsch. «Ich hatte meinen Koffer die ganze Zeit bei mir.»

Ich verdrehte die Augen – bestimmt war er schon etwas altersverwirrt. Bemüht höflich fragte ich: «Wohnen Sie eventuell im Astoria Mayfair?»

«Nein, da war ich gestern. Ich bin heute Nachmittag abgereist.»

Da war die Erklärung. Bei meiner Ankunft an der Hotelrezeption herrschte Chaos, alles war voller Leute, die auschecken wollten; darum hatte ich meine Sachen bei der Concierge gelassen und erst mal einen Tee in der Lounge getrunken, bevor ich einchecken konnte.

«Und wo sind Sie jetzt?»

«Ich bin in Burford.»

«In den Cotswolds!», rief ich aus. Ich kannte den Ort gut. Burford war eine hübsche Stadt, meine geschiedenen Eltern lebten beide in der Nähe.

«Nun, es ist zwar schön zu wissen, dass Sie mit der englischen Geografie vertraut sind, aber ich wüsste nicht, wieso Sie …» Er unterbrach sich, dann hörte ich einen unterdrückten Fluch. «Sind Sie Miss A. Baines?»

«Allerdings. Ich schätze, Sie haben meinen Koffer.»

«Es scheint so.» Natürlich entschuldigt er sich nicht. «Verdammt. Sie haben all meine Weihnachtsgeschenke für die Familie. Und ich bin bis Heiligabend auf einer Konferenz, da kann ich nicht weg … Ich muss schauen, ob mein Hotel Ihnen Ihren Koffer bringen kann, und Sie könnten mir meinen schicken lassen.»

Das Letzte, wozu ich Lust hatte, war, mich mit Kurieren herumzuschlagen. Mit einem Seufzer wischte ich meinen Frust beiseite. Eigentlich war doch alles halb so schlimm. Heiligabend war bereits in zwei Tagen. Ich hatte für zwei Wochen gepackt, sodass sich in meinem größeren Koffer fast alles fand, was ich brauchte.

«Wie es der Zufall will, reise ich zu Heiligabend nach Burford», sagte ich. «Ich könnte Ihnen den Koffer also vorbeibringen und meinen abholen.»

«Wirklich? Das wäre großartig. Mein Terminkalender ist komplett voll, das wäre mir also eine große Hilfe. Ich bin hier der Hauptreferent. Und die nächsten beiden Tage sind für mich ziemlich hektisch.»

«Sie Glücklicher. Meine Pläne wurden alle gecancelt.» Warum auch immer ich ihm das erzählte. Vielleicht aus Selbstmitleid: Meine beste Freundin Adrienne, die eigentlich von ihrer Kochschule in Irland hatte einfliegen wollen, hatte einen familiären Notfall und konnte nicht kommen.

Ich hörte eine laute, sehr rüstige und muntere Stimme im Hintergrund. «Christopher! Wie schön, Sie zu sehen!»

Plötzlich sagte Dr. Hamilton ins Telefon: «Das ist ja wirklich schade, Angela. Was ist denn passiert? Ich bin sicher, ich kann da etwas tun.» Der plötzliche Stimmungswandel brachte mich völlig aus dem Konzept. Auf einmal klang er richtig nett. «Entschuldigen Sie, Martin», sagte er, offenbar an den Mann im Hintergrund gewandt, «ich telefoniere gerade. Gehen Sie doch ruhig schon mal vor.»

«Sie kommen aber gleich nach, ja?», fragte Martin.

«Geben Sie mir noch zwei Minuten. Entschuldigen Sie, Miss Baines», sprach er jetzt wieder ins Telefon, «was haben Sie gerade gesagt?»

«Ich heiße Avril, und interessiert Sie das wirklich, oder wollen Sie bloß nicht mit Mr. Gesund und Munter reden?», fragte ich grinsend.

«Letzteres. Definitiv.»

Ich lachte. «Sie möchten also, dass ich weiter mit Ihnen plaudere.» Ich goss mir ein Glas Wein aus der Minibar ein.

«Absolut», sagte er betont begeistert. «Also, wie sahen Ihre Pläne denn aus?»

Die Vorstellung, ihn vor einem dieser lauten, nervigen Kollegen zu retten, gefiel mir irgendwie. Hatten wir nicht alle schon mal mit ihnen gearbeitet? «Ich wollte ein paar Tage mit einer Freundin in London verbringen», spielte ich mit, «aber sie musste in letzter Minute absagen.»

«Was kann ich Ihnen zu trinken mitbringen, Christopher?» Wieder diese laute Stimme.

«Machen Sie sich keine Umstände, Martin, ich bin noch eine Weile am Telefon.»

«Sie Schwindler», sagte ich lachend. So langsam fand ich Gefallen an der Sache. Und ich hatte ja auch gerade nichts Besseres vor. «Eigentlich wollte ich heute Abend Cocktails oben in The Shard trinken und dann in einem hübschen Restaurant am Borough Market zu Abend essen.»

«Das klingt wundervoll.»

«Das meinen Sie doch nicht ernst.»

«Doch, das tue ich.»

«Was ist denn Ihr Lieblingscocktail?»

«Pornstar Martini», antwortete er.

«Christopher!», bellte der andere Mann wieder.

«Ja. Wirklich? Das ist ja toll!», sagte Christopher mit plötzlicher Begeisterung. Ich stellte mir vor, wie er sich das Handy ans Ohr presste und dem nervigen Mann ein Zeichen gab, dass es noch dauerte.

«Wissen Sie überhaupt, was ein Pornstar Martini ist?», neckte ich ihn und überlegte, wie alt er wohl tatsächlich sein mochte. Auf jeden Fall besaß er Sinn für Humor.

«Keine Ahnung», meinte er fröhlich.

«Kann ich Sie etwas fragen?»

«Sie können mich alles fragen. Ich bin nur zu gern behilflich.» An seiner Stimme konnte ich hören, dass er überaus gewillt war, sich noch eine Weile ablenken zu lassen. Es gab mir das Gefühl, nützlich zu sein, was meinem angekratzten Ego einen kleinen Boost verpasste, so ganz allein und ohne Freundin in London, wie ich gerade war.

Ich ging hinüber zum Fenster und schaute über die Skyline von London. Das Hotel lag direkt am Themseufer, und auf der anderen Flussseite konnte ich die Lichter des London Eye und weiter östlich verschiedene Hochhäuser sehen, die den nächtlichen Himmel beleuchteten.

«Die Pantoffeln, für wen sind die?»

«Für meine Tante. Warum?»

«Wie alt ist Ihre Tante denn?»

«Sie ist zweiundvierzig. Eine sehr späte Nachzüglerin nach meiner Mutter.»

«Zweiundvierzig? Sie machen wohl Witze. Diese Pantoffeln sind wirklich nicht altersgemäß.»

Er lachte amüsiert. «Ich hatte keine Ahnung, dass Pantoffeln eine Altersbeschränkung haben.»

«Sehr lustig. Was für eine Sorte Zweiundvierzigjährige ist sie denn?»

«Was für Sorten gibt es?»

«Was macht sie beruflich? Was gefällt ihr?»

«Wieso ist das wichtig?»

«Ich versuche, mir ein Bild zu machen. Um herauszufinden, ob die Pantoffeln für die Tante angemessen sind.»

Dr. Hamilton seufzte. «Meine Tante leitet eine PR-Firma in London, sie ist ziemlich einflussreich.»

Ich verschluckte mich beinahe an meinem Wein. «Und Sie haben ihr diese Pantoffeln gekauft? Ach, du große Güte.»

«Was ist falsch an denen?»

«Nichts, wenn man einhundertunddrei Jahre alt ist.»

«Oh.» Er klang ernsthaft enttäuscht. Der Arme. «Ich dachte, sie wollte Pantoffeln.»

Auf einmal fühlte ich mich mies, dass ich sein Geschenk so schlechtgemacht hatte. Er war sicher richtig stolz auf sich gewesen, weil er so organisiert war. Die meisten Männer, die ich kannte, rannten erst an Heiligabend in Panik los. Mein Vater gehörte auch dazu, und für seine geldgierige neue Frau funktionierte das tatsächlich sehr gut. Er kaufte ihr einfach lächerlich teuren Schmuck, den sie direkt nach Weihnachten wieder zurückbrachte, um ihn zu nötigen, ihr etwas noch Teureres zu kaufen.

«Hören Sie», sagte ich. «Ich habe nichts zu tun. Ich könnte doch für Sie einkaufen gehen und etwas Passenderes besorgen.»

Am anderen Ende der Leitung herrschte Schweigen.

«Entschuldigung, ist das irgendwie schräg?»

«Nicht schräg, aber … na ja, meinen Sie das ernst?»

«Ja», sagte ich begeistert. «Ich liebe Shoppen, und es wäre eine echte Herausforderung für mich.» Diese Frau brauchte glamouröse Pantoffeln im Stil der 40er-Jahre mit kleinen Absätzen und Marabu-Federn auf der Schuhspitze. «Und wo ich gerade dabei bin: Für wen ist diese Bettjacke?»

«Meine Mutter», sagte er zögerlich. «Was stimmt mit der Bettjacke nicht?»

Ich schüttelte den Kopf. Mit einer Bettjacke konnte nie irgendwas stimmen. Er brauchte eine helfende Hand. «Ich finde was Besseres. Denn wie gesagt, ich bin allein in London!» Ich versuchte, den erneuten Anflug von Selbstmitleid aus meiner Stimme rauszuhalten. Ich hatte mich so auf diese Reise gefreut. Adrienne war eine meiner besten Freundinnen, und ehrlich gesagt war es mir in Paris bisher ziemlich schwergefallen, Freunde zu finden. Ich hatte dort einen Job als Fernsehmoderatorin bei einem obskuren englischsprachigen Sender angenommen, ohne darüber nachzudenken, dass ich in Paris keine Menschenseele kannte.

«In diesem Fall …» Er schwieg eine Weile, dann sagte er mit herausfordernder Note in der Stimme: «Die Lieblingsfarbe meiner Mutter ist Veilchenblau.»

«Verstanden.» Ich freute mich, dass er auf meinen Vorschlag einging. «Und die Kniematte?», fragte ich mit sanfter Stimme, denn ganz im Ernst, wer kaufte irgendwem eine Kniematte? Wenn man sich die Knie nicht schmutzig machen wollte, dann kaufte man doch wenigstens eine ordentliche Gartenhose, um Himmels willen.

«Die ist für meinen Vater.»

«Und welche Größe hat er?»

«Sie stellen seltsame Fragen. Er ist eins zweiundachtzig und trägt Größe 48. Was ich deshalb weiß, weil er es andauernd betont. Er erzählt jedem, dass er immer noch dieselbe Größe trägt wie vor dreißig Jahren, als er meine Mutter geheiratet hat.»

«Sie sind schon dreißig Jahre verheiratet? Wow. Das ist beeindruckend. Meine Eltern sind jeweils zum dritten Mal verheiratet. Und ich glaube, meine Mutter wird sich demnächst wieder scheiden lassen», sagte ich und verzog das Gesicht. Drei Nächte bei meiner Mutter über Weihnachten und dazu ein paar Pflichtbesuche bei meinem Vater und seiner neuen Frau waren nicht gerade meine Vorstellung von Spaß, aber es war immerhin besser, als allein in meiner Wohnung in Paris zu sitzen.

«Das muss schwierig sein. Für Sie, meine ich.»

Ich zuckte die Achseln, auch wenn er das nicht sehen konnte. «Ist Ihr Stalker weg?», wechselte ich das Thema.

«Meinen Sie Martin? Ich glaube, ich bin ihn erst mal los. Danke für Ihre Hilfe. Ich kann jetzt unbesorgt auflegen, denke ich.»

Am nächsten Morgen trotzte ich dem kalten Wetter und machte mich mit beschwingtem Schritt auf den Weg zu Harrods, überzeugt, meine Einkaufsziele dort erreichen zu können. Als Erstes legte ich einen Stopp in der Lebensmittelabteilung ein, deren Verlockungen ich nie widerstehen kann. Als erfahrene Einkäuferin schlängelte ich mir den Weg durch die Menschenmassen bis zur Schokolade, wo sich in einer Auslage kunstvoll gefertigte Pralinen reihten wie Soldaten bei einer Parade. Pastellfarbene Macarons füllten ganze Regale, Stapel mit goldgeprägten Schachteln türmten sich in jeder Ecke, und der sündhaft süße Duft von Kakao erfüllte die Luft. Von dort aus ging ich in die Patisserie-Abteilung, wo fein gearbeitete Torten mit bunter Glasur und farbigen Füllungen die Geschmacksnerven der Passanten reizten, verziert mit Nüssen, Fruchtpürees und Blattgold. Mit schneeweißem Zuckerguss und hübschen silbernen Bändern verzierte Weihnachtskuchen standen in Schachteln zum Kauf bereit, während sich Blechdosen mit Shortbread, auf denen Bilder der englischen Königsfamilie, Doppeldeckerbusse und Telefonzellen prangten, an jeder Ecke türmten. Schließlich ging ich durch die ägyptischen Themenräume zu den Rolltreppen, vorbei an riesigen Teddybären in der berühmten grün-goldenen Uniform des Kaufhauses bis zur Weihnachtsdekoration. Weihnachten war ohne meine jährliche Pilgerreise zu Harrods einfach nicht vollständig. Jedes Jahr fügte ich meiner Weihnachtsbaumschmuck-Sammlung ein neues Stück hinzu. Heute dauerte es über eine Stunde, bis ich mich für ein Rentier aus Filz mit einer kleinen roten Knopfnase entschieden hatte.

Danach fuhr ich hinauf in die Wäsche- und Schuhabteilung, auf der Suche nach glamourösen Pantoffeln und etwas Verführerischerem als Dr. Hamiltons flauschiger Bettjacke.

Bei den Hausschuhen wurde ich fast sofort fündig: Kitten-Heels aus blassrosa Samt mit passendem Marabu-Besatz und Strass-Schleife. Sie waren perfekt, wenn auch ein bisschen teuer. Ich hatte mit Dr. Hamilton noch gar nicht über das Budget gesprochen. Aber egal. Er konnte sie ja jederzeit zurückbringen, wenn er sie nicht haben wollte, wobei ich mir wirklich keinen Grund vorstellen konnte, warum das der Fall sein sollte. Sie waren einfach toll.

In der Wäscheabteilung hatte ich keinen Erfolg – es gab zwar einige hübsche Bademäntel, aber nichts in Veilchenblau. Dennoch deprimierte mich das kein bisschen. Ich hatte schließlich noch den Rest des Tages Zeit und schon ein paar Boutiquen im Sinn.

Eine Stunde später, inzwischen hatte ich mich tapfer durch die Menschenmassen in der U-Bahn gekämpft, bog ich vom Leicester Square auf den Covent Garden ab. Auf dem gepflasterten Platz wimmelte es nur so von Einkäufern, und es duftete nach Mince Pies, Schokolade und Maronen. Riesige Silberkugeln an Mistelzweigen schmückten den Apple Market, und an jedem Eingang standen altmodische Karren voller roter und grüner Weihnachtssterne, verziert mit Samtgirlanden. Ein riesiger Weihnachtsbaum beherrschte den Platz vor der mit glitzernden Lichtern geschmückten Schauspielerkirche St. Paul's, und vor den Türen des Royal Opera House standen zwei lebensgroße Nussknacker. Ich bog in eine der kleinen gepflasterten Seitenstraßen ab, in denen sich die unabhängigen Boutiquen reihen. *Undercover* verkaufte exquisite Seiden- und Spitzen-unterwäsche, und ich war sicher, dass ich hier genau das Richtige für Dr. Hamiltons Mutter finden würde. Etwas, in dem sie sich nicht wie eine altbackene Herzogin fühlen würde. Ganz bestimmt wollte keine Frau, egal welchen Alters, eine Velours-Bettjacke zu Weihnachten. Das perfekte Geschenk ist etwas, von dem der Beschenkte nicht weiß, dass er es sich gewünscht hat, bis er es in den Händen hält.

Das Schaufenster war inspiriert von *Frozen* und mit wunder-schöner Wäsche aus fliederfarbener Seide, Camisoles aus laven-delfarbenem Satin und weißer Spitze, French Knickers, Korsetts, Hemdchen und Bustiers gefüllt. Drinnen fand ich genau das Richtige: einen hauchzarten Seidenmantel in einem wunder-schönen Blau, das an Glockenblumen im Frühling erinnerte. Der Stoff glitt durch meine Finger, als ich ihn berührte, und ich wusste einfach, dass ich ihn kaufen musste.

Beladen mit Einkäufen, hielt ich ein schwarzes Taxi an, sank auf den Rücksitz, ruhte meine müden Füße aus und fuhr zurück zum Hotel. Wäre ich mit Adrienne unterwegs gewesen, hätten wir noch irgendwo auf einen Cocktail angehalten, aber allein hatte ich keine Lust. Plötzlich deprimierte mich die Aussicht auf einen einsamen Hotelabend mit Zimmerservice.

«Dr. Hamilton?»

«Hallo. Wie war Ihr Tag?»

Überrascht von seiner freundlichen Stimme ließ ich mich in meinem Hotelzimmer aufs Sofa sinken. «Er war okay», gab ich zu.

«Sie Glückspilz. Meiner war sterbenslangweilig. Aber heute

Abend muss ich mich zusammenreißen. Keine Pornstars für mich. Ich muss morgen Vormittag die Hauptrede halten.»

Ich kicherte. «Sie meinen Pornstar Martinis.»

«Die auch.»

«Wissen Sie, was da drin ist?»

«Ja, das weiß ich tatsächlich. Ich habe heute gegoogelt. Passionsfruchtpüree, Vanille-Wodka, Limettensaft und Prosecco. Normalerweise trinke ich lieber Bier vom Fass.»

Ich schauderte. Natürlich tat er das. Einen Moment lang hatte ich ganz vergessen, dass ich ja gar nicht wusste, wie alt er war – tranken nicht alle alten Männer Bier vom Fass? Seine Stimme war eigentlich recht attraktiv …

«… aber um meinen Horizont zu erweitern, wäre ich bereit, einen zu probieren.»

«Das ist sehr mutig von Ihnen», witzelte ich.

«Oh ja, so bin ich», sagte er fröhlich. «Ich breche immer wieder aus meiner Komfortzone aus.» Die Art, wie er das sagte, ließ darauf schließen, dass er mit seiner Komfortzone ganz zufrieden war.

«Also, was haben Sie heute Abend vor?», fragte er. «Ich werde Martin nicht aus dem Weg gehen können. Ich sitze beim Abendessen neben ihm. Gott, er redet ununterbrochen. Meine Mutter meint immer, ich sei etwas langweilig, aber sie sollte ihn mal kennenlernen.»

«Für mich gibt es Abendessen vom Zimmerservice», seufzte ich. «Was mich daran erinnert, dass ich meine Reservierung stornieren sollte. Wir wollten eigentlich ins Dishoom gehen.»

«Oh, das liebe ich. Da müssen Sie unbedingt hin. Waren Sie schon mal da?»

«Nein. Ich wollte es schon lange ausprobieren.»

«Sie sollten wirklich hingehen.»

«Aber nicht alleine.»

«Warum nicht? Nehmen Sie ein Buch mit. Oder tun Sie so, als wären Sie in irgendwas auf Ihrem Handy vertieft.»

«Hm, vielleicht», sagte ich, wohl wissend, dass ich auf keinen Fall allein in ein Restaurant gehen würde. Das würde mich wie eine komplette Loserin aussehen lassen. Die traurige Frau, die keine Freunde hat – was ja wohl auch stimmte. Theoretisch hatte ich zwar durchaus Freunde, aber niemanden, der mir wirklich nahestand. Ich hatte in den letzten Jahren zu viel gearbeitet, um Freundschaften zu pflegen.

«Gehen Sie hin», drängte Dr. Hamilton. «Wie wäre es, wenn ich Ihnen digital Gesellschaft leiste?»

«Das geht doch nicht.»

«Warum nicht? Ich werde mich heute Abend zu Tode langweilen. Mir gefällt die Vorstellung, hier und da heimlich eine Nachricht zu schreiben.»

«Hat Ihre Frau denn nichts dagegen, dass Sie einer Fremden schreiben?»

«Sie sind keine Fremde, Sie sind meine persönliche Einkäuferin. Und ich habe keine Frau. Was kann denn schon passieren? Oder sind Sie etwa feige?»

«Ich bin nicht feige!», antwortete ich empört.

«Genießen Sie das Abendessen. Es wird sehr viel besser sein als mein Standard-Konferenzessen mit Hühnchen, glasierten Kartoffeln und zu Tode gekochten Möhren.»

❀ ✽ ❀

Ich genoss das Abendessen wirklich. Verletzt von seinem Vorwurf, ich sei zu feige, allein zu essen, und ebenso genervt von der Aussicht, einsam in meinem Hotelzimmer hocken zu müssen, hatte ich ein langes heißes Bad genommen, mir ein Kleid angezogen und mich geschminkt.

Das Restaurant war auf kleine indische Gerichte spezialisiert, und alles auf der Speisekarte klang köstlich, sodass ich die Qual der Wahl hatte. Während ich die Karte studierte, vibrierte mein Handy. Ich nahm es dankbar in die Hand, denn ich fühlte mich doch ein wenig unsicher so allein.

Nehmen Sie unbedingt das Black Daal nach Art des Hauses. Die Gunpowder potatoes sind auch gut.

Ich lächelte. Offenbar zweifelte Dr. Hamilton nicht daran, dass ich im Restaurant war.

Habe mich dann doch für Kentucky Fried Chicken entschieden.

Nein, das haben Sie nicht. Sie klingen nicht wie der Fast-Food-Typ. Ich habe den Eindruck, Sie wissen die schönen Dinge im Leben zu schätzen.

Da haben Sie recht. Das tue ich, und es ist mir auch gar nicht peinlich.

Schon oft hatten Menschen mir vorgeworfen, ich sei zu anspruchsvoll. Und ja, ich hatte Ansprüche. Ich wusste, was ich wollte, und ich kümmerte mich darum, dass ich es auch bekam. Manchmal fanden die Leute das anstrengend. Vor allem männliche Freunde. Aber ich glaubte nun mal an meinen eigenen Wert. Und wenn ich mich nicht um mich selbst kümmerte, wie konnte ich dann von anderen erwarten, dass sie es taten? Ich hatte selbst miterlebt, wie meine Mutter und mein Vater sich für ihr emotionales Wohlergehen auf andere verließen – und was daraus wurde.

Guten Appetit.

Ich ließ mir Zeit für mein Abendessen. Seine Empfehlungen waren perfekt, ebenso wie der Chili-Brokkoli-Salat, verfeinert mit Pistazien und Gewürzen, und die Masala-Garnelen, die an den Rändern leicht angebrannt waren. Ich trank einen herrlich frischen Weißwein, und seltsamerweise genoss ich es richtig, allein dazusitzen und die Kellner zu beobachten, allesamt freundlich und aufmerksam, für die es anscheinend von enormer Bedeutung war, dass es mir gut ging, und die mich stets im Auge behielten, während sie von Tisch zu Tisch eilten. Ich hatte Spaß daran, mir Gedanken über die anderen Gäste zu machen. War die Familie mir gegenüber vielleicht wegen eines besonderen Geburtstags in der Stadt? Das Paar in den Dreißigern, das etwas unbeholfen miteinander umging, hatte bestimmt ein Blind Date. Die beiden jungen Frauen neben mir wirkten wie gute Freundinnen, die sich seit Ewigkeiten nicht mehr gesehen hatten. Sie redeten nonstop. Ich war ein bisschen neidisch auf sie, aber auch stolz auf mich.

Als ich die Rechnung bestellte, hatte ich tatsächlich das Gefühl, etwas erreicht zu haben. Ich hatte alleine in einem Restaurant gegessen. Schon bedauerte ich all die Abende in Paris, an denen ich nicht ausgegangen war. Das würde ich in Zukunft ändern. Vielleicht würde ich es mir sogar zur Gewohnheit machen, beschloss ich, als der Kellner mir in meinen Mantel half und mich kokett anlächelte. Ich lächelte zurück und schlenderte aus dem Restaurant.

Danke, dass Sie mich überredet haben herzukommen. Ich hatte ein wunderbares Essen.

Ich schickte die Nachricht ab und öffnete die Minibar, um eine kleine Flasche Prosecco herauszunehmen. Es war erst neun Uhr, und ich hatte noch keine Lust, ins Bett zu gehen.

Dr. Hamilton antwortete sofort.

Immerhin eine von uns. Mein Huhn war praktisch ungenießbar. Und jetzt muss ich es in dieser Bar noch eine halbe Stunde mit dem Idioten Martin und den anderen aushalten.

Lächelnd betrachtete ich mein Handy und drückte spontan die Anruftaste.

«Guten Abend.»

«Hallo, Dr. Hamilton. Ich habe mich gefragt, ob Sie gerettet werden wollen.»

«Nein, das ist ja furchtbar. Natürlich kann ich sprechen. Einen Moment bitte.» Ich hörte, wie er sich bei seinen Begleitern entschuldigte. «Sie retten mir das Leben», sprach er dann wieder ins Telefon. «Ehrlich, ich könnte vor Langeweile sterben. Wenn ich mich wenigstens betrinken dürfte, würde das die Sache etwas erträglicher machen, aber ich brauche morgen einen klaren Kopf. Es gibt tatsächlich ein paar bedauernswerte Leute, die an dem interessiert sind, was ich zu sagen habe.»

«Worum geht es denn bei Ihrer Konferenz?»

«Cyberkriminalität und Sicherheit. Alles furchtbar langweilig.»

«Da möchte ich Ihnen nicht widersprechen.»

Er lachte. «Sie sind sehr direkt. Das gefällt mir.»

Ein wohliger Schauer lief über meine Haut. «Das sieht nicht jeder so.» Ich dachte wieder an den Stempel ‹anspruchsvoll›, der mir so oft anhaftete.

«Ich bin nicht jeder.»

Ich spürte, wie mein Magen eine kleine Drehung vollführte. Ja, gut, arrogante Alphamännchen hatten es mir nun mal angetan. Dr. Hamilton hörte sich immer interessanter an …

«Ich sollte jetzt auflegen», sagte ich hastig.

«Das ist aber schade», sagte er, und seine Stimme senkte sich bedauernd, was bei mir den einen oder anderen Schmetterling aufflattern ließ.

«Nun, morgen ist ein anstrengender Tag. Für uns beide.»

«Was haben Sie denn vor? Ich dachte, all Ihre Pläne seien abgesagt.»

«Ich wollte im Somerset House Schlittschuh laufen», platzte ich heraus, ohne nachzudenken. Seit wann hatte ich denn vor, Schlittschuh laufen zu gehen? Es war total touristisch, nicht im Geringsten cool, und ich hatte es nur mal angedacht, um Adrienne einen Gefallen zu tun, die unbedingt dorthin wollte.

«Das ist eine tolle Idee. Schön für Sie. Ich bin ziemlich neidisch. Ich wäre lieber dort als hier. In diesem Hotel kommt wirklich keine Weihnachtsstimmung auf. Im Vergleich zu der Dekoration hier ist der Minimalismus die reinste Kunsthandwerksbewegung.» Ich hörte Stimmen im Hintergrund. «Oje, man ruft nach mir. Ich muss leider auflegen. Viel Spaß beim Schlittschuhlaufen. Ach ja, und wir müssen noch unsere Kofferübergabe planen.» Er lachte. «Ich komme mir vor wie ein Spion aus dem Kalten Krieg. Wo sollen wir uns treffen?»

Ich überlegte kurz. «Es gibt leider nicht viele Cocktailbars in Burford, und wir werden kaum einen Pub finden, der Pornstar Martinis serviert.»

Er lachte wieder, und ich merkte, dass ich ihn gerne zum Lachen brachte. «Ich könnte ausnahmsweise auf die Cocktails verzichten.»

«Wie wär's dann mit dem *Lamb Inn* in der Nähe der Hauptstraße? Sagen wir 19.30 Uhr?»

«Perfekt. Und woran erkenne ich Sie?», fragte er.

«Ich werde einen Trenchcoat und eine Baskenmütze tragen», sagte ich und stellte mir mich als geheimnisvolle Mata-Hari-Figur vor.

«In Ordnung. Ich werde eine Ausgabe der *Times* bei mir tragen und einen Homburg-Hut.»

«Haben Sie wirklich einen Homburg-Hut?»

«Ja, tatsächlich. Ist das ein Problem?» Es klang neckend, und ich war nicht sicher, ob mir das gefiel.

«Ich weiß nicht», sagte ich knapp. «Ich lasse es Sie dann wissen.»

Ich hörte fast, wie er schmunzelte, und wieder spürte ich dieses kleine Kribbeln in meinem Bauch. «Ich muss auflegen», sagte ich.

«Gute Nacht, schlafen Sie gut.»

Nachdem ich aufgelegt hatte, starrte ich noch ein paar Minuten auf das Telefon. Man konnte sich doch unmöglich in jemanden verlieben, nur weil er eine schöne Stimme hatte – eine Stimme, die Dinge zum Leben erweckte, von denen man glaubte, sie seien schon vor langer Zeit eingeschlafen. Oder doch? Dr. Hamilton, der Cyber-Computerfreak, zugegebenermaßen unspezifischen Alters, konnte unmöglich mein Typ sein. Allein nach seinen Einkäufen zu urteilen, musste er mindestens mittelalt sein und geradezu eine Allergie gegen guten Geschmack haben. Ich nahm einen großen Schluck von meinem Prosecco. Es war eindeutig zu lange her, dass ich ein Date oder Sex gehabt hatte. Um ehrlich zu sein, hatte ich seit zwei Jahren die Nase voll von gelegentlichen Treffen und führte das Leben einer Nonne, während ich an meiner Karriere arbeitete. Vielleicht sollte ich mich im neuen Jahr ein bisschen mehr anstrengen, Leute in Paris kennenzulernen.

❀ ❋ ❀

Nachdem ich den ganzen Vormittag auf der Eisbahn im prächtigen Innenhof des Somerset House herumgeschlittert war, der tatsächlich ein London vergangener Zeiten heraufbeschwor, kehrte ich mittags ins Hotel zurück, um meinen Koffer und den von Dr. Hamilton zu packen, den ich zusätzlich mit den Geschenken füllte, die ich für ihn eingekauft hatte. Dann machte ich mich auf den Weg nach Paddington, um den Zug nach Charlbury zu nehmen, was mehr oder weniger der nächste Bahnhof vor Burford war. Meine Mutter hatte sich bereit erklärt, mich vom Zug abzuholen, und von ihrem Haus in der Stadt war es nur ein kurzer Spaziergang zum *Lamb Inn*.

Das Zentrum von Burford mit seinen honigfarbenen Häusern, von denen einige noch aus der Tudorzeit stammten, brachte mich immer zum Lächeln. Von allen Cotswold-Städten war dies mein Lieblingsort. Die mit Flechten gesprenkelten Schieferdächer zogen sich in einer gezackten Linie den Hügel hinauf, und die Lichter in den gemauerten Kuppelfenstern warfen einen sanften goldenen Schein auf die Steinmauern.

Auch der Pub zählte zu meinen Lieblingsorten, mit seinen Steinfliesen und alten Holzbalken. Und da saß ich nun bei einem Gin Tonic in einer gemütlichen Nische und ärgerte mich immer noch über die Ankündigung meiner Mutter, dass sie spontan am ersten Weihnachtstag auf die Bahamas fliegen würde. Ich war so weit gereist, um sie zu sehen, und sie ließ mich einfach im Stich! Zu allem Überfluss hatte mein Vater ein Haus voller Gäste und konnte mich nicht auch noch bei sich unterbringen. Falls ich ganz verzweifelt sei, könnte ich am zweiten Weihnachtsfeiertag aber bei ihnen Mittag essen. Na toll. Ich nahm einen Schluck von meinem Gin. Verdammte Weihnachten.

Während ich das Eis in meinem Glas schwenkte, sah ich einen sehr attraktiven Mann Ende dreißig mit strahlend blauen Augen in den Pub kommen. Unwahrscheinlich, dass er Christopher Hamilton war. Das wäre wohl zu viel erwartet. Er ging direkt zur Bar, um einen Drink zu bestellen, und meine Laune verfinsterte sich wieder. Keine Spur von einem Homburg oder der *Times*. Ich seufzte, stellte mein Glas auf den hübschen Untersetzer und sah erst wieder hoch, als sich die schwere Holztür erneut öffnete und ein hochgewachsener, gebückter Mann mit unauffälliger Kleidung eintrat. Er sah genauso aus wie ein Dr. Hamilton. Ich schenkte ihm ein strahlendes Lächeln, woraufhin er ziemlich verständnislos dreinschaute und zu einer Gruppe von Leuten in der Ecke hinüberging. Der attraktive Mann mit den blauen Augen allerdings schlenderte zu mir herüber.

«Ist dieser Platz besetzt?»

Eine Sekunde lang breitete sich Enttäuschung in meiner Brust aus, und ich wollte schon sagen, dass ich auf jemanden wartete, aber dann fiel es mir auf. Seine Stimme.

«Dr. Hamilton?», fragte ich überrascht. Diesen tiefen und, wie ich fand, sehr sexy klingenden Tonfall würde ich überall wiedererkennen.

«Was hat mich verraten?» Er setzte sich. «Ich trage keinen Homburg.»

Ich hob eine Augenbraue. «Wir haben ja schon öfter miteinander gesprochen. Ich habe Ihre Stimme erkannt.»

«Ah, ja, natürlich.» Er schenkte mir ein Lächeln, seine blauen Augen tanzten vor Belustigung, und ich spürte dieses wohlige Flackern der Anziehung tief in meinem Bauch.

«Ich habe nie gefragt, wie Ihre Rede gewesen ist», sagte ich schnell.

«Niemand ist eingeschlafen. Ich betrachte das praktisch als Triumph.»

Trotz seiner selbstironischen Worte war mir klar, dass Dr. Christopher Hamilton den Saal höchstwahrscheinlich in Atem gehalten hatte. Ich hatte genug erfolgreiche Menschen interviewt, um das Selbstvertrauen zu erkennen, das mit Talent und Intelligenz einhergeht. Aus irgendeinem Grund spürte ich einen Anflug von Schüchternheit. Ich starrte in meinen Gin.

«Vielen Dank, dass Sie meinen Koffer mitgebracht haben», sagte er, und das war genau das Richtige. Er war offenbar der perfekte Gentleman. «Wie gut, dass Sie die Verwechslung rechtzeitig bemerkt haben. Ich hätte den Koffer erst heute Abend aufgemacht, und dann wäre es zu spät gewesen.»

Ich nickte und war plötzlich dankbar, dass er meinen Koffer nicht geöffnet und meine Unterwäsche entdeckt hatte. Ich fragte mich, was er wohl davon gehalten hätte, und spürte, wie ich errötete, was mir überhaupt nicht passte. Dieser Mann hatte irgendetwas an sich, das mich aus dem Konzept brachte.

«Ich wollte sowieso herkommen», sagte ich. «Obwohl sich jetzt herausgestellt hat, dass es tatsächlich besser gewesen wäre, in London zu bleiben. Wie es aussieht, werde ich nämlich ganz allein zu Hause sein, nicht einmal ein Truthahn wird mir Gesellschaft leisten.»

«Ich dachte, Sie wollten Weihnachten bei Ihrer Familie verbringen?»

«Meine Mutter hat beschlossen zu verreisen und damit auch

gleich die Lieferung des Weihnachtsessens abgesagt. Morgen gibt es für mich gebackene Bohnen, und zwar zum Frühstück, Mittag- und Abendessen.»

«Das ist hart. Sie können unmöglich zu allen drei Mahlzeiten Bohnen essen.» Nachdenklich lehnte er sich zurück. «Warum kommen Sie nicht zu uns zum Abendessen? Wir essen am ersten Weihnachtstag immer erst um sechs, und meine Mutter ist der Meinung, je mehr Gäste, desto besser. Sie würde sich sehr über Ihren Besuch freuen.»

Ich musste laut lachen. So etwas konnte auch nur ein Mann sagen. Seine Mutter wäre bestimmt entsetzt. Meine Mutter jedenfalls wäre außer sich, wenn ich spontan Gäste einladen und ihren makellos gedeckten Tisch durcheinanderbringen würde.

«Ich bin mir nicht sicher, ob ‹freuen› das richtige Wort ist», sagte ich.

«Unsinn. Sie müssen kommen. Sie kennen immerhin praktisch schon die ganze Familie, nachdem Sie all die Weihnachtseinkäufe erledigt haben. Und falls nicht genug zu essen da ist, dann können wir ja auch hier hingehen. Die Gerichte sind ausgezeichnet, auch wenn ein Pub wie dieser sicher nicht Ihr übliches Lokal ist.»

«Bin ich denn so eine Primadonna?», fragte ich amüsiert, weil er sich offenbar schon ein Bild von mir gemacht hatte. Und er hatte tatsächlich recht. Ich mochte den Pub sehr, aber zum Abendessen würde ich viele andere Lokale vorziehen. Ich hatte nur vorgeschlagen, dass wir uns hier treffen könnten, weil es so günstig lag.

«Ja», sagte er, «aber ich finde es ganz bezaubernd.»

Ich hob eine Augenbraue und überlegte, ob er mich auf den Arm nehmen wollte.

Doch er nickte bekräftigend. «Starke, intelligente Frauen sind eine viel bessere Gesellschaft.»

«Sehr geschickt, Dr. Hamilton. Wirklich geschickt.»

«Das sollte ein Kompliment sein», sagte er mit schiefem Grinsen und griff nach der Speisekarte. Ich betrachtete ihn einen Moment und war mehr als angetan. Auch mir gefielen starke, intelligente Männer.

Trotz intensiver Blicke und einiger schamloser Flirtversuche meinerseits war er während des Essens der perfekte Gentleman. Was wirklich schade war, wie ich fand, als er mich gegen elf zu meiner Mutter zurückbrachte.

«Wir sehen uns dann morgen», sagte er, und obwohl ich gehofft hatte, dass zwischen uns eine gewisse Anziehung bestand, gab er mir nicht einmal einen Kuss auf die Wange.

❀ ❊ ❀

«Fröhliche Weihnachten!», wurde ich an der Tür mit strahlendem Lächeln begrüßt. «Sie müssen Avril sein. Ich bin Dorothy, die Mutter von Christophe.»

«Christophe? Ich dachte, er heißt Christopher.»

«Das tut er auch. Wir nennen ihn bloß alle Christophe. Er ist gerade mit dem Hund draußen. Kommen Sie doch rein. Möchten Sie einen Drink?»

«Das wäre wunderbar, und danke für die Einladung.» Ich folgte ihr in einen gemütlichen Flur. «Ich hoffe, es macht Ihnen keine Umstände.»

«Ganz und gar nicht. Christophe hält sich ja immer so bedeckt. Es ist das erste Mal, dass er jemanden mit nach Hause bringt. Wir freuen uns wirklich sehr, Sie kennenzulernen.»

«Oh nein, wir …»

«George, Patty, das ist Avril», sagte sie zu einem Mann und einer Frau, die in der Tür zum Wohnzimmer standen. «Das sind mein Mann und meine Schwester.»

Hinter ihnen tummelten sich Cousins, Cousinen, Neffen und Nichten, sie alle winkten und lächelten. Ich würde mir niemals all ihre Namen merken können.

«Gehen Sie mit Patty in die Küche, sie wird Ihnen etwas zu trinken geben», sagte Dorothy. «Wir haben alle Pornstar Martinis, Christophe hat sie uns gezeigt. Er hat darauf bestanden, dass wir sie heute trinken. Und ich bin jetzt schon praktisch süchtig danach.»

Ich folgte der äußerst glamourösen Patty in die Küche.

«Ja, Sie haben unseren Christophe richtig umgekrempelt», sagte sie und nahm einen silbernen Cocktailshaker zur Hand. «Wir haben in diesem Jahr alle die tollsten Weihnachtsgeschenke bekommen.»

«Nicht wahr?», warf George ein und nahm einen Schluck von seinem leuchtend orangefarbenen Cocktail.

«Also ich habe die tollsten Hausschuhe bekommen.» Patty lachte herzlich. «Zum Glück hat er mir aber auch noch ein vernünftiges Paar gekauft. Es gibt nichts Besseres, als am Ende des Tages die Absätze abzustreifen und in schöne, bequeme Hausschuhe zu schlüpfen, nicht wahr?»

Ich starrte sie an.

«Ich habe eine Latzhose für die Gartenarbeit bekommen.» George grinste. «Ich sehe zwar aus wie ein Teletubby, aber sie ist sehr gemütlich», sagte er fröhlich. «Dennoch, die Kniematte ist das, was ich wirklich wollte. Meine armen alten Knie sind nicht mehr das, was sie einmal waren. Und Dorothy war ganz begeistert von ihrem Bademantel.»

«Das bin ich wirklich», meldete seine Frau sich zu Wort.

«Dadurch fühle ich mich weniger wie eine alte Dame. Obwohl er in diesem Haus nicht sehr praktisch ist. Es ist so zugig, dass eine kuschelige Bettjacke genau das Richtige für mich ist, wenn ich morgens noch im Bett lesen will. Aber zum Glück habe ich die ja auch bekommen!»

Ich sah Christopher in der Tür stehen. Er betrachtete mich amüsiert. Mit einem Taktgefühl, wie es nur enge Verwandte haben, verschwanden die drei und ließen mich mit ihm allein zurück.

Ich schluckte einen Kloß hinunter. «Sie haben meine Hilfe mit den Geschenken gar nicht wirklich gebraucht, oder?» Ich kam mir wie eine Idiotin vor. Christopher hatte die Geschenke aus Liebe gekauft, nicht um irgendwen zu beeindrucken. «Sie wollten *mir* damit einen Gefallen tun, stimmt's?»

«Sie haben es angeboten», sagte er schlicht.

«Bestimmt haben Sie sich darüber köstlich amüsiert.»

Er runzelte die Stirn, kam hastig durch die Küche und stellte sich direkt vor mich. Plötzlich umfassten seine Hände mein Gesicht, seine hellblauen Augen leuchteten vor Aufrichtigkeit, und noch etwas anderes lag darin, das ein Kribbeln über meine Haut schickte.

«Ganz und gar nicht. Ich fand Sie reizend. Sie haben einem völlig Fremden Ihre Hilfe angeboten. Bestimmt, direkt, freundlich. Ich … ich finde Sie einfach wunderbar.» Er unterbrach sich, sah mir in die Augen, und ich spürte mein Herz schnell in meiner Brust schlagen. Wieder musste ich schlucken, und meine Hände wurden ein wenig feucht. Noch nie hatte mich jemand wunderbar oder freundlich genannt. Aber er mochte auch, dass ich direkt und bestimmt war. Ich schenkte ihm ein zittriges Lächeln und schloss die Augen, als er seinen Mund auf meinen senkte.

Es war der wundervollste Kuss, und als wir uns schließlich voneinander lösten, konnte ich ihn bloß überrascht ansehen.

«Mum, Patty und Dad haben sich wahnsinnig über ihre Geschenke gefreut», sagte er leise. «Du hast sie ja gehört. Du kanntest sie gar nicht, aber du wolltest, dass ich ihnen etwas Gutes tue. Das habe ich so an dir geliebt.»

«Oh», sagte ich mit brüchiger Stimme und blinzelte. Ich hatte das Gefühl, gleich losheulen zu müssen, so überwältigt war ich von seiner liebenswürdigen Art – nicht nur mir, sondern auch seiner Familie gegenüber. Es war so völlig anders, als ich es von zu Hause gewohnt war. «Du weißt aber schon, dass ich eine sehr anspruchsvolle Frau bin.»

Er grinste. «Ich weiß. Das ist sehr attraktiv. Und du hast einen exzellenten Unterwäsche-Geschmack.»

«Du hast also doch in meinen Koffer geguckt!»

«Natürlich habe ich das. Ich wollte alles über dich wissen.»

«Dr. Hamilton!» Ich lächelte ihn an, und die Schmetterlinge in meinem Bauch schwärmten los, als er mir wieder dieses Grinsen schenkte. «Dabei habe ich dich für einen langweiligen Mann mittleren Alters gehalten.»

Er lachte. «Und was denkst du jetzt über mich?»

Ich blickte ihn herausfordernd an. «Ganz okay, denke ich.»

Bei starken, intelligenten Männern darf man niemals zu viel preisgeben.

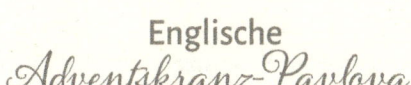

Englische
Adventskranz-Pavlova

In England isst man zu Weihnachten zwar traditionell Christmas Pudding, ein gebackenes Dessert mit Trockenobst, doch die Hälfte meiner Familie mag kein Trockenobst, also bereite ich am ersten Weihnachtsfeiertag immer dieses Dessert als Alternative zu. Es ist ganz einfach, sieht aber sehr beeindruckend aus!

Zutaten

Für das Baiser:
4 Eiweiß
230 g Streuzucker

Für das Früchtepüree:
200 g Himbeeren
100 g Erdbeeren
100 g Streuzucker

Für den Belag:
300 ml Sahne
200 g Erdbeeren
200 g Himbeeren
50 g Granatapfelkerne
Minz- oder Basilikumblätter

Zubereitung

Zeichnen Sie auf ein Blatt Backpapier einen Kreis mit einem Durchmesser von ca. 28 cm und innerhalb dieses Kreises einen kleineren Kreis mit einem Durchmesser von ca. 14 cm. Heizen Sie den Backofen auf 160 Grad Ober- und Unterhitze / 140 Grad Umluft vor.

Schlagen Sie das Eiweiß, bis es so steif ist, dass man die Schüssel auf den Kopf stellen kann und es sich nicht mehr bewegt. Dann fügen Sie nach und nach den Zucker hinzu, immer etwa 50 g auf einmal, dann wieder gründlich schlagen, bevor Sie den nächsten Zucker hinzugeben.

Wenn eine glänzende weiße Masse entstanden ist, löffeln Sie diese in Form des aufgezeichneten Kranzes auf das Backpapier. Sie können sie auch mit einer Teigspritze auftragen, aber mir gefällt die rustikale Variante besser. Ziehen Sie dann von oben eine Furche in die Masse, die später für die Sahnefüllung gedacht ist.

Schieben Sie das Baiser in den Ofen und drehen Sie die Hitze sofort auf 140 Grad Ober- und Unterhitze / 120 Grad Umluft herunter. Lassen Sie den Kranz 50 Minuten lang backen. Dann schalten Sie den Ofen aus. Lassen Sie das Baiser so lange wie möglich im Ofen – am besten über Nacht. Das verhindert, dass die Baisermasse reißt und zerfällt.

Für das Früchtepüree erhitzen Sie die Früchte und den Zucker zusammen in einem Topf. Dann streichen Sie sie durch ein Sieb und lassen die Masse abkühlen.

Schlagen Sie die Sahne steif und löffeln Sie sie großzügig auf die Baisermasse. Streuen Sie dann die Erdbeeren, Himbeeren und Granatapfelkerne darauf, geben Sie das Püree darüber und dekorieren Sie alles mit Minz- oder Basilikumblättern, um dem Kranz einen grünen Touch zu verleihen.

REBEKKA EDER

Der *Geschmack* von Pfeffernüssen

Hamburg, 1801

Am frühen Morgen des Heiligen Abends bemerkte Josephine Thielemann, dass sie allmählich ihren Vater vergaß. Sie öffnete das Fenster zur Rosenstraße und atmete den Duft der frischen Rundstücke ein, die ihr Onkel in der Bäckerei im Erdgeschoss gerade aus dem Ofen holte. Obwohl es ihre Mutter ihr verboten hatte, beugte sie sich weit über die Fensterbank und schaute zum Nachbarhaus hinüber. Es war ein milder Dezembermorgen, und der ehemalige Schuhmacherladen nebenan hüllte sich in Dunkelheit. «Guten Morgen, Vater», flüsterte sie zu ihrem alten Elternhaus hinüber. Sie stellte sich vor, wie er in seinen Laden hinunterschlurfte, um sich am Leder und den Schnürbändern zu schaffen zu machen. Wie er die Fensterläden öffnete und Josephine entdeckte, sie mit verschlafenem Lächeln anblinzelte und ihr zuwinkte. Doch diesmal konnte sie sein Gesicht in ihrer Vorstellung kaum erkennen. Es war, als wäre der Morgen viel zu dunkel.

Vater hatte die gleiche Haarfarbe wie sie gehabt, *zimtbraun*, hatte ihre Mutter sie immer genannt. Er war leicht gekrümmt gelaufen, so tief beugte er sich tagtäglich über seine Schuhe, und stets hatte ihn der herbe Geruch von Leder umgeben. «Na, du kleiner Wirbelwind?», hatte er gern zu ihr gesagt. Josephine klammerte sich an all diese Erinnerungen, doch das Gesicht ihres Vaters blieb im Verborgenen. Ihr traten die Tränen in die

Augen. In der morgendlichen Finsternis war niemand, gestand sie sich ein. Alles schlief – und ihr Vater war seit drei Jahren tot.

Plötzlich wurden die Fensterläden des Nachbarhauses aufgestoßen, heftig schepperten sie gegen die Hauswand. Josephine zuckte zusammen.

«*Bonjour, ma chère!*», rief viel zu laut Louise Martin zu ihr hinüber.

Hastig wischte sich Josephine die Tränen weg. «Guten Morgen», murmelte sie.

Das Strahlen des französischen Dienstmädchens von nebenan ließ nach. «Warum so betrübt, bist du mit dem falschen Fuß aufgestanden?», fragte sie mit sanft neckender Stimme. Ihr Deutsch war in den letzten Jahren tadellos geworden, nur ganz leicht hörte Josephine noch den melodischen Klang aus der Ferne in ihren Worten mitschwingen.

«Doch, ganz ausgezeichnet!», verkündete Josephine trotzig und zog sich zurück in die kleine Kammer. Mit verschränkten Armen setzte sie sich auf ihr Bett.

Es gehörte sich nicht, so ungezogen zu sein, das wusste Josephine.

Louise Martin war immer furchtbar nett zu ihr. Doch sie konnte ihr nun einmal nicht verzeihen, dass sie nach Vaters Tod mit ihrer französischen Madame in das alte Haus der Thielemanns gezogen war. Dabei war der Schuhmacherladen doch Josephines Zuhause! Dort, wo Vater ihre Füße für neue Schuhe ausgemessen und Mutter sie dabei unter der Fußsohle gekitzelt hatte, dort, wo sie an Heiligabend würzig süße Pfeffernüsse verschlungen hatten – dort lebte nun eine französische Edeldame mit ihrem Dienstmädchen. Sie bereiteten Gerichte zu, deren Düfte Josephine nicht kannte, sie nutzten eine Sprache, die

Josephine nicht verstand. Immer wenn Louise die Fensterläden gegen die Hauswand krachen ließ, zuckte Josephine zusammen, als schwinge Louise eine Axt.

Nein, Louise und die Madame gehörten nicht in den Schuhmacherladen. Und Josephine gehörte nicht in die Bäckerei ihres Onkels. Auch nach drei Jahren nicht. Ein paar Wochen nach Vaters Tod hatte Mutter noch versucht, das Schuhmachergeschäft weiterzuführen. Doch die Kunden kehrten ihr schnell den Rücken. Also verkaufte sie zuerst alle Schuhe, die Vater noch gefertigt hatte. Dann ihre eigenen Kleider. Ihre Hüte. Die Vorhänge. Den Sessel. Den Wohnzimmertisch. Das Kellerregal. Die Kommode. Henriettes Schrank. Idas Bett. Josephines Puppen. Als Onkel Fritz ihnen anbot, zu ihm in die Bäckerei zu ziehen, hatten sie kaum noch Besitztümer. Bei dem Gedanken, ihr Zuhause zu verlassen, war Josephine steif vor Schreck geworden. Zwar hallte es längst in den leeren Räumen, doch sie sagte sich, es wäre Vaters Stimme, die man zwischen diesen Wänden noch ganz leise hören konnte.

Sie wollte ihn nicht zurücklassen. Doch kein Kopfschütteln, kein Armeverschränken, kein Stampfen und kein Weinen halfen. Auch das Betteln ihrer Schwestern hatte keinen Erfolg. Sie trugen die wenigen Dinge, die sie noch besaßen, zu der einen Haustür hinaus und zur nächsten wieder hinein. Vaters Bruder hieß sie fröhlich in *Thielemanns Backhus* willkommen, richtete seiner Schwägerin und ihren drei Mädchen zwei Zimmer ein und schlug seine eigene Schlafstätte in der Backstube auf – zwischen Feuerofen und Arbeitsplatte.

Von da an taten er und Mutter den ganzen Tag nichts anderes, als zu backen und ihre dummen Rundstücke zu verkaufen. Sie gingen am frühen Abend schlafen und standen mitten in der Nacht auf, nur um erneut zu rühren und zu kneten. Natürlich mussten Josephine und ihre Schwestern mit anpacken. Jede von ihnen stand zu einem anderen Zeitpunkt auf und legte sich zu einem anderen Zeitpunkt hin, damit den ganzen Tag über genug vermengt und geformt wurde, um die Stammkunden zu versorgen.

Schon drangen fremde Stimmen aus dem Erdgeschoss an Josephines Ohr. Die ersten Kunden waren da – Josephine hatte viel zu lange geschlafen. Eigentlich sollte sie längst in der Backstube helfen und Teig für neue Rundstücke formen. Und doch blieb sie noch einen Moment am Fenster sitzen und starrte vor sich hin. Wie konnte sie nur Vaters Gesicht vergessen? Der Schmerz über seinen Tod war noch frisch, und schon verlor sie sein Lächeln! Was würde als Nächstes aus ihrem Gedächtnis verschwinden? Und wie viel würde von ihm übrig bleiben, wenn Josephine irgendwann erwachsen wäre? Sie musste etwas tun! Und zwar sofort. Wenn es eine Chance auf Erinnerung gab, dann doch sicher an Heiligabend.

Früher hatten sie an diesem Tag die schönsten Schuhe gefertigt, das Geschäft eine Stunde früher als sonst geschlossen und sich dann um die kleine Tanne in der Stube versammelt. Damit er nicht zu viel Platz in der Kammer mit dem Kamin, den alten Stühlen und dem Sofa einnahm, hing der Baum, wie in so vielen anderen Haushalten auch, kopfüber von der Decke. Josephine liebte die Vorstellung, in Wahrheit wäre es die Familie Thielemann, die kopfstand, der Weihnachtsbaum aber stünde richtig herum. Von seinen Zweigen hingen fünf Kerzen, für jeden ein glänzender Apfel und zahlreiche kleine Pfeffernüsse herab. Josephine brauchte nur die Hand zu heben, eine zu pflücken und sie sich in den Mund zu stecken, um den würzigen Geschmack nach Zimt und Mandeln, Muskat und Weihnachten auf der Zunge zu spüren. «Nimm dir noch eine!» Aufmunternd hatte

Vater sie angesehen. «Ich weiß doch, wie gern du sie magst. Das haben wir beide gemeinsam.»

«Pfeffernüsse!», flüsterte Josephine vor sich hin. Ihr Herz klopfte schneller, sie klatschte in die Hände. Vielleicht würde die Erinnerung zurückkommen, wenn sie heute Abend Pfeffernüsse naschte, wie früher mit ihrem Vater!

Endlich sprang sie auf, kleidete sich geschwind um, huschte die schmale Stiege hinunter und betrat die Backstube. Das Feuer im riesigen Steinofen loderte ihr wohlig heiß entgegen, auf der langen Arbeitsplatte wuchsen Teiglinge langsam, aber stetig über sich hinaus, und durch den Türbogen konnte sie in den Verkaufsraum von *Thielemanns Backhus* blicken: auf die Regale, die sich bis zur Decke erstreckten und von goldenen Rundstücken und knusprig glänzenden Broten überquollen, die rote Vitrine, in der bunte Küchlein und sahnige Torten leuchteten. Den gewaltigen Tresen in der Mitte sah sie zwar nur von hinten, doch sicherlich hatte Mutter bereits sämtliche der winzigen Schubladen aufgezogen und sie mit Küchlein, gebackenen Apfelringen, Makronen, Haselnussstangen und Biskuits gefüllt. In der Luft lagen aufgewirbeltes Mehl und der unentwirrbare Duft unzähliger Leckereien. Und obwohl Josephine dieser Bäckerei niemals verzeihen würde, dass sie nun statt des Schuhmacherladens ihr Zuhause sein wollte, konnte sie nicht anders, als genüsslich einzuatmen. Doch irgendein Geruch störte die köstliche Harmonie …

«Oh», entfuhr es ihr. Mit einem Sprung war sie beim Ofen, streifte sich die Handschuhe über, öffnete die Klappe und zog ein Blech heraus. Genau richtig, dachte sie: Einen Moment länger, und die handflächengroßen Plätzchen wären zu dunkel geworden.

«Habt ihr heute Geduldzettel?», polterte eine laute Bassstimme aus dem Verkaufsraum herüber.

«Fiete, wie schön, dass du da bist!», rief Mutter dem Eintretenden entgegen. Wie konnte sie an diesem dritten Heiligen Abend ohne Vater so fröhlich klingen?, fuhr es Josephine durch den Kopf. «Natürlich haben wir Geduldzettel!», rief Mutter. «Nicht wahr, Fritz?»

Sogar von hier hinten in der Backstube konnte Josephine hören, dass Onkel Fritz erschrocken einatmete. «Die Geduldzettel ... Herrje!»

Seine Schritte kamen schnell näher, doch Josephine ließ sich nicht aus der Ruhe bringen, während sie die Plätzchen vorsichtig auf einen Rost schob, damit sie auskühlten.

«Josephine!» Onkel Fritz hinter ihr seufzte erleichtert auf. «Du bist ein Engel, weißt du das? Was sollten wir nur ohne dich machen?»

Ohne zu antworten, streifte sich Josephine die Handschuhe ab und drehte sich zu ihm um. Obwohl er älter war als Vater, sah er erstaunlich jugendlich aus. Seine Augen leuchteten mit seinen hellen Haaren nur so um die Wette.

«Wieso backst du eigentlich immer diese langweiligen Geduldzettel?», murrte sie.

Einen winzigen Moment lang fror Onkel Fritz' fröhliches Lächeln ein. Dann blinzelte er den Augenblick weg. «Das ist nun einmal Brauch in *Thielemanns Backhus*, habe ich dir das noch nie erklärt?»

Natürlich hatte er das. Doch sie hatte keine Lust, ihm zu antworten, und verschränkte nur die Arme.

«Seit Jahrzehnten wissen die Menschen in der Rosenstraße: Wenn die Geduldzettel gut werden, dann wird es auch der Tag. Und wann ist ein guter Tag wichtiger als an Heiligabend?»

Josephine zuckte mit den Schultern.

«Stell dir vor, du wärst nicht in der genau richtigen Sekunde zu uns heruntergekommen. Dann wären die Geduldzettel dunkel geworden, und Hamburg hätte einen schrecklich finsteren Abend erlebt. Du hast Weihnachten gerettet, junge Dame!»

Er breitete die Arme aus, als wäre die richtige Farbe der Geduldzettel tatsächlich ein Grund zu feiern.

Hab ich nicht, wollte Josephine widersprechen. *Das ist Unsinn, Aberglaube, nichts weiter.* Doch ihre Mutter hatte ihr beigebracht, dass ein kleines Mädchen nicht widersprach. Also biss sie sich auf die Zunge.

«Sei so lieb und mach die nächsten Rundstücke fertig.» Er nickte mit dem Kopf in Richtung der großen metallenen Rührschüssel und schnappte sich den Rost mit den Geduldzetteln. Er wollte gerade zurück zu Mutter und dem lauten Fiete gehen, da fragte Josephine ihn leise: «Können wir heute Pfeffernüsse backen?»

Er blieb stehen. Seine Augen weiteten sich überrascht. «Pfeffernüsse? Heute noch?»

Sie stockte. Wieder dachte sie an den hängenden Baum, die baumelnden Leckereien, ihren würzigen Geschmack und an Vaters verschwommenes Gesicht. Doch sie brachte kein Wort über die Lippen. Schüchtern sah sie zu Boden.

«Für Pfeffernüsse brauchen wir Muskatnuss … Zimt … Nelken … sogar Orangen und Zitronen!» Seine Augen huschten beim Nachdenken hin und her. Dann verzog er bedauernd den Mund. «Es tut mir leid, Liebes, aber diese Zutaten haben wir nicht mehr. Unsere Orangen habe ich für die Küchlein verwendet, alle Zitronen brauchte ich für den Zuckerguss. Und die Gewürze sind ziemlich teuer …»

Josephine ließ die Schultern hängen.

Aufmunternd sagte Onkel Fritz: «Na, na, nicht traurig sein. Vielleicht können wir sie uns nach den Feiertagen leisten, wenn wir genug verkauft haben. Und dann machen wir köstliche Pfeffernüsse, versprochen!»

Josephine nickte, ohne den Onkel anzuschauen. Er drehte sich um und lief dem lauten Fiete entgegen, wobei er ausrief: «Die Geduldzettel sind gelungen, vor uns liegt ein wunderbarer Heiligabend!»

Josephine beobachtete ihn, während er die Kundschaft bediente. Ihr Onkel stellte das linke Bein genauso locker auf, wie Vater das immer getan hatte, er warf sich das Haar aus dem Gesicht wie er, sogar sein Lachen erinnerte Josephine an ihn. Sie schloss die Augen und versuchte, statt Fritz ihren Vater zu sehen, doch immer wieder schob sich das jugendliche Grinsen des Bäckermeisters vor ihre Erinnerung.

Hastig drehte sie sich um und griff nach der Rührschüssel. Für eine Zehnjährige hatte sie schon erstaunlich große Hände. «Die Hände einer Bäckerin», sagte Mutter immer stolz.

«Pff», machte Josephine leise. Sie wollte lieber die Hände einer Schuhmacherin haben, auch wenn sie nicht wusste, wie die aussehen mussten. Nichtsdestotrotz knetete sie emsig den festen, glatten Teig, formte ihn zu kleinen Brötchen und wünschte sich, sie könnte stattdessen eine Muskatnuss reiben, Nelken mahlen und herausfinden, wie Zimt duftete, den sie noch nie gesehen hatte. *Nach den Feiertagen*, hatte Fritz gesagt. Doch das war viel zu spät! Josephine wollte sich doch gerade heute an Vaters Gesicht erinnern. Sie wollte ihn zumindest in Gedanken bei sich haben, wenn sie Weihnachtslieder sangen!

Sobald sie die Rundstücke in den Ofen geschoben hatte, schlich sie sich aus der Backstube, stieg die Stufen hinauf und klopfte an die Tür ihrer Schwestern.

«Jetzt schon?», beschwerte sich Henriette.

«Es ist viel zu früh!», maulte Ida.

Meist weckte Josephine die beiden später, schließlich sollten sie Mutter und Fritz erst am Mittag ablösen. Doch heute konnte Josephine nicht länger warten. Sie stürmte hinein und rief: «Kommt ihr mit mir zum Markt, bitte, bitte?»

Schwerfällig bewegten sich die Gestalten im Bett. Josephine lief zum Fenster und schob die Läden auf, sodass die sanfte Morgenröte den Raum erhellte.

«Mach die Fenster wieder zu, wir sind doch noch gar nicht wach!», piepste Ida.

«Kannst du nicht allein zum Markt gehen?», stöhnte Henriette.

«Ich muss Zimt, Nelken, Muskatnuss, Orangen und Zitronen kaufen, aber ich habe kein Geld», erklärte sie ihnen aufgeregt.

Ida setzte sich an die Bettkante und starrte Josephine verwirrt aus ihren kleinen Knopfaugen an. Obwohl sie schon fast erwachsen war, reichten ihre Füße nicht bis auf den Fußboden.

Langsam erhob sich auch die ältere Henriette, die neben Ida wie eine Riesin wirkte. «Und du glaubst, *wir* hätten dafür genug Geld?»

«Ich dachte, Ida könnte vielleicht … ihren Philipp fragen.»

«*Meinen* Philipp?» Ida wurde so rot, dass sie sogar im Dämmerlicht leuchtete.

Henriette lachte rasselnd. «Da hat Josephine nicht ganz unrecht.» Sie stieß Ida mit dem Ellenbogen in die Seite. «Der gute Herr Altmann scharwenzelt doch schon seit Wochen um dich herum. Gib es ruhig zu! Wenn ich da nur an den letzten Ball von Madame Laurent denke …»

Josephine verschränkte die Arme. Sie mochte die Geschichten von diesen Bällen nicht, von denen ihre Mutter und ihre Schwestern andauernd schwärmten. Seitdem die feinen Franzosen von den Revolutionären aus ihrem eigenen Land vertrieben worden waren und sich in Hamburg breitgemacht hatten, richteten sie in der Stadt ständig rauschende Feierlichkeiten aus. Josephine war angeblich zu jung, um mitzugehen. Sie durfte nur zugucken, wie ihre Schwestern die schicken Kleider anzogen, die Mutter ihnen nähte. Und wenn Josephine sich darüber beschwerte, sagte Mutter: «Sobald du groß bist, nehmen wir dich auch mit, versprochen! Und bis dahin solltest du dich für deine Schwestern freuen. Es ist ein großes Geschenk für Leute wie uns, eine Einladung zu diesen Abenden zu erhalten. Wir haben das allein Louise von nebenan zu verdanken, die bei Madame Laurent stets ein gutes Wort für uns einlegt. Und die uns diese hübschen Hüte schenkt!» Dann setzte sich Mutter ein blaues Ungetüm mit gewaltiger weißer Feder auf, drehte sich lächelnd im Kreis und zog Henriette und Ida hinter sich her.

«Ja, ja!» Ida klang trotzig. «Das musst du gerade sagen, Henriette. Der Herr Großbauer aus Altona ist doch beim letzten Mal nur deinetwegen in der Stadt gewesen, habe ich recht?»

«Dieser grobschlächtige Kerl?» Henriette lachte gekünstelt und wurde nun ebenfalls rot. «Unsinn. Ich habe doch kaum mit ihm gesprochen!»

«Das nicht, aber getanzt habt ihr. Drei Lieder lang!», stichelte Ida weiter.

Leise seufzte Josephine. «Geht ihr nun mit mir zum Markt?», fragte sie dazwischen.

«Natürlich nicht», verkündete Henriette, ohne Josephine anzusehen.

«Aber ich möchte Pfeffernüsse backen!»

«Warum das denn?», piepste Ida.

«Früher gab es an Weihnachten immer Pfeffernüsse!»

«Tatsächlich?» Mit gerunzelten Stirnen sahen die Schwestern sich an. «Ich kann mich nicht erinnern. Du, Ida?»

Ida schüttelte den kleinen Kopf. «Ich weiß noch nicht einmal, was das sein soll. Pfeffernüsse.»

Bei diesen Worten drehte sich Josephine brüsk um und stürmte aus dem Zimmer.

Ihre Schwestern konnten ihr gestohlen bleiben, entschied sie. Genau wie Onkel Fritz. Sie würde Mutter fragen. Auf Mutter war schließlich Verlass.

Josephine lief zurück zur Backstube, riss die Tür auf – blieb aber im Türrahmen wie angewurzelt stehen. Mutter stand gemeinsam mit Louise vor dem großen Feuerofen. Es war nicht ungewöhnlich, dass die Nachbarin sich bei ihnen aufhielt. Schließlich konnte sie einfach über den Hof spazieren und den Kopf zur meist offen stehenden Hintertür hereinstrecken. Mutter und Louise waren in den letzten Monaten gute Freundinnen geworden und umarmten sich immer herzlich, wenn sie einander sahen. Doch in diesem Moment, in dem Josephine eine Spur schneller als sonst hereingestürmt war, da war etwas … anders. Die beiden hielten einander an den Händen und schauten sich so tiefernst an, als hätte eine von ihnen gerade etwas Schreckliches gesagt. Sobald sie Josephine hörten, stoben sie erschrocken auseinander.

«Josephine … Liebes.» Ihre Mutter bemühte sich sichtlich um ein Lächeln.

«Ist alles in Ordnung?» Josephine sah von ihrer Mutter zu Louise. Die senkte den Kopf, sodass Josephine nur die großen Stoffblüten ihres extravaganten Huts sehen konnte.

«Es ist alles gut», beteuerte Mutter. «Eben wären nur beinahe deine Rundstücke angebrannt. Wo bist du gewesen?»

«Ich war bei Henriette und Ida.» Sie zögerte kurz. «Mutter?»

«Ja, mein Liebes?»

«Gehst du mit mir zum Markt?»

«Zum Markt?» Verwundert sah ihre Mutter Louise an. Dabei sollte sie doch Josephine ansehen!

«Ich brauche Muskatnuss, Zimt, Nelken, Orangen und Zitronen», erklärte Josephine eine Spur zu bestimmt.

«So? Und wofür brauchst du das alles, *ma chère?*», fragte Louise. Sie setzte ihr warmes Lächeln auf, und obwohl Josephine sich darüber ärgerte, gab es ihr doch ein wenig Hoffnung.

«Ich möchte Pfeffernüsse backen.»

«Pfeffernüsse?», fragte Mutter.

«Sag jetzt bitte nicht, dass du nicht weißt, was das ist», flehte Josephine.

Mutter lächelte. «Aber natürlich weiß ich, was das ist. Früher gab es bei uns an Weihnachten immer Pfeffernüsse. Dein Vater hat sie so geliebt …» Bei den letzten Worten sah sie traurig zu Boden.

Josephine atmete auf. Sie wäre ihrer Mutter am liebsten um den Hals gefallen. «Ja genau! Und deswegen möchte ich heute auch welche backen!»

Mutter ging in die Knie und griff nach Josephines Händen, so wie sie vorhin noch Louises Hände gehalten hatte. «Das ist eine sehr schöne Idee, Liebes. Das sollten wir unbedingt machen – nächstes Jahr. Dann besorgen wir rechtzeitig alle Zutaten und backen ganz fantastische Pfeffernüsse!»

Sofort riss Josephine ihre Hände weg. «Nicht erst nächstes Jahr! Heute.»

Ratlos sah Mutter wieder zu Louise hinüber. Die zuckte mit den Schultern.

«Wir schaffen das heute nicht mehr, Josephine.»

«Du *willst* es nicht schaffen!»

Mutter richtete sich auf und sah Josephine streng an. «Spricht ein kleines Mädchen so mit seiner Mutter?»

«Ich spreche gar nicht mehr mit dir!» Josephine drehte sich um und rannte los. Ihr Herz klopfte wie wild. Es war ungeheuerlich, sich so gegen die eigene Mutter zu wenden. Doch sie wollte nicht an die Wut oder die Enttäuschung in deren Gesicht denken, nicht daran, wie groß der Ärger sein würde, den sie später sicher bekam. Mittlerweile stand die Sonne schon recht hoch am Himmel, bis zum Abend war es nicht mehr lang – und sie hatte viel zu tun. Da ihr niemand helfen wollte, musste sie sich beeilen. So schnell sie konnte, lief sie am Verkaufstresen mit all den Plätzchen und Nussstangen, der Glasvitrine mit den Torten, den Regalen mit den Broten vorbei und hinaus auf die Rosenstraße.

❁ ✳ ❁

Über ihrem Kopf wurde ein Fenster aufgerissen. «Wo soll es denn hingehen, junges Fräulein?», brüllte der laute Fiete zu ihr hinunter.

Josephine sah an der krummen Fassade des alten Fachwerkhauses hinauf. «Ich bin auf der Suche nach Muskatnuss, Zimt, Nelken, Orangen und Zitronen.»

«Oh», machte Fiete und sog nachdenklich ein paar Haare seines Schnauzbarts ein. «Ich fürchte, da kann ich dir nicht weiterhelfen.»

«Trotzdem vielen Dank», sagte Josephine artig und lief weiter.

Als Nächstes klopfte sie an die Tür der Witwe Franz, die, ganz im Gegensatz zu Fiete, stets in kaum hörbarem Flüsterton sprach. Doch auch sie schüttelte bedauernd den Kopf. «Ich weiß selbst nicht genau, wie diese Gewürze aussehen», gab sie wispernd zu. «Und mein Obst habe ich längst zu Kompott verarbeitet.»

Nur wenige Häuser weiter lebte Jette, eine betagte Dame, deren

Augen Josephine noch nie trocken gesehen hatte. «Oh, du armes Ding!», heulte sie aus dem Fenster hinaus. «Pfeffernüsse willst du backen? Dein Vater hat sie immer so geliebt, das weiß ich noch! Er war aber auch ein guter Mensch, der Herr Thielemann, ein ganz bezaubernder junger Mann. Niemand verstand so viel vom Schuhemachen wie er.» Sie schnäuzte in ihr Taschentuch. «Was sagst du? Orangen? Wo denkst du hin, Liebes? Es ist Heiligabend! Ich habe längst meine Orangenmarmelade gekocht.»

Josephines letzte Hoffnung war die junge Susanna, die neugierig auf die Straße hinausgetreten war und sich die Hände gerade an einem Geschirrtuch trocknete. «Was willst du backen? Pfeffernüsse? Es tut mir leid, ich kann dir nicht helfen. Aber Zwiebelsud hätte ich da. Er kann Wunder wirken, glaub mir. Willst du einen Löffel voll kosten?»

Josephine schüttelte sich unwillkürlich und lehnte dankend ab.

Mit hängenden Schultern lief sie über die unebenen Pflastersteine bis zum Pferdemarkt. Am Morgen dieses Heiligen Abends war er zum Bersten mit Marktständen gefüllt. Doch was brachten ihr all die Kisten mit Obst, all die Säcke voller Gewürze, ohne eine einzige Münze in der Tasche? Sehnsüchtig streifte sie durch die Stände.

«Eingelegte Quitten!»

«Prächtige Äpfel!»

«Pöööökelfleisch!», riefen die Marktschreier durcheinander.

Vor einem großen Tisch, auf dem lauter Körbe gefüllt mit kräftig leuchtenden Orangen standen, blieb sie stehen.

«Wie viele dürfen's denn sein?», fragte ein junges Mädchen unwirsch, während es sich wie eine alte Frau auf dem Tisch abstützte.

«Kannst du mir vielleicht … eine schenken?», fragte Josephine leise.

«Schenken?» Das Mädchen prustete. «Na sicher doch.» Es setzte sich wieder hin und starrte Löcher in die Luft.

«Ich … ich bringe dir auch Pfeffernüsse vorbei, sobald ich sie gebacken habe!»

Leise lachte das Mädchen, doch es sah Josephine nicht mehr an.

Enttäuscht wandte sie sich ab. Da streifte ihr Blick ein Paar abgewetzter Schuhe … Ein Schnürsenkel hatte sich gelöst, das Leder am Schaft war zerknautscht, an der Seite prangte ein Loch – sicherlich waren die Schuhe schon einige Jahre alt. Doch Josephine erkannte sie sofort: Dort, wo die Spitze begann, befanden sich breite, dunkle Riemen. Genau solche Riemen hatte Vater früher gern genutzt. «Meine Signatur», hatte er erklärt und Josephine genau gezeigt, wie er sie zurechtschnitt, auf den Schuhen platzierte und mit den Sohlen verband …

Neugierig sah Josephine an den Beinen des Mannes hinauf, der Vaters Schuhe trug. Seine Knie zeigten leicht nach außen, er war hager, und auf seinem Kopf saß schräg eine braune Kappe. Er bemerkte ihren Blick nicht und lief gelassen weiter. Am liebsten hätte Josephine ihn angesprochen. Sie wollte ihn am Arm festhalten und ihn fragen, woher er diese Schuhe hatte, doch das gehörte sich natürlich nicht. Sie kämpfte noch mit sich, als sie beobachtete, wie er im Vorübergehen ganz selbstverständlich die Hand ausstreckte, nach einer Orange griff und sie in seiner Jackentasche verschwinden ließ. Josephine klappte der Mund auf. Hatte sie richtig gesehen? Ihr Kopf wirbelte zu dem Marktmädchen herum, doch das rief gerade in die andere Richtung: «Orangen! Köstliche Orangen!»

Schon war der Mann drei Stände weitergelaufen. So einfach war das also? Sollte sie es auch einmal versuchen?

«Denk nicht einmal daran!», zischte mit einem Mal das Orangenmädchen. Finster starrte es Josephine zwischen zwei Körben hindurch an, und sie wich zurück. Wieso hatte der fremde Mann stehlen können, ohne erwischt zu werden, während man Josephine sogar die verbotenen Gedanken ansah?

Ohne ein Wort drehte sie sich um und ging los, in die Richtung, die der Mann eingeschlagen hatte. Aus irgendeinem Grund wollte sie wissen, wohin ihn die Schuhe ihres Vaters trugen.

Sie entdeckte seine Kappe zwischen einem Milchwagen und einem Käsestand und lief schnell hinterher – da bog er nach links ab. Josephine konnte gerade noch sehen, wie seine Hand einen Korb mit Kindermützen streifte und er eine davon in seiner Faust versteckte. Auch diese Verkäuferin bemerkte nichts, sie plauderte gerade angeregt mit einer jungen Mutter. Josephine trabte los. Sie wollte der Frau zurufen, dass sie bestohlen worden war, und auf den Dieb zeigen, doch da verschwand er schon in einer Häuserspalte. Josephine blieb abrupt stehen.

«Versprich mir, dass du niemals allein ins Gängeviertel gehst», hatte ihre Mutter schon vor Jahren zu ihr gesagt, während sie ihr tief in die Augen sah. «Niemals, hörst du?»

Josephine hatte es versprochen. Aber was galten Versprechen schon? Einst hatte ihre Mutter ihr versprochen, ihr Vater würde für immer in ihrem Herzen leben. Dabei war das ja wohl kaum möglich, wenn sie schon jetzt begann, ihn zu vergessen.

Atemlos trat sie in die Twiete. Der schmale Gang war so eng, dass sie die Arme an den Körper presste, um nirgends gegen einen Vorsprung zu stoßen und ihr Kleid zu verdrecken. Er erstreckte sich vor ihr beinahe wie ein Tunnel, so lang, dass sie erst weit hinter der Kappe des Fremden ein wenig Licht sah. Sie hörte Säuglinge schreien, Männerstimmen schimpfen, irgendwo wurde plätschernd Unrat aus dem Fenster gekippt. Zwar atmete sie bewusst durch den Mund, doch sie konnte den Gestank klebrig auf der Zunge schmecken.

Wie die Menschen hier wohl Weihnachten feierten? Ob sie gemeinsam Lieder sangen? Ob in einer dieser kleinen, zugigen Buden wie bei ihnen zu Hause ein Weihnachtsbaum von der Decke hing? Josephine konnte es sich nicht vorstellen.

Mit einem Mal lag die Twiete leer vor ihr. Verdutzt blinzelte sie und streckte sich. Wo war der Mann hin? Sie lief schneller, stolperte beinahe über einen Häuservorsprung, nahm einige Treppenstufen zwischen zwei Buden, bückte sich unter einem Querbalken hindurch, der die Häuser wohl auseinanderhielt – und stieß beinahe mit dem Dieb zusammen. Sie schrie auf. Er war ganz plötzlich aus einer Nische getreten! Nun grinste er schief und lehnte sich seitlich gegen die Wand. «Ja, guten Tag! Du hast dich wohl verlaufen, mmh?»

Josephine konnte nicht antworten, sie rang nach Luft und spürte, dass ihr Herz raste. Sie sollte auf dem Absatz kehrtmachen und davonlaufen – so schnell sie konnte. Doch sicherlich wäre dieser Mann schneller. Wieso nur war sie so dumm gewesen, ihm zu folgen?

«Ich …», stammelte sie. «Es … also …»

Sie senkte die flatternden Lider und starrte auf die Schuhe des Diebes. Jetzt war sie sich ganz sicher: Dieses Leder hatte ihr Vater einmal in den Händen gehalten. Wie konnte es sein, dass ein Dieb aus dem Gängeviertel Schuhe ihres Vaters besaß?

«Diese Schuhe …», sagte sie leise.

«Meine Schuhe?»

«Darf ich … ich wollte Sie nur fragen, ob …» Kurz schloss sie die Augen und nahm ihren Mut zusammen. «Haben Sie Ihre Schuhe vom Schuhmacher Thielemann in der Rosenstraße?»

Sie hielt den Atem an und sah wieder zu ihm auf. Überrascht, aber nicht unfreundlich erwiderte er ihren Blick. Also presste Josephine hervor: «Er war mein Vater und …» Sie schluckte. Er reagierte noch immer nicht. Und da brach es aus ihr heraus: Sie erzählte von ihrem Vater, davon, dass er gestorben war und sie fürchtete, sein Gesicht zu vergessen. Von den Pfeffernüssen, ihrer Hoffnung auf Erinnerung und von den fehlenden Zutaten.

«Ich brauche Orangen, Zitronen, Muskatnuss, Nelken und Zimt.» Josephine zählte die Zutaten an ihren Fingern ab. «Aber ich habe kein Geld. Und Sie haben vorhin einfach so eine Orange genommen. Wie haben Sie das gemacht? Wenn ich nur ans Stehlen denke, sieht man es mir sofort an!»

Er blinzelte. «Du behauptest, ich wäre ein Dieb?», fragte er leise. Mit einem Mal klang er so unheilvoll, dass Josephine einen Schritt zurücktrat.

«Das liegt wohl daran, dass du ein Dieb bist», knurrte eine Stimme hinter ihr. Erschrocken wirbelte sie herum und sah sich einer alten Frau gegenüber. Ihr braun gebranntes Gesicht war voller Runzeln, und ihr Haar leuchtete silbern an diesem düsteren Ort. Im Arm hielt sie einen Korb, und der Korb war voller Leckereien: Josephine sah kleine Brote, Rundstücke, Äpfel, Birnen und Orangen.

«Wohl wahr», murmelte der Dieb grinsend, griff in seine Tasche und holte die Orange hervor, um sie zu den anderen Früchten zu legen.

«Ich habe das Prinzip nie verstanden. Was soll das sein, Diebstahl?», fragte die Frau. «Stehlen wir nicht auch die Luft, die wir atmen? Das Wasser aus den Fleeten, das wir trinken? Das Holz der Wälder für unsere Häuser, in denen wir wohnen? Die Zeit der Menschen, denen wir auf die Nerven gehen? Das Leben ist ein einziger Diebstahl an dieser Welt, also – was soll's?»

Josephine starrte die Frau wortlos an. Sie hatte keine Idee, was ihre seltsamen Worte bedeuten sollten.

«Ist das alles, was du für die Leute im Gängeviertel mitgebracht hast, Karl?»

Wieder griff der Mann in seine Taschen. Er holte noch zwei Äpfel, eine Birne und drei weitere Orangen hervor – Josephines Augen wurden immer größer. Zuletzt hielt er die Kindermütze in die Luft. Die Frau seufzte. «Aber Karl ...», sagte sie tadelnd.

«Ich dachte, für den kleinen Emil nebenan ...», murmelte er.

Sie schnaubte. «Das dachtest du nicht. Du dachtest an deine arme Helena und euren Engel.» Das Knurren der Frau wurde bei diesen Worten leise und beinahe liebevoll. Trotzdem zerknautschte Karl den Stoff in der Hand und pfefferte ihn in den Korb. Eine unheilvolle Stille breitete sich aus.

«Ich ... sollte jetzt besser gehen», murmelte Josephine und machte Anstalten, sich an der Alten vorbeizuschieben. «Ich wünsche fröhliche Weihnachten.»

«Na, na, na.» Die Frau trat Josephine entschieden in den Weg und sah sie forschend an. «Wo willst du denn hin? Du wirst doch nicht etwa irgendjemanden von uns erzählen? Der Polizei vielleicht?»

Ihr strenger Blick verschlug Josephine die Sprache.

«Lass sie ruhig, Großmutter Rosine», sagte Karl leise. «Sie ist die Tochter vom Schuhmacher Thielemann.»

Überrascht sah Josephine ihn an. Vorhin hatte sie geglaubt, er hätte noch nie zuvor von ihrem Vater gehört. Aber Karl fügte hinzu: «Er war ein freundlicher Mann. Ein stiller Zeitgenosse. Aber hin und wieder hat er einen Witz gemurmelt, mit dem niemand gerechnet hat. Ich erinnere mich an diesen Schalk in seinen Augen. Und an ein Zucken um seine Mundwinkel.»

Bei diesen Worten entstand vor Josephines Augen ein verschwommenes Bild, mehr ein Gefühl. Blass und undeutlich, lustig und schön. Sie musste lächeln.

«Wann warst *du* denn beim Schuhmacher?», knurrte Rosine.

«Helena hat mich mitgenommen. Sie wollte, dass ich zumindest ein Paar ordentlicher Schuhe besitze.» Er zeigte auf seine kaputten Treter, und kaum merklich stahl sich dabei ein versonnenes Lächeln auf seine Lippen.

«Danke schön, Herr … ähm … Karl», flüsterte Josephine, die noch immer das Bild ihres Vaters vor ihrem inneren Auge genoss.

Rosine lachte rasselnd.

«Herr Karl und Rosine wünschen dir auch fröhliche Weihnachten.» Er zwinkerte.

«Na geh schon!», knurrte Rosine.

Sie nickte und lief los, den Gang hinunter.

«Mädchen, warte!», hörte sie noch einmal Karls Stimme. Sie drehte sich um – und da flog ihr eine Orange entgegen. Überrascht fing sie die Frucht mit zwei Händen vor dem Bauch.

«Für dich und deinen Vater.»

Ungläubig starrte sie auf die dunkel glänzende Schale.

❀ ✲ ❀

Auf dem Heimweg fühlte sie immer wieder in ihrer Tasche nach der glatten Orange. Eine Zutat hatte sie bekommen! Immerhin … Zwar würde sie nicht ausreichen, um Pfeffernüsse zu backen. Doch vielleicht war das gar nicht so schlimm, überlegte sie. Schließlich hatte Karl ihr stattdessen eine Erinnerung an ihren Vater geschenkt.

Der Pferdemarkt leerte sich bereits. Dichte Wolken zogen über den Himmel und verdüsterten diesen Dezembertag viel zu früh. In den Fenstern wurden die ersten Kerzen angezündet. Es war bereits zu spät, um noch mehr Zutaten zu bekommen.

Die Menschen riefen sich gute Wünsche zu und zogen sich in ihre Häuser zurück. Josephine lief langsam durch die holprige Rosenstraße bis zur Bäckerei. Sie betrachtete das Schild mit der Aufschrift «Thielemanns Backhus», das altersschiefe Fachwerkhaus, dessen Fenster zu jeder Jahreszeit offen standen, sobald der Feuerofen brannte. Und daneben das ehemalige Schuhmacherhaus, das der Bäckerei so sehr ähnelte. Es war genauso schmal, hatte ebenso krumme Balken und rosa Fensterläden. Die Aufschrift «Thielemanns Schuhe» an der Fassade war beinahe verblasst. Wie gern würde sie die Zeit zurückdrehen, zur linken Haustür hineinspazieren und ihren Vater zwischen seinen Schuhregalen knien sehen

Da schwang plötzlich die Ladentür zu ihrer Rechten auf, und ihre Mutter strahlte ihr entgegen. «Josephine! Wo bist du gewesen? Wir haben auf dich gewartet!» Sie sah so erleichtert aus, dass sich Josephine der Magen zusammenzog. Sie hätte nicht so lang fortbleiben dürfen. Und dann hatte sie auch noch ihr Versprechen gebrochen und war ins Gängeviertel gegangen! Hoffentlich würde sie es nie erfahren!

«Mutter!», rief sie und warf sich ihr in die Arme.

«Mein süßes Mädchen …» Ihre Mutter drückte sie fest an sich, und Josephine atmete ihren Geruch tief ein.

«Ach, da ist sie ja endlich, der Herr sei gepriesen!», schluchzte die weinende Jette. Überrascht ließ Josephine ihre Mutter los und trat in die Bäckerei. Obwohl die Verkaufszeiten längst vorbei waren, hatten sich die Menschen aus der Rosenstraße hier versammelt. Und sie alle hatten etwas mitgebracht: Jette hielt in jeder Hand eine Zitrone, der laute Fiete neben ihr drehte ein Glas in den Händen, das mit einem braunen Gewürz gefüllt war. Die Witwe Franz öffnete ein Taschentuch und präsentierte eine kleine runde Nuss. Und Louise Martin griff sich an den bunten Hut und zauberte eine schmale Stange hervor. «*Voilà, la cannelle*», flüsterte sie mit einem Lächeln. «Zimt.»

Hinter dem Verkaufstresen mit den unzähligen Schubladen stand Onkel Fritz und strahlte. «Unsere lieben Nachbarn haben ihre Speisekammern für dich durchkämmt und hier und da doch noch ein paar der Zutaten gefunden, nach denen du gefragt hattest. Ist das nicht freundlich von ihnen? Leider fehlt uns die Orange, aber vielleicht können wir ja trotzdem …»

Josephine entfuhr ein glückliches Glucksen, während sie die Orange aus der Rocktasche fischte und triumphierend emporhielt. Einen winzigen Moment wurde es mucksmäuschenstill in *Thielemanns Backhus.* Dann lachten sie alle laut los und klatschten in die Hände.

«Unglaublich!», rief Henriette.

«Fast wie ein Weihnachtswunder», fand Ida.

Und Onkel Fritz fragte: «Josephine, hast du Lust, mit mir Pfeffernüsse zu backen?»

❀ ❄ ❀

Während Josephine mit Fritz backte, hörte sie, dass die Menschen aus der Rosenstraße im Verkaufsraum einen Weihnachtsbaum emporwuchteten.

«Pass auf, Fiete, du stichst der Witwe Franz ja ein Auge aus!», rief Jette.

«Noch ein bisschen weiter links!», rief Mutter.

Es klirrte.

«Verdammich», keuchte Fiete.

«Das war wohl die Blumenvase neben dem Eingang», murmelte Onkel Fritz mit einem Lachen in der Stimme.

Josephine sah ihn von der Seite an. Er hatte Vaters Schalk in den Augen, fand sie. Auch seine Lippen umspielte dieses Zucken … Und zum ersten Mal freute sie sich über seine große Ähnlichkeit mit ihrem Vater. Der Onkel überdeckte ihre Erinnerungen nicht mehr, er lockte sie sogar hervor.

Sie standen Seite an Seite in der Backstube, und seltsamerweise fand Josephine diesen Ort von diesem Moment an gemütlich. Im Topf vor ihnen köchelten gewürfelte Orangen- und Zitronenschalen in Zuckerwasser und verbreiteten frischen Duft und wohlige Wärme. Onkel Fritz zeigte ihr, mit welcher Reibe man die Muskatnuss bearbeitete, und Josephine war überrascht über diese herbe Würze in der Luft. Mit einem Messerchen stieß er die Nelken und mit einem Hobel machte er sich an der Zimtstange zu schaffen.

«Davon nehmen wir nur wenig», erläuterte er. «Zimt ist nicht gerade mein Ding …»

Doch Josephine schloss unwillkürlich die Augen, als sie den verheißungsvollen Duft einatmete.

Sie ließen die zuckrigen Schalenstücke auf einem Rost abtropfen. «Eigentlich sollte Orangeat und Zitronat über Nacht trocknen, aber es wird auch so gehen», murmelte Fritz.

Der Feuerofen verbreitete eine wohlige Wärme, während Josephine knetete und Onkel Fritz eine Zutat nach der anderen in ihre Schüssel gab. Sie spürte den körnig knirschenden Zucker unter ihren Fingern, das glitschig warme Obst, das feine Pulver, dann die gemahlenen Mandeln. Das Mehl stob hell und zauberhaft vor ihr auf, und beinahe glaubte sie, in seinem Wirbel Vaters Blick zu erkennen. *«Na du kleiner Wirbelwind?»*, murmelte Josephine.

«Was sagst du?», fragte Fritz.

«Nichts, nichts», sagte Josephine schnell.

Fritz rollte den Teig aus, und Josephine durfte mit einem runden Ausstecher Kreise hineindrücken.

Vorsichtig löste sie die Plätzchen von der Arbeitsplatte und legte sie auf einen Rost. Während die Teilchen ruhten, plauderten und lachten die Menschen aus der Rosenstraße miteinander. Gegen Abend öffnete Fritz endlich die Luke des Ofens, und Josephine durfte die Pfeffernüsse hineinschieben.

❀ ❊ ❀

Zwei Stunden später hatten sie in jeden Winkel der Backstube Stühle und Kissen gequetscht, schließlich wollte sich niemand die frisch gebackenen Pfeffernüsse entgehen lassen. Von der Decke hing ein kräftig grüner Weihnachtsbaum herab, an dessen Zweigen brennende Kerzen und so viele Pfeffernüsse baumelten, dass Josephine sie nicht zählen konnte.

Mutter war die Erste, die begann zu singen: *«Macht hoch die Tür, die Tor macht weit. Eu'r Herz zum Tempel zubereit'.»* Allmählich fielen Jette, Fiete und Louise mit ein. *«O wohl dem Land, o wohl der Stadt, So diesen König bei sich hat.»* Auch Ida, Henriette und Onkel Fritz sangen mit. Die leise Stimme der Witwe Franz konnte Josephine zwar nicht hören, doch sie sah, dass sie ebenfalls die Lippen bewegte. Umso lauter schmetterte Susanna: *«Wohl allen Herzen insgemein, Da dieser König ziehet ein.»*

Onkel Fritz sah Mutter glücklich an. Die drückte ihrer Freundin Louise die Hand, und das französische Dienstmädchen lächelte Josephine zu. Und auf all den Gesichtern aus der Rosenstraße flackerte das weihnachtliche Licht der Kerzen. Vielleicht konnte diese Bäckerei doch ein guter Ort sein, überlegte Josephine. Ein Zuhause.

Sie wusste, dass mit *König* Jesus Christus gemeint war. Doch ein klein bisschen hatte sie an diesem Abend das Gefühl: Der König – das war auch ihr Vater. Er war mit ihnen ins Backhus gezogen. Er saß zwischen all den Menschen aus der Rosenstraße, die ihn gekannt hatten, mit denen er gescherzt und gelacht hatte. Gemeinsam mit ihnen lauschte er der Stille, die auf ihren Gesang folgte, und griff nach den Pfeffernüssen. Josephine besah sich ihr Plätzchen, glänzend und weich, und biss hinein. Es war würzig und zuckrig, es schmeckte nach Diebstahl, Geschenken, vagen Erinnerungen und neuen Abenteuern.

«Wisst ihr noch, wie sehr euer Vater diese Plätzchen geliebt hat?», fragte Mutter versonnen.

Ihre Schwestern nickten.

«Stimmt ja!», sagte Ida kauend. «Er hat manchmal so viele davon gegessen, dass ihm schlecht wurde.»

Henriette lachte leise. «An den Tagen vor Weihnachten mussten wir sie vor ihm verstecken!»

Auch Josephine erinnerte sich daran, und vor Erleichterung und Glück traten ihr die Tränen in die Augen. Mit dem Geschmack von Pfeffernüssen im Mund dachte sie an Vaters Gesicht. Sie wusste nicht mehr genau, wie seine Nase, seine Augen und sein Mund ausgesehen hatten. Doch das brauchte sie auch nicht zu wissen. Schließlich erinnerte sie sich genau daran, wie sich seine Gegenwart angefühlt hatte. Und das reichte. Er war lustig gewesen und sanft, von ihm war eine Geborgenheit ausgegangen, die sie in diesem Moment wieder fühlte – und schmeckte. So tröstlich und süß wie ofenwarme Pfeffernüsse.

Thielemanns
Pfeffernüsse

Zutaten

250 g Zucker
3 Eier
¼ TL Muskatnuss
½ TL Zimt
1 Msp. gestoßene Nelken
75 g fein gehacktes Zitronat und Orangeat
125 g geschälte gemahlene Mandeln
250 g Mehl

Zubereitung

Zucker, Eier, Gewürze und Zitronat / Orangeat werden zusammen dick aufgeschlagen. Der Masse fügt man 125 g geschälte gemahlene Mandeln und 250 g Mehl bei. Es muss einen Teig ergeben, der sich ohne zusätzliches Mehl 1 cm dick ausrollen lässt. Man sticht mit einem kleinen Ausstecher Nüsschen aus, legt sie auf gebutterte oder mit Backpapier ausgelegte Bleche und lässt sie so lange ruhen, bis sich unten am Boden ein weißlicher, trockener Rand bemerkbar macht. Vor dem Backen wenden und dann im vorgeheizten Backofen bei 175 Grad für 15 bis 20 Minuten backen.

Ein Tipp von Josephines Onkel, Bäckermeister Fritz Thielemann: Gibt man eine kleine Messerspitze Hirschhornsalz zu (sofern man selbst oder ein Nachbar welches vorrätig hat), so gehen sie schöner auf!

MANUELA INUSA

Weihnachtszauber in
Lake Paradise

Als Halle die Tür zur Pizzeria öffnete, fühlte sie das, was sie jeden Morgen fühlte, wenn sie die Räume betrat, auf die sie so hart hingearbeitet hatte: Stolz, Glück und Demut. Es war nicht leicht gewesen die letzten Jahre, nicht immer hatte das Schicksal es gut mit ihr gemeint, doch aufgegeben hatte sie niemals. Und das lag natürlich auch an den gutherzigen Menschen dieser kleinen Stadt, die Halle ihr Zuhause nennen durfte.

Lake Paradise in Nebraska war ein Ort mit gerade einmal viertausend Einwohnern, und er war genau so, wie man amerikanische Kleinstädte aus dem Fernsehen kannte: ruhig und idyllisch, mit einem hübschen Stadtplatz und freundlichen Bewohnern. Hier kannte jeder jeden, man war füreinander da, und ein Geheimnis war nie lange sicher. Dazu hatte Lake Paradise einen wunderschönen See, dem das Städtchen seinen Namen verdankte, gleich außerhalb des Ortskerns und zu jeder Jahreszeit eine Augenweide. Erst am Tag zuvor hatte Halle dort einen kleinen Spaziergang unternommen, und der halb zugefrorene See hatte im Sonnenlicht geglitzert, während die wenigen verbliebenen Vögel, die nicht in wärmere Gefilde geflogen waren, etwa die Buchfinken, die Blaumeisen und die Rotkehlchen, darüber hinweggeschwebt waren, als würden sie einen Tanz in der Luft aufführen.

Apropos *aufführen*: Es war Anfang Dezember, und wie in

jedem Jahr standen haufenweise weihnachtliche Events an. Die Besetzung des Krippenspiels traf sich mehrmals in der Woche, um zu proben, die Weihnachtsparade, die am morgigen Sonntag stattfinden sollte, wurde eifrig vorbereitet, und in der Mitte des Stadtplatzes waren seit einigen Tagen die sechs Stände aufgebaut, die den alljährlichen Weihnachtsmarkt bildeten.

Nun könnte man denken: Sechs Stände machen doch wahrlich noch keinen Weihnachtsmarkt aus! Doch wer jemals zur Vorweihnachtszeit in Lake Paradise gewesen war, der wusste, dass dies sehr wohl möglich war. Denn es ging nicht um die Anzahl der Stände, sondern um die Atmosphäre. Es ging um die wunderbaren weihnachtlichen Gerüche und um das Lächeln, das einem an jedem einzelnen Stand geschenkt wurde.

In Lake Paradise wurde viel gelächelt, es wurde viel gelacht, und es wurde viel gefeiert, ja, man fand sogar jeden Monat einen Grund für ein imposantes Fest. Im Januar wurde das neue Jahr gefeiert, im Februar der Valentinstag, im März der *St. Patrick's Day* (obwohl Lake Paradise gerade einmal vierzehn Einwohner mit irischen Wurzeln hatte) und im April der Frühling. Im Mai gab es den Memorial Day, im Juni das Fest der Blumen, im Juli wurde selbstverständlich der Unabhängigkeitstag groß gefeiert, und im August fand das Sommerfest statt. Dann kamen im September noch das *Corn Festival*, im Oktober *Halloween*, im November *Thanksgiving* und im Dezember Weihnachten dazu.

Wenn Halle sich hätte entscheiden müssen, dann hätte sie das *Corn Festival*, also das Maisfest, zu ihrem Lieblingsfest gekürt. Denn dort wurde jedes Jahr eine neue Maisprinzessin gewählt, und es gab neben der großen Maisparade außerdem ein Maiskolbenwettessen, einen Tanzabend und jede Menge Stände, an denen leckeres Essen mit Mais angeboten wurde. Dass ausgerechnet der Mais in Lake Paradise so gefeiert wurde, lag nicht nur daran, dass sich das Städtchen inmitten von Maisfeldern befand und er zudem das Hauptanbauprodukt im Staate Nebraska war, sondern vor allem daran, dass die Einwohner dieser Stadt auch immer schon ein wenig skurril gewesen waren, was sie aber nur noch liebenswerter machte.

Dennoch hätte Halle noch vor einigen Jahren wahrscheinlich Weihnachten als ihr Lieblingsfest genannt. Seit jeher hatte sie eine Vorliebe für Weihnachtslieder, Weihnachtsdüfte und Weihnachtsdekorationen gehabt – bis dann kurz vor Heiligabend 2016 das Unglück passierte …

Halles Schwester Alison und ihr Schwager Cooper hatten sich eine kleine Auszeit gegönnt und waren für eine Woche nach Miami geflogen, um ihren zwanzigsten Hochzeitstag zu feiern. Halle sollte so lange auf ihre drei Nichten aufpassen. Trish war damals siebzehn, Becky elf und Annie acht. Zu dritt hatten sie viel Spaß gehabt, hatten das Haus weihnachtlich geschmückt, waren den Baum fällen gegangen und hatten Weihnachtsplätzchen gebacken, mit denen sie die Eltern bei ihrer Rückkehr überraschen wollten. Dazu kam es dann aber tragischerweise nicht, denn die Triebwerke fielen aus, das Flugzeug stürzte ab – und Halles Welt war ein einziges Trümmerfeld.

Neben der Trauer und dem immensen Verlust musste Halle fortan auch die Erziehung ihrer Nichten wuppen, was ihr, die nie den Wunsch nach eigenen Kindern verspürt hatte, besonders schwerfiel. Dennoch zog sie bei ihnen ein, nahm sich für ein paar Wochen Urlaub in der Gärtnerei und kümmerte sich, so gut es ihr möglich war. Die Mutter ersetzen konnte sie nicht, den Vater noch viel weniger, doch sie gab ihr Bestes, um Trish, Becky und Annie ein wenig von dem Schmerz zu nehmen, der auf ihnen lastete.

Ihr eigener Kummer wuchs dadurch nur noch mehr. Und

als Trish im darauffolgenden Jahr achtzehn wurde, ihren Highschoolabschluss machte und ihr sagte, dass sie von nun an die Fürsorge für ihre kleinen Schwestern übernehmen wolle, atmete Halle auf. Sie war einverstanden, sie war erleichtert, und in einem Städtchen wie Lake Paradise war es glücklicherweise auch nicht von Bedeutung, dass Trish vom Gesetz her noch nicht volljährig war. Hier zählte allein das Wohl der Kinder. Deshalb schaute Halle auch immer noch täglich vorbei, um sich zu vergewissern, dass es ihren Nichten gut ging. Doch sie war wieder frei. Fühlte sich wieder wie sie selbst und nutzte die Chance, um sich darüber klar zu werden, was sie im Leben wollte.

Mehr denn je erkannte Halle, dass sie einfach kein Familienmensch war. Sie brauchte etwas anderes, etwas Eigenes. Sie wollte nicht mehr von acht bis fünf in der Gärtnerei arbeiten und den Anweisungen anderer folgen, sondern ihr eigener Boss sein. Kurz kam ihr der Gedanke einer eigenen Gärtnerei, doch dann überlegte sie genauer und beschloss, ein Restaurant im Stadtzentrum zu eröffnen. Das schien ihr lukrativ, da konnte sie selbst bestimmen, sie würde viel mit Leuten zu tun haben und ihren Nichten jederzeit gratis Essen mitgeben können – es war perfekt!

Zu dem Zeitpunkt gab es in Lake Paradise bereits *Jamie's Food Paradise*, das einen bunten Mix aus amerikanischer, mediterraner und mittelamerikanischer Küche anbot und dazu noch wöchentlich ein Gericht irgendeines exotischen Landes wie Kirgisistan oder Äthiopien auftischte. Dann waren da nur noch die Bio-Bäckerei und das alte *Cake Paradise*, das heute *Paradise Café* hieß. Halle standen also alle Möglichkeiten offen, und sie entschied sich für das, was sie selbst am liebsten aß und was sie in ihrem Heimatort schon immer vermisst hatte: richtig gute Pizza.

In Online-Kursen lernte sie, wie man den perfekten Teig und

Saucen zubereitete und den richtigen Ofen nutzte, und schließlich mietete sie die leeren Räume der alten Fahrrad-Werkstatt auf dem Paradise Boulevard an. Nach einem halben Jahr war der Umbau beendet, sie stellte einen Koch, eine Küchenhilfe und zwei Bedienungen ein, und es gab ein rauschendes Eröffnungsfest mit Gratis-Pizza, die alle Einwohner von ihrer neuen Geschäftsidee überzeugen sollte. Da sie sogar eine Alkohollizenz genehmigt bekam, war der Laden seitdem immer gut besucht, und Halle war glücklich. Sie hatte endlich den Sinn im Leben gefunden, und sie wusste, sie hatte sich richtig entschieden.

Als sie sich jetzt im *Pizza Paradise* umschaute, stellte sie fest, dass es noch immer nicht richtig weihnachtlich aussah. Seit dem Tod ihrer Schwester fiel es ihr schwer, in Weihnachtsstimmung zu kommen. Meist versuchte sie, die Feiertage schnell hinter sich zu bringen, und war froh, wenn das Fest vorbei war. Doch das war nicht das, was die Bewohner von Lake Paradise sich wünschten, und erst gestern hatte ihr Murielle gesagt, dass sie hier diese gewisse Weihnachtsstimmung vermisste, die sonst überall in der Stadt zu finden war.

Murielle war eine der drei größten Tratschtanten von Lake Paradise. Zusammen mit der Rentnerin Delores und der Eisverkäuferin Sadie war sie jeden Morgen um acht im *Paradise Café* anzutreffen, wo sich die drei über die neuesten Ereignisse austauschten. Wer das Trio kannte, brauchte eigentlich gar keine Zeitung mehr, denn man erfuhr von ihnen viel mehr als aus der wöchentlichen *Paradise Gazette*.

Halle hielt nicht viel von Klatsch und Tratsch, doch Murielle war angesehen, und man legte viel Wert auf ihre Meinung. Und wenn Murielle fand, die Pizzeria konnte noch ein wenig mehr Weihnachtsglanz vertragen, dann musste Halle sich wohl oder übel etwas einfallen lassen.

Und deshalb öffnete sie jetzt nach einem tiefen Seufzer die Küchentür und sagte ihrem Koch Josh, dass sie noch mal wegmusste.

«Kein Problem», rief Josh ihr zu und lächelte sie an. Vor vier Jahren, kurz nach der Eröffnung der Pizzeria, hatten sie mal etwas miteinander gehabt, es war jedoch nichts Ernstes gewesen und hatte sich auf Sex beschränkt. Inzwischen war Josh verlobt, und sie waren Freunde, es hätte ohnehin nicht mehr aus ihnen werden können, da Josh ganz heiß auf eine eigene Familie war, und Halle nun mal nicht. Komisch, dachte Halle oft, sonst war es doch meist andersherum. Wie zum Beispiel bei ihrer Freundin Savannah, die schon seit Jahren darauf hoffte, dass ihr Mann ihr endlich ein Kind schenken würde. So unterschiedlich waren die Menschen, und das war ja irgendwie auch gut. Die Vielfalt machte die Dinge schließlich erst besonders. Und wenn es nicht gerade ein Ladenraum war, der sich wegen fehlender Deko von den anderen unterschied, war alles in Ordnung.

Halle machte sich also auf, um Weihnachtsschmuck zu besorgen, der dem kleinen künstlichen Tannenbaum und dem winkenden Santa Claus auf der Theke Gesellschaft leisten konnte.

Als sie nach draußen trat, fröstelte sie und zog sich die rote Mütze, die auf ihrem langen braunen Haar saß, noch ein wenig tiefer in die Stirn. Es schien sich in der letzten halben Stunde um mehrere Grad abgekühlt zu haben. Für heute Abend wurde sogar Schnee vorhergesagt. Halle war daher froh, heute Morgen nicht nur an die Mütze, sondern auch an Schal und Handschuhe gedacht zu haben. Als sie den Paradise Boulevard entlangspazierte und das *Paradise Café* passierte, musste sie lächeln, da der Inhaber Nolan am Fenster stand und ihr freundlich zuwinkte. Sie winkte zurück und sah dann nach links zu den Weihnachtsmarktständen auf dem Stadtplatz. Die Buden waren mittig auf der Rasenfläche platziert, die noch immer schön grün war, da der Bürgermeister erst im Herbst neuen Rollrasen hatte verlegen lassen. Sadie und die anderen waren bereits dabei, ihre Buden von den Holzfenstern zu befreien, die über Nacht zum Schutz angebracht wurden.

«Guten Morgen, Halle!», rief Sadie ihr zu. Sie war die jüngste der drei Tratschtanten, und ihr gehörte die Eisdiele, die aber über die Wintermonate zuhatte, weshalb sie sich im Dezember um einen der Verkaufsstände kümmern konnte. An ihrem Stand bekam man neben weihnachtlichem Gebäck auch köstlichen Christmas Crumble. Der Apfel-Streusel-Auflauf mit Zimt und Co. war die Lieblingsnachspeise von Bürgermeister Doyle, weshalb sie auf dem Weihnachtsmarkt von Lake Paradise natürlich nicht fehlen durfte.

«Guten Morgen, Sadie», rief Halle zurück und trat näher. «Wie geht es dir?»

In dem Moment fuhr die kleine Bimmelbahn an ihnen vorbei, die der Bürgermeister erst um *Thanksgiving* herum eingeführt hatte. Damit erhoffte er sich mehr Touristen, genau wie mit dem Maismuseum, das Halle von hier aus sehen konnte. Doch keins von beidem hatte bisher seinen Zweck erfüllt. An diesem Morgen saßen gerade einmal zwei Fahrgäste in der Bahn.

«Mir geht es bestens», antwortete Sadie, die eine weiße Mütze mit einem blauen Schneeflockenmuster über ihrem kurzen grauen Haar trug. «Heute Abend soll es schneien.»

«Ja, das habe ich gehört.» Halle lächelte. Denn trotz allem mochte sie den Schnee.

«Ist das nicht wunderbar?», fragte Sadie.

«Ja, das ist es.»

«Wo willst du hin? Müsstest du um diese Zeit nicht in deiner Küche stehen und Pizzateig kneten oder so?»

Halle sah auf die Uhr, es war kurz nach halb zehn. «Das übernimmt Josh heute. Ich will noch mal kurz los, ein bisschen Deko besorgen.»

Sadie lachte. «Wegen dem, was Murielle gestern von sich gegeben hat?»

Natürlich hatte sich das bereits herumgesprochen!, dachte Halle und hätte am liebsten mit den Augen gerollt.

«Nicht nur deshalb», erwiderte sie. «Meine diesjährige Deko ist wirklich ein bisschen mickrig.»

Keine der beiden erwähnte, dass die Deko der vergangenen Jahre auch nicht viel üppiger ausgefallen war, denn beide kannten den Grund dafür, und der musste nicht ausgesprochen werden.

«Rupert hat Weihnachtsdeko im Angebot, hab ich gesehen.»

«Na, dann will ich mich mal dorthin aufmachen.» Halle verabschiedete sich und marschierte in Richtung Supermarkt, in der Hoffnung, dort fündig zu werden.

Ruperts Supermarkt befand sich auf der Ostseite des Stadtplatzes, gleich neben dem Tiersalon ihrer Nichte Trish. Schräg gegenüber auf der Westseite gab es einen weiteren Supermarkt, der von Howie geführt wurde. Rupert und Howard konnten sich quasi zuwinken, kämen allerdings niemals auf die Idee, dies zu tun, da sie einander abgrundtief hassten.

Rupert stand vor der Eingangstür und schüttelte den Kopf. «Diese verfluchten Kinder», sagte er.

Halle musste schmunzeln. «Was haben die *verfluchten* Kinder denn diesmal getan?»

«Sie haben das Obst vertauscht. Wieder einmal. Es scheint ihnen große Freude zu bereiten, mich zu ärgern.»

Sie sah zu der Auslage hin, auf die Rupert deutete. Inmitten der roten Äpfel befand sich eine Orange. Ihr Blick wanderte mit Ruperts Zeigefinger weiter. Zwischen den Orangen befand sich eine grüne Birne und zwischen den grünen Birnen ein roter Apfel.

Halle verkniff sich ein Lachen, weil es offensichtlich war, dass Rupert das alles gar nicht lustig fand.

«Bist du denn sicher, dass es die Kinder waren?», fragte sie.

«Die *verfluchten* Kinder!», korrigierte Rupert sie. «Und ob! Wer denn sonst?» Er schaute grimmig drein und suchte mit den Augen den Platz nach kleinen Stadtbewohnern ab. «Zu schade, dass der Samstagsunterricht abgeschafft wurde», sagte er dann, als wäre er neunzig Jahre alt und hätte den selbst noch miterlebt. Dabei war Rupert gerade einmal zwei Jahre älter als sie, also zweiundvierzig – und ziemlich gut aussehend noch dazu. Zumindest hatte Halle das schon immer gefunden, denn sie stand auf den Typ groß und schlaksig. Allerdings war Rupert ihr ein bisschen zu ernst. Ob er ein hübsches Lächeln hatte, vermochte sie nicht einmal zu beurteilen, da sie sich nicht erinnern konnte, ihn überhaupt je lächeln gesehen zu haben.

«Ja, zu schade», stimmte sie ihm erneut schmunzelnd zu und ging in den Laden.

Sadie hatte recht gehabt, es gab ein Riesenangebot an Weihnachtsdeko, auch wenn Halle sich sicher war, dass Rupert die nur aus demselben Grund anbot, aus dem sie vorhatte, ihre Pizzeria ein wenig mehr zu schmücken. Weil es von ihnen erwartet wurde. Weil die Stadt in hoffnungsloser Weihnachtsstimmung war. Weil das Fest der Liebe vor der Tür stand und alle tri-tra-trallala-fröhlich waren.

Die Arme voll Girlanden, glitzernden Rentieren und falschen Mistelzweigen schaffte sie es wenig später zur Kasse, wo sie alles auf die Ablage fallen ließ. Rupert, der schon zum Kassieren bereitstand, schaute sie mit zusammengezogenen Augenbrauen an.

«Murielle meint, bei mir in der Pizzeria ist es nicht weihnachtlich genug», erklärte sie matt.

Rupert runzelte noch ein wenig weiter die Stirn, dann nickte er wissend. Er tippte alles ein, nannte Halle den Preis und sah sie an. Sah ihr direkt in die Augen, was sie überraschte und auch ein wenig verwirrte. Schnell wandte sie den Blick ab und holte ihr Portemonnaie aus der Tasche. Beim Bezahlen entdeckte sie durchs Fenster Sadie, die gerade kleine Förmchen mit Christmas Crumble aufstellte.

«Ich gehe heute Abend nach der Arbeit auf den Weihnachtsmarkt», hörte Halle sich plötzlich ohne ersichtlichen Grund sagen. «Vielleicht hast du ja Lust, auch vorbeizuschauen?»

«Nee», antwortete Rupert. «Den Weihnachtsmarkt mag ich nicht. Da sind mir alle viel zu fröhlich. Und nachher sind noch die verfluchten Kinder da.»

Halle nickte. Ja, das hätte sie sich denken können. Was da überhaupt in sie gefahren war, Rupert quasi um ein Date zu bitten, war ihr sowieso ein Rätsel.

«Okay, kein Problem. Dann geh ich halt allein. Ich wollte mir sowieso nur was zu essen holen und dann nach Hause gehen.»

«Na, dann viel Spaß», wünschte Rupert, sah aber nicht aus, als ob er es so meinen würde.

«Danke.» Sie schenkte ihm ein kleines Lächeln und ging. Als sie sich noch einmal umdrehte, hatte sie kurz den Eindruck, Rupert würde ebenfalls lächeln, doch dann sah er wieder grimmig aus wie immer. Sie musste es sich eingebildet haben.

❄ ❄ ❄

Halle ging nicht gleich zurück in die Pizzeria. *Wennschon, dann richtig!*, dachte sie sich und beschloss, noch einen Abstecher in den Blumenladen zu machen. Dort wollte sie irgendeine Art von Weihnachtsgesteck holen, das sie auf die Theke und vielleicht auch auf die Tische stellen konnte.

Auf dem Weg kam sie am *Animal Paradise* vorbei und entdeckte Trish auch sogleich durchs Fenster. Sie winkte Halle zu sich herein, also machte sie kurz halt.

«Oh Gott, was hast du denn alles eingekauft?», fragte Trish.

Ihre dreiundzwanzigjährige Nichte, die sich im letzten Jahr selbstständig gemacht hatte, trug eine knallpinke Schürze und war gerade dabei, den Pudel von Martha Mitchell, der Bibliothekarin, grün einzufärben. Erst vor ein paar Monaten hatte Martha ihren Hund kahl scheren lassen und sich selbst gleich mit, und nun hoffte Halle nur, Martha wollte nicht wieder im Partnerlook mit Bobby herumlaufen.

«Oh, wow, was für ein Grün!», entfuhr es ihr, und Martha, die auf einem der Stühle am Fenster saß, lächelte.

«Ich fand es schön weihnachtlich», erklärte die Bibliothekarin. «Die Frage war nur: Rot oder Grün? Und ich habe mich für Grün entschieden.»

«Du hast aber nicht vor, es Bobby gleichzutun, oder?», wagte Halle zu fragen.

Martha lachte, und Trish fiel mit ein. «Aber nein! Wie kommst du denn auf solch eine Idee?»

«Na, dann ist ja gut.» Halle wandte sich an ihre Nichte und deutete auf ihre Einkaufstüten. «Das ist nur etwas Weihnachtsdeko für die Pizzeria.»

«Aaah! Wegen dem, was Murielle gesagt hat?», schlussfolgerte Trish, und Halle fragte nicht, woher sie das auch schon wusste.

«Ich muss Murielle ja recht geben», meinte Martha. «Es sieht bei dir wirklich ein wenig trostlos aus.»

Halle seufzte. «Nicht mehr lange, okay?»

«Das ist gut. Dann komme ich gerne auch mal wieder bei dir essen.»

Innerlich schüttelte Halle den Kopf. War die fehlende Deko für Martha echt ein Grund gewesen, nicht in die Pizzeria zu kommen?

«Wie geht es dir denn, Liebes?», fragte sie nun ihre Nichte, anstatt darauf einzugehen.

«Mir geht es super, danke.»

«Und Annie? Becky?»

«Immer noch gut, genauso wie gestern.» Trish lächelte sie liebevoll an. «Du machst dir zu viele Sorgen, Halle.»

«Tu ich nicht. Ihr seid nur die einzige Familie, die ich noch hab.»

«Ja, es wird höchste Zeit, dass du eine eigene gründest», mischte Martha sich wieder ein und fügte noch hinzu: «Bevor deine Eierstöcke zu nichts mehr zu gebrauchen sind.»

In diesem Moment hätte Halle sich fast schon Rupert herbeigewünscht, der Martha etwas von verfluchten Kindern erzählte. Vielleicht hätte sie dann endlich aufgehört, sich überall einzumischen. Halle ignorierte sie erneut.

«Und wie geht es Lexi?», erkundigte sie sich stattdessen bei Trish. «Kommst du so weit allein klar?»

Lexi war Trishs beste Freundin und Mitarbeiterin im Tiersalon. Sie hatte sich vor einigen Monaten unsterblich in einen früheren Lake-Paradise-Bewohner verliebt, der heute in New York lebte – und genau dort war sie zurzeit, um ihn zu besuchen.

«Lexi ist überglücklich. Sie hat mir erst heute Morgen ein paar Fotos geschickt. Da vorne liegt mein Handy, du darfst sie dir gerne ansehen. Mein Passwort kennst du ja.» Trish deutete mit einer ihrer behandschuhten grünen Hände hinter den Empfangstresen.

Halle ging hin, nahm das Smartphone in seiner rosa Hülle in die Hand und gab «Pizza» ein. Dann öffnete sie die Fotogalerie und sah die Bilder von Lexi, wie sie ihren Aaron vor dem riesigen Weihnachtsbaum am Rockefeller Center küsste, wie sie ihn mit zwei Einkaufstüten in der Hand vor *Macy's* küsste und wie sie ihn beim Schlittschuhlaufen im verschneiten Central Park küsste. Die beiden schienen nichts anderes zu tun, als sich zu küssen, und Halle musste zugeben, dass sie ein wenig neidisch war. Jemanden zum Küssen hätte sie dann doch gerne gehabt, besonders zu dieser Jahreszeit.

«Schöne Bilder», sagte sie.

«Ja, oder? Die beiden haben einander wirklich gesucht und gefunden. Und um deine Frage zu beantworten: Ich komme sehr gut allein klar. Zurzeit ist nicht allzu viel los im Salon, und Becky unterstützt mich nach der Schule und an den Wochenenden. Wenn sie nachher ausgeschlafen hat, kommt sie mir sicher helfen.»

Martha schüttelte den Kopf. «Ach, die jungen Leute ...»

«Das klingt gut», sagte Halle zu Trish. «Grüß Becky von mir, und natürlich auch Annie. Denkst du, sie hat Lust, mir später beim Schmücken zu helfen?» Sie hob die beiden voll bepackten Tüten leicht an.

«Bestimmt. Frag sie doch gerne. Dann würde ich sie nach Ladenschluss in der Pizzeria abholen kommen.»

Halle nickte und verabschiedete sich lächelnd. Dann ging sie weiter zum Blumenladen, wo Moesha sie begrüßte. Die etwa sechzigjährige Floristin hatte Halle nach dem Tod ihrer Schwester aufgefangen. Dafür war sie ihr bis heute unendlich dankbar, vor allem, weil die Afroamerikanerin sie einige Male mit zum Gottesdienst in Hamilton genommen und Halle sich gleich in die Gospelmusik verliebt hatte, die dort gesungen wurde. Inzwi-

schen war sie selbst einem Gospelchor beigetreten, der sich einmal die Woche traf, und auch wenn sie nicht die beste Sängerin
war, empfand sie es als sehr erfüllend.

«*Halle, Halle, Halle!*», rief Moesha in ihrem gewohnten Sing-
sang, als sie durch die Ladentür trat. Sofort wurde sie in eine
warme Umarmung gehüllt. «Wie geht es dir, Liebes? Oh, ist
das Weihnachtsschmuck für dein Restaurant? Murielle sollte
wirklich mal lernen, den Mund zu halten.» Moesha schüttelte
amüsiert den Kopf.

Herrje, es hatte wirklich die Runde gemacht.

«Ja, du hast es erfasst. Und eigentlich bin ich sogar hier, um
noch ein bisschen was für die Theke und die Tische zu kaufen.
Irgendwelche kleinen Gestecke oder …»

«Was hältst du von Weihnachtssternen? Die sind kostengüns-
tig, und weihnachtlicher geht es eigentlich kaum.»

«Oh, nein, einmal und nie wieder.» Halle wehrte ab. «Die
hatte ich im letzten Jahr, und Farmer Ben hat sie für Basilikum
gehalten.»

«Ach herrje.»

«Ja, erinnerst du dich nicht? Es stand in der *Gazette*! Und
Buddy hat ein Gedicht drüber verfasst.»

Buddy war der Stadtpoet, der jeden Tag über ein aktuelles
Thema schrieb und dieses Gedicht dann auf dem Stadtplatz ver-
teilte. Heute hatte sie Buddy noch gar nicht gesehen, fiel Halle
auf.

Moesha legte zwei Finger ans Kinn. «Doch, jetzt, wo du es
sagst …»

«Na, wie auch immer, Weihnachtssterne fallen weg, ich
möchte nicht wieder für irgendjemandes Magenverstimmung
verantwortlich sein.»

«Nur gut, dass es lediglich eine Magenverstimmung war.

Weihnachtssterne sind hochgradig giftig. Für Haustiere können sie tödlich enden.»

«Siehst du? Deshalb nehmen wir dieses Jahr lieber was anderes.»

«Soll ich mir was überlegen?», bot Moesha an. «Nenn mir dein Budget, und ich mach etwas Schönes draus.»

«Oh, das wäre mir eine große Hilfe.»

«Aber gerne, meine Liebe. Ich bringe dir die Gestecke dann heute Nachmittag vorbei, ja?»

Halle nickte freudig, nannte Moesha den Betrag, der ihr zur Verfügung stand, und war froh, eine Sorge weniger zu haben.

Als sie den Blumenladen wieder verließ, traf sie auf Buddy, der ihr sein heutiges Gedicht in die Hand drückte. Es handelte von dem verloren gegangenen rechten Handschuh von Nolan, der einfach nicht wiederaufzufinden war. Halle musste lachen, weil es einfach zu verrückt war.

Auf dem Rückweg zur Pizzeria rief sie, noch immer gut gelaunt, ihre Nichte Annie an, die ihr versprach, gleich vorbeizuschauen und beim Schmücken zu helfen.

Als Halle sich den Weihnachtsmarktständen näherte, stiegen ihr die herrlichsten Düfte in die Nase, und sie beschloss, später auf jeden Fall noch einmal herzukommen. Wenn es dunkel und gemütlich war und alles von Lichtern erhellt. Dann würde sie eben ohne Rupert etwas essen und Spaß haben. Um einen schönen Abend zu verbringen, brauchte sie keinen Mann an ihrer Seite – sie war lange genug allein, um das zu wissen.

Nur ein paar Stunden später erstrahlte auch das *Pizza Paradise* in weihnachtlichem Glanz. Zusammen mit Annie hatte Halle es noch vor dem Mittagsansturm geschafft, die Lichterketten und Girlanden anzubringen und die glitzernden Rentiere und Schneemänner aufzustellen. Nachdem dann am Nachmittag noch die von Moesha gelieferten dekorativen Stechpalmengestecke hinzukamen, sah das Restaurant tatsächlich schon sehr viel besser aus. Und als Halle dazu noch ein wenig Weihnachtsmusik anstellte, wirkte alles so festlich, dass es selbst für Murielle nichts mehr zu meckern gegeben hätte.

Um sechs Uhr kamen Trish und Becky, um Annie abzuholen, und Halle bot ihnen eine Pizza an. Doch sie sagten, sie wollten sich heute mal an selbst gemachten Enchiladas ausprobieren.

Als die Nichten weg waren, sah Halle noch einmal in die Küche und stellte sicher, dass alles in Ordnung war und die Abendschicht allein zurechtkommen würde. Dann nahm sie ihren Mantel, setzte sich die Mütze auf den Kopf, band sich den Schal um und ging.

Auf der Straße stellte sie mit Verzücken fest, dass es angefangen hatte zu schneien. Ein paar dicke Flocken rieselten leise vom Himmel herab. Sie schaute ihnen nach, bis sie auf dem Boden zerschmolzen.

«Wundervoll!», sagte sie und schritt voran.

Als Erstes wollte Halle sich einen Glühwein gönnen, denn darauf hatte sie schon den ganzen Tag Lust. Sie stellte sich also in die kurze Schlange vorm Glühweinstand, den der Sohn vom Bürgermeister, Shane Doyle, betreute. Er gab einen ordentlichen Schuss Rum in ihren Becher, und zuerst wollte sie ihn aufhalten, da sie den gar nicht bestellt hatte, doch dann dachte sie sich: Warum nicht? Es war immerhin eisig, und sie hatte nicht vor, so bald schon nach Hause zu gehen.

«Halle, wie schön, dich zu sehen», hörte sie es von Lydia Doyle, die an der Seite ihres Mannes auf sie zuspazierte.

Bürgermeister Doyle begrüßte sie ebenfalls.

«Hallo, Lydia. Hallo, Bertram. Ist es nicht fantastisch, dass es schneit?»

«Und ob!», antwortete Lydia. «Ich hoffe ja darauf, dass wir endlich mal wieder weiße Weihnachten haben werden. Dann könnte man Familienfotos im Schnee machen.»

«Das klingt toll.» Und es würde ihren Nichten sicher auch gefallen, besonders Annie, die heute schon begeistert davon gesprochen hatte, einen Schneemann bauen zu wollen.

«Der Schnee lockt auch die Touristen an», meldete sich nun der Bürgermeister zu Wort.

Aber Halle war skeptisch, denn auch zu ihrem Bedauern verirrten sich kaum welche nach Lake Paradise. Vielleicht lag es daran, dass der Ort auf der Karte kaum zu finden war, vielleicht war er aber auch nur für ganz besondere Menschen bestimmt, die ihr Schicksal hierhertrug.

«Ja, ein paar neue Gäste würden meiner Pizzeria sicher auch nicht schaden», sagte sie nichtsdestotrotz.

«Die Bimmelbahn läuft übrigens großartig», meinte Doyle, obwohl sie beide wussten, dass das eher Wunschdenken war. Aber Halle beschwerte sich nicht, auch wenn der Bürgermeister für seine verrückten Ideen stets die Steuergelder der Einwohner einsetzte. Immerhin liebte sie diese Stadt und würde es immer tun.

«Wir wollen dann mal weiter», sagte Lydia, und Halle stand wieder allein da.

Sie sah sich um, blickte hinüber zu dem Stand mit den gerösteten Maronen und dem Zimt-Popcorn, zu dem mit den Maisgerichten und schließlich zu dem mit den selbst gestrickten Schals, Mützen und Socken. Dann trat sie an die Bude mit den selbst gegossenen Kerzen und schaute sich ein paar davon näher an. Sie kaufte sich eine rote in Form einer Pyramide. Und gerade, als sie beschloss, sich zu Sadie an den Stand zu gesellen und sich vielleicht einen Christmas Crumble zu holen, dessen wunderbaren Duft sie bis hierher riechen konnte, vernahm Halle eine Stimme hinter sich.

«Hallo.»

Schmunzelnd drehte sie sich um, da sie die Stimme sofort erkannt hatte. «Rupert. Du bist ja doch gekommen», sagte sie, und sie konnte ihre Freude nicht verbergen.

«Ja, ich dachte, ich schau mal vorbei. Na ja … äh … dachte, dass ich dich vielleicht auf einen Glühwein einladen könnte.»

Sie hob ihren Becher an. «Oh, das ist lieb, aber ich hab schon einen.»

Diese Tatsache ließ Ruperts Gesicht ziemlich enttäuscht aussehen. Seine Mundwinkel zogen sich nach unten.

«Aber ich nehme gerne noch einen», sagte Halle schnell und kippte den nur noch lauwarmen Rest runter. «Und danach lade ich dich auf einen Christmas Crumble ein, wenn du magst.»

Rupert sah sie an. Und da erschien tatsächlich ein Lächeln auf seinem Gesicht – ein richtiges Lächeln! Halle konnte es kaum glauben. Es musste ein Weihnachtswunder sein!

Glücklich über diese Reaktion und gespannt, was der Abend noch bringen sollte, lächelte sie zurück. Dann folgte sie Rupert an den Glühweinstand und nahm aus den Augenwinkeln Buddy wahr, der ein wenig abseits stand und sich Notizen machte. Und sie konnte sich gut vorstellen, wovon sein morgiges Gedicht handeln würde …

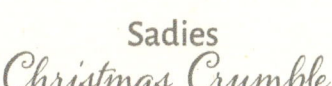

Sadies
Christmas Crumble

Zutaten für 4–6 Portionen

Für die Füllung:
1 kg Äpfel
2 gehäufte EL Zucker
1 TL Zimtpulver

Für die Streusel:
250 g Mehl
100 g Zucker
2 Pck. Vanillinzucker
1 TL Zimtpulver
½ TL gemahlener Ingwer
¼ TL gemahlener Koriander
150 g Margarine oder Butter

Zubereitung

Die Äpfel schälen, in Stücke schneiden und in eine Schüssel geben, mit Zucker und Zimt vermischen. In eine eingefettete mittelgroße Auflaufform füllen und flach verteilen. Das Mehl, den Zucker, den Vanillinzucker und die weihnachtlichen Gewürze per Hand mit der Margarine vermischen, bis grobe Streusel entstehen. Diese über die Äpfel geben. Den Crumble bei 180 Grad für ca. 40 Minuten in den Ofen schieben.

Warm mit einer Kugel Vanilleeis oder Schlagsahne genießen.

KIRA MOHN

PS: *Frohe* Weihnachten

Freitag, 12. Dezember, 22.52 Uhr

Hallo Mama, hallo Papa,

die Antwort ist nein. Diesmal nicht. Ich habe lange mit mir gerungen – sogar mit meiner Therapeutin darüber gesprochen. Und die Antwort ist nein.

Nach meinem Termin gestern musste ich ihr versprechen, nicht zu filtern. Einfach draufloszuschreiben.

Lassen Sie alles raus, hat sie gesagt. *Nennen Sie die Dinge beim Namen.*

Aber es geht um Weihnachten, habe ich geantwortet.

Nein, es geht um Sie.

Da habe ich erst mal geschluckt. Weil es nie um mich ging. Immer nur um die Außenwirkung, um Kompromisse, um die Kinder, um Markus' Allergien, um Papas Arbeit, um Miriams Stimmungen …

Ihr wolltet wissen, ob ich einen Tag früher kommen kann. Und die Antwort ist nein. Nicht nur nicht einen Tag früher, sondern gar nicht.

In den letzten Wochen habe ich immer wieder versucht, mir einzureden, dass ich die paar Tage im Kreise der Familie schon irgendwie schaffen werde. Doch warum muss man etwas schaffen, wenn man sich innerlich längst dagegen entschieden hat?

Wir waren nie die Bilderbuchfamilie, die wir nach außen vorgeben zu sein. Dafür streiten wir zu oft, reden aneinander vorbei, unterbrechen uns und hören nicht richtig zu. Wenn Weihnachten lange genug her ist, frage ich mich immer, ob meine Erinnerungen ans Vorjahr vielleicht übertrieben sind. Zu einseitig. Ich sage mir dann, dass es bestimmt auch schöne Momente gegeben hat, die ich vergessen, ausgeklammert oder verdrängt habe. Ich versuche, mich an positive Dinge zu erinnern, und nicht nur an die Dramen, die jedes Jahr um eine Episode erweitert werden. Miriams Gesicht, wenn ihr ein Geschenk mal wieder nicht gefällt, das bei Markus zuverlässig alle Sicherungen durchbrennen lässt. Claudia, die versucht, ihn zu besänftigen. Und du, Mama, die du ihr durch jeden Blick und jede Geste eindeutig zu verstehen gibst, dass sie als Schwiegertochter nicht das Recht hat, deinen Sohn zu maßregeln. Papa, der bereits nachmittags zu trinken beginnt und dann beim Flötenkonzert eurer Enkelkinder wirkt, als wäre er am liebsten überall, nur nicht hier. Allein beim Gedanken an ein weiteres Weihnachtsfest, bei dem jeder alles, was er denkt, zurückhält, um einen Frieden zu wahren, der gar keiner ist, wird mir schlecht.

Ich will nicht mehr sagen, dass mir das Essen schmeckt, wenn es das nicht tut. Ich werde nicht aus Höflichkeit das Stückchen Ente auf dem Teller hin und her schieben, bis ich es endlich unter der Serviette verschwinden lassen kann – wann respektiert ihr eigentlich, dass ich Vegetarierin bin? Ich will nicht Markus' hässlichen Weihnachtspullover ansehen müssen, während Miriams Christmas-Carol-Playlist in Dauerschleife läuft und du den Kopf schief legst und Sätze sagst wie: *Tick-Tack, deine biologische Uhr tickt.* Ich bin einunddreißig, und meine biologische Uhr geht dich gar nichts an!

Jedes Mal, wenn Weihnachten vorbei ist, nehme ich mir vor, es nächstes Jahr anders zu machen. Einen Urlaub zu buchen.

Euch notfalls einfach anzulügen und zu behaupten, dass ich einen Mann kennengelernt habe und die Festtage mit ihm und seiner Familie verbringe, bloß um euren demütigenden Fragen und Kommentaren zu entgehen. *Wann schenkst du uns endlich Enkel? Willst du dir nicht irgendwann einen richtigen Job suchen? Dir muss doch klar sein, dass das mit dem Schreiben nichts wird, oder? Markus hat einen richtig netten Kollegen – der ist auch Single, so wie du.*

Ich will nicht verkuppelt werden, ich will nicht in meinem alten Kinderzimmer schlafen, ich will nicht zum Aufessen gezwungen werden, ich will nicht hören, dass ich zu dünn geworden bin, und ich habe keine Lust, jedes Jahr dieselben unlustigen Weihnachtskomödien im Fernsehen anzuschauen.

Es wäre alles sehr viel einfacher, wenn ihr mir egal wärt. Oder wenn ich mir selbst wichtiger wäre als eure Meinung über mich. Noch ist es nicht so, aber irgendwo muss man anfangen.

Und der Anfang lautet: Nein.

Nun, da ich eine ganze Flasche Merlot geleert habe, bin ich betrunken genug, um diese E-Mail abzuschicken.

Weg damit.

Kate

Samstag, 13. Dezember, 14.11 Uhr

Hallo Kate,
  oder vielleicht eher *Liebe Kate?*
  Ich bin unschlüssig.
  Nach dem Lesen Ihrer Mail scheint mir die etwas vertrautere

Ansprache fast angemessen, aber eben nur fast – denn Ihre Zeilen waren nicht für mich bestimmt.

Und dennoch, das muss ich nun zugeben, habe ich sie gelesen. Von Markus' Allergien bis zum Merlot – verzeihen Sie mir. Es war wie ein Sog.

Bitte sehen Sie mich einfach als gesichtslosen Fremden, bei dem all Ihre Gedanken zu Ihrer Familie gut aufgehoben sind, und nur falls Sie an der Meinung von jemandem interessiert sein sollten, der weder Sie noch Ihre Familie wirklich kennt: Lesen Sie Ihre Worte besser noch einmal mit kühlem Kopf – und schicken Sie sie dann ab. Lassen Sie nur den Merlot weg. Zu viel Angriffsfläche.

Ihre Eltern werden Ihre Zeilen auf den Alkohol schieben, und Ihre Mutter wird Sie umgehend anrufen. Und ob Sie diesem Gespräch ohne Merlot standhalten werden – bitte verzeihen Sie mir noch einmal, dass ich so offen bin, aber das bezweifle ich ein wenig.

Nehmen Sie also all Ihre Gedanken und bringen Sie sie mit einem souveränen Lächeln auf den Weg. Es sei denn, Sie möchten das Risiko eingehen, zukünftig die Tochter, Schwester, Tante mit dem Alkoholproblem zu sein – und das wäre doch fast noch dramatischer als Markus' Weihnachtspullover, denken Sie nicht?

Gute Nerven wünsche ich Ihnen. Bleiben Sie standhaft.

Weihnachten ist viel mehr als ein Potpourri unterschiedlichster Befindlichkeiten und Stress mit dem Essen, da bin ich mir fast sicher (na gut, einmal mehr nur *fast*).

Simon

Hallo, lieber Simon, (sehen Sie, wie elegant ich das mit der Anrede gelöst habe?)

danke für Ihre Antwort.

Ich gebe zu, die Tatsache, dass Sie meine Mail gelesen haben, ist mir ziemlich unangenehm. Weniger wegen des Inhalts – immerhin kennen Sie meine Familie nicht –, sondern wegen des Bilds, das Sie jetzt von mir haben müssen. Eine alkohol-aggressive Frau, die es ohne ihren Merlot nicht fertigbringt, zu sagen, was sie zu sagen hat. Oder zu sich und ihren Emotionen zu stehen. Beides eher armselig. Man möchte meinen, dass man das mit der Ehrlichkeit irgendwann kann. Jedenfalls habe ich mir das Erwachsensein so vorgestellt.

Während ich hier sitze und einen Kaffee trinke, frage ich mich, ob der Vertipper in der E-Mail-Anschrift ein Wink des Himmels war oder doch eher ein Fluch, weil ich vermutlich nie wieder den Mut aufbringen werde, meine Gedanken wirklich abzuschicken. Ich wäre gern jemand, der zu dem stehen kann, was er emp-findet. Eine mutoptimierte Version von mir, die es schafft, sich abzugrenzen. Eine klare Linie zwischen sich und anderen zu zie-hen. Mein Umfeld und ich sind eher wie ein Spiegelei, bei dem der Dotter kaputtgegangen ist und Eigelb und Eiweiß nahtlos ineinander übergehen. Wow, bei diesem schlechten Bild frage ich mich, ob meine Eltern vielleicht doch recht haben, wenn sie sagen, dass ich das mit dem Schreiben lieber lassen sollte.

Mich abzugrenzen fällt mir das ganze Jahr schon schwer genug, aber Weihnachten ist der Höhepunkt. Da setze ich meine fröhliche Miene auf wie eine Maske und lächele all das weg, was mir eigentlich wehtut. Weil ich ja vielleicht wirklich gern mal Kinder hätte. Oder einen Freund, den ich nicht nur aushalte, sondern ehrlich mag.

Denken Sie, man ist weniger vollständig, wenn man keine Familie hat? Damit meine ich sowohl die, die ich habe, als auch die, die ich nicht habe – falls das Sinn ergibt. Ich bin verkatert. Und ernüchtert. Beides auf einmal. Bitte nehmen Sie es mir nicht übel. Mir ist so schon übel genug.

Ich sollte aufhören.

Danke für Ihre netten und aufbauenden Worte. Und für Ihre Ratschläge – es sind die ersten seit Langem, die nicht wehtun.

Vielleicht wollen Sie die E-Mail an meine Eltern schreiben? Ich habe den Eindruck, Sie könnten das besser als ich.

Alles Liebe und eine schöne Vorweihnachtszeit,

Kate

PS: Ich hoffe, Sie können sich auf die Festtage mit Ihrer Familie freuen.

Dienstag, 16. Dezember, 20.58 Uhr

Hallo, liebe Kate,

ich bin fest davon überzeugt, dass ein einzelner Mensch vollständig ist. Das mag daran liegen, dass ich immer Teil einer sehr, sehr kleinen Familie war – alleinerziehende Mutter und Sohn – und nun bereits seit einigen Jahren meine eigene Familie bin.

Das heißt nicht, dass ich es nicht interessant und mitunter sogar schön finde, für eine gewisse Zeit andere Familien kennenzulernen – es wird Sie übrigens vielleicht trösten, wenn ich Ihnen erzähle, dass nicht wenige davon durchaus mit Ihrer Familie mithalten können. (Vor allem zu Weihnachten – ich erinnere mich an ein Fest, bei dem ich am späten Abend mit meiner Ex-Freundin in der Notaufnahme saß, um einen Weihnachtskugelsplitter aus ihrem Auge entfernen zu lassen. Fragen Sie bloß nicht. Nur so viel: Die Kugel ist nicht einfach vom Baum gefallen.)

Jedenfalls: Ich habe gelernt, mich um mich selbst zu kümmern und nett zu mir zu sein. Meistens jedenfalls.

Habe ich damit Ihre Frage beantwortet?

Ob es ein Ziel – ihr Ziel – sein sollte, sich besser abzugrenzen (falls das ebenfalls eine Frage war), vermag ich Ihnen leider nicht ebenso klar zu beantworten. Ich weiß nicht einmal, ob man das wirklich lernen kann. Vielleicht muss man es auch als zur eigenen Vollständigkeit gehörend betrachten, dass es einem nicht besonders gut gelingt. Aber eventuell ist das ja sogar mehr Stärke als Schwäche – zumindest abseits von wahnwitzigen Familienweihnachtsfesten.

Ich selbst werde in diesem Jahr das Weihnachtsfest allein verbringen. Noch vor einigen Wochen sahen die Pläne anders aus, doch manchmal ändert sich ja alles sehr plötzlich. Sie wissen das sicher am besten – Sie sind ja selbst gerade dabei, kurzfristig alle Pläne über den Haufen zu werfen.

Sollte Ihnen das tatsächlich gelingen, können wir Heiligabend vor dem Kamin unbekannterweise auf die Entfernung miteinander anstoßen, das hätte doch etwas. Ich verspreche auch, dass ich keinen Weihnachtspullover tragen werde – seien Sie darüber nicht zu gerührt, ich besitze gar keinen.

Simon

PS: Ich finde übrigens nicht, dass Sie mit dem Schreiben aufhören sollten.

Dienstag, 16. Dezember, 21.44 Uhr

Lieber Simon,

ich gebe es zu: Als mein Mail-Programm vorhin geploppt hat, habe ich gehofft, dass Sie es sind. Ich gebe auch zu, dass ich mit mir gehadert habe, ob ich Ihnen davon erzählen soll, aber Sie wissen ohnehin bereits mehr über mich, als mir lieb ist, also dachte ich carpe irgendwas, Hauptsache machen. Das ist ein Fortschritt – und kein Merlot heute, nur Schwarztee.

Ich würde die Geschichte mit dem Christbaumkugelsplitter im Auge Ihrer Ex-Freundin tatsächlich gern hören. Auch wenn sich mir allein bei der Vorstellung die Nackenhaare aufstellen. Ist es dieselbe Ex-Freundin, die vor einigen Wochen noch Teil Ihrer Weihnachtsplanung war, bevor Ihr Leben sich so umgekrempelt hat?

So ein umgekrempeltes Leben bietet ja auch Chancen. Man könnte zum Beispiel in einer anderen Stadt ein anderer Mensch werden. Jemand mit neuen Marotten und neuen Angewohnheiten. Jemand, der gern ins Museum geht und Vernissagen besucht. Jemand ganz anderes – ein sauberer Schnitt. So etwas stelle ich mir oft vor: In meinem Kopf existieren mehrere Kate-Versionen, eine in Paris zum Beispiel, die jeden Morgen frisches Baguette in der Boulangerie im Viertel kauft, oder eine in einem abgeschiedenen Kloster, die sich ein Schweigegelübde auferlegt und ganz zu sich selbst gefunden hat.

Vielleicht ist das bei Ihnen so eine Chance. Wenn Sie bereits gelernt haben, sich um sich selbst zu kümmern, könnten Sie es zumindest zu einer machen.

Wie haben Sie das eigentlich gelernt? Sich um sich selbst zu kümmern? Ich habe mein Leben eigentlich ganz gut im Griff. Vier Mal in der Woche gehe ich ins Fitnessstudio. Ich habe ein Sparbuch, auf das ich regelmäßig einzahle, eine fondsgebundene Altersvorsorge, einen guten Job, und abends schreibe ich an meinem zweiten Roman. Ich zahle sogar meine Rechnungen pünktlich. Aber wenn ich das alles so lese, fürchte ich, dass es nicht das ist, was Sie unter *sich um sich selbst kümmern* verstehen.

Darf ich mich vorstellen? Kate vernünftig Bodmer. Freut mich trotz allem, Ihre Bekanntschaft zu machen.

Demnächst wird hier auch gekrempelt – so geht das ja alles nicht weiter.

Alles Liebe,

Kate

PS: Wenn Sie Weihnachtspullis tragen würden, wären das dann eher dicke Norwegerpullis mit Schneeflockenmuster oder doch die Elche mit den leuchtenden Nasen?

Mittwoch, 17. Dezember, 21.38 Uhr

Liebe Kate,

die Christbaumkugel wurde geworfen. Von einer Tante. Die damit eigentlich die Mutter meiner Ex-Freundin hatte treffen wollen. Die Hintergründe lassen sich mittlerweile nicht mehr nachvollziehen – ehrlich gesagt glaube ich, dass sie sich nicht einmal an diesem besagten Abend tatsächlich nachvollziehen ließen.

Und ja, es ist dieselbe Ex-Freundin. Ich bin noch nicht so weit, mein umgekrempeltes Leben als Chance zu betrachten, aber vielleicht haben Sie recht. Nein, ziemlich sicher sogar.

Ist es nicht verrückt, dass man bei anderen Menschen oft so viel besser erkennt, welches die nächsten klugen Schritte wären, und man selbst läuft wieder und wieder gegen dieselben Mauern? Wahrscheinlich weil man gegenüber anderen meistens um so vieles nachsichtiger ist. Jedenfalls bis zu einem gewissen Punkt. Bei nicht vegetarischer Ente und Tick-Tack-Sätzen hört das Verständnis auf.

Ich habe eine Idee: Ich überlege mir für Sie passende Antworten, dafür denken Sie sich für mich ein umgekrempeltes Leben aus. Oder nein, das wäre zu viel verlangt, und ich glaube, das möchte ich dann doch lieber selbst tun – aber wie wäre es mit einem umgekrempelten Weihnachtsfest (ohne Weihnachtspullis)?

Gespannte Grüße,

Simon

PS: Einer der wichtigsten Grundsätze beim Sich-um-sich-selbst-Kümmern ist wohl: Bringe für dich selbst dieselbe Nachsicht auf wie für andere. Und auch dasselbe Mitgefühl. Und dasselbe Verständnis.

Lieber Simon,

ein umgekrempeltes Weihnachtsfest? Lassen Sie mich mal überlegen.

Wie wäre es mit Weihnachten in New York? Sie könnten im Central Park Schlittschuh laufen, einen weihnachtlichen Schaufensterbummel am Times Square unternehmen und abends den Rockefeller Christmas Tree bewundern.

Oder lieber erholsame Ruhe in einer kuscheligen Berghütte mit knisterndem Kaminfeuer nach langen Schneewanderungen?

Sollte Ihnen eher nach einem Kontrastprogramm sein: Weihnachten am Meer stelle ich mir auch sehr schön vor. Je nach Ort dann warm eingemummelt oder luftig leicht am Strand spazieren zu gehen und abends in der Sauna zu schwitzen oder auf einer Dachterrasse einen Cocktail zu trinken – was würde Ihnen am besten gefallen?

Sie müssen sich für mich übrigens keine Antworten auf übergriffige Fragen mehr überlegen – zumindest hoffe ich das. Vor etwa einer halben Stunde habe ich mir die Mail an meine Eltern noch einmal vorgenommen. Erst habe ich den Merlot gelöscht und dann immer weiter reduziert, bis diese Sätze übrig geblieben sind:

Hallo Mama, hallo Papa, ich möchte in diesem Jahr nicht mit euch Weihnachten verbringen.

Dann habe ich mir überlegt, wie das sich daran anschließende Telefonat mit meiner Mutter verlaufen würde, weshalb ich ein paar Erklärungen hinzugefügt habe. Und noch ein paar. Und noch ein paar.

Letzten Endes unterscheidet sich Version zwei vermutlich nicht grundlegend von Version eins, fürchte ich, bis auf den Merlot.

Meine Mutter wird mich spätestens in einer Stunde anrufen. Ich bin fest entschlossen, für mich danach dasselbe Mitgefühl und dasselbe Verständnis aufzubringen, wie ich es immer für meine Mutter habe, und ich werde Ihnen berichten, was daraus geworden ist. Wenn Sie das möchten.

Und während ich auf den Anruf meiner Mutter warte, werde ich zur Beruhigung Vanillekipferl backen – ich fühle mich gerade beinahe souverän, und das verdanke ich Ihnen.

Kate

Freitag, 19. Dezember, 19.26 Uhr

Liebe Kate,

aber natürlich möchte ich. Wie ist das Gespräch verlaufen?

Ich versuche gerade, es mir vorzustellen, und habe dabei ein Bild von Ihnen vor Augen, wie Sie mit dem Telefon am Ohr angespannt und zugleich entschlossen von Zimmer zu Zimmer gehen – und das ist ziemlich seltsam, weil ich ja weder weiß, wie Ihre Wohnung aussieht, noch, wie Sie aussehen.

Gut, dass Sie für danach wenigstens Vanillekipferl zur Beruhigung haben.

Was das umgekrempelte Weihnachtsfest betrifft: Spontan würde ich mich für das Meer und die Sauna entscheiden. Auf der Suche danach bin ich bei kleinen dänischen Hütten an der Nordsee gelandet. Von Berlin aus – dort wohne ich – ist das gar nicht so weit weg. Eiskalter Wind, Strand und Wellen und danach eine heiße Sauna, Kaffee und Lakritz – ich habe gerade gebucht und werde mir jetzt ein Auto mieten.

Danke.

Simon

PS: Für welches umgekrempelte Weihnachtsfest hätten Sie sich entschieden?

Freitag, 19. Dezember, 20.48 Uhr

Lieber Simon,

erst hat meine Mutter sehr viel geweint, dann habe ich sehr viel geweint, dann hat meine Mutter mich trösten wollen, weil sie dachte, sie hätte mich rumgekriegt, und als sie feststellen musste, dass das nicht der Fall war, hat sie tödlich beleidigt das Gespräch beendet.

Daraufhin war ich eine Weile sehr traurig, und dann – fiel es plötzlich von mir ab.

Alles ist ausgesprochen, alles ist gesagt. Ich habe mich erklärt, aber meinen Entschluss nicht geändert, weil nichts von dem, was meine Mutter mir an den Kopf geworfen hat, meine Entscheidung ins Wanken bringen konnte. Eher im Gegenteil.

Und jetzt fühle ich mich … befreit.

So befreit, dass ich vorhin sogar noch meinen Kleiderschrank ausgemistet habe. Und dabei habe ich Vanillekipferl gegessen, ein Glas Wein getrunken und schöne Musik gehört.

Es ist ein gutes Gefühl, eine Entscheidung getroffen zu haben, oder? Vor mir liegen dadurch plötzlich freie Tage und ein angenehm leerer Kleiderschrank, und vor Ihnen liegt das Meer, Saunagänge und Lakritz. Das wäre auch meine erste Wahl gewesen, und ich bin sicher, Sie werden eine wunderbare Zeit haben.

Steht Ihr Angebot noch, Heiligabend vor dem Kamin unbekannterweise auf die Entfernung miteinander anzustoßen? In meiner Wohnung gibt es zwar keinen Kamin, aber sollte Ihre dänische Hütte über einen Internetzugang verfügen, wäre es dennoch schön, wenn wir genau das tun würden.

Alles Liebe,

Kate

PS: Wie sah die Frau aus, die angespannt und entschlossen durch ihre Wohnung lief?

Freitag, 19. Dezember, 22.35 Uhr

Liebe Kate,

ich schwanke zwischen «Ich freue mich mit Ihnen» (was ein wenig floskelig klingt) und «Ich bin stolz auf Sie» (das wiederum scheint mir gönnerhaft) – letztlich steht hier nun beides, und ich versichere Ihnen, es ist weder floskelig noch gönnerhaft gemeint.

Da Sie ja von mir nun keine Ratschläge für den Umgang mit Ihrer Familie mehr brauchen, werde ich mich anders für mein umgekrempeltes Weihnachten revanchieren und Ihnen für Ihre freien Tage ebenfalls einige Ideen liefern.

Vorschlag 1: Weihnachten in Paris. Wenn Sie sich dort gedanklich bereits Baguette in der Boulangerie kaufen sehen, fällt es Ihnen vielleicht auch nicht schwer, sich einen Bummel über die weihnachtlich beleuchteten Champs-Élysées vorzustellen – und abends einen Besuch im Moulin Rouge?

Vorschlag 2: Weihnachten allein zu Haus. Mit leckerem Essen (kann man auch liefern lassen), Musik, noch mehr Vanillekipferl und allem, was Ihnen zum Thema Entspannung einfällt. Filme. Gedanken niederschreiben. Ein heißes Bad (alle Frauen, die ich jemals kannte, schwören auf das heiße Bad). Stille kann wohltuend sein, wenn sie selbst gewählt ist. Ihnen muss ich das ja nicht erzählen – immerhin existiert in Ihrem Kopf eine Schweigegelübde-Kate.

Vorschlag 3: Weihnachten in Dänemark. Nur ein Wort von Ihnen, und ich buche eine zweite Hütte. Mit Kamin, wenn Sie mögen. Wir könnten uns tagsüber zu gemeinsamen Strandspaziergängen verabreden und abends Mails schreiben. Was meinen Sie? 22. bis 29. Dezember? Obergrenze bei 1000 Euro?

Simon

PS: Die Frau, die angespannt und entschlossen durch ihre Wohnung läuft, sieht genauso aus wie die, die sich gerade fragt: *Ist das sein Ernst?*

Samstag, 20. Dezember, 8.18 Uhr

Lieber Simon,
ganz kurz ist mir die Frage durch den Kopf geschossen.
Ist das sein Ernst?

Doch ich kann sie mir selbst beantworten. Und meine Antwort ist: Buchen Sie. Von Bremen aus – dort wohne ich – ist Dänemark gar nicht so weit. ;)

Bitte mit Kamin. Und ich will ebenfalls eine Sauna.

Ich werde sehr viele Bücher mitbringen, warme und regenfeste Kleidung, Vanillekipferl und ein paar Ideen für ein Weihnachtsessen.

Ich freue mich sehr auf dieses umgekrempelte Weihnachtsfest.

Kate

PS: Sind wir ein bisschen verrückt?

Samstag, 20. Dezember, 16.02 Uhr

Liebe Kate,

ich buche.

Korrektur: Ich habe gebucht.

Ihre Hütte hat eine Sauna, einen Kamin, und Sie dürften einen Hund mitbringen, wenn Sie mögen. Haben Sie einen Hund?

Alle Daten dazu finden Sie im Anhang.

Ich werde jetzt ein, zwei besonders gute Flaschen Merlot besorgen und übernehme das Weihnachts-Dessert.

Außerdem freue ich mich ebenfalls.

Simon

PS: Ja, wir sind ein bisschen verrückt. Ist das okay?

Samstag, 20. Dezember, 17.11 Uhr

Lieber Simon,

ich denke schon.

Meine Mutter hat noch einmal angerufen, um mir zu sagen, dass ich an Papas Herz denken solle, und ich habe ihr geantwortet, dass ich in diesem Jahr an mein eigenes Herz denken muss.

Ich glaube nicht, dass sie dafür wirklich Verständnis hatte, doch immerhin endete unser Gespräch dieses Mal nicht mitten im Satz.

Damit wäre ich nun endgültig bereit für Strandspaziergänge und Saunaaufgüsse.

Weihnachtsvorfreude – sie existiert also doch noch.

Danke dafür.

Kate

PS: Kein Hund, aber zwei Katzen. Eine Freundin wird sich um sie kümmern.

Samstag, 20. Dezember, 22.47 Uhr

Liebe Kate,

es ist schon spät, und ich habe ein Glas des Merlots, den ich besorgt habe, sicherheitshalber einmal vorgekostet – er ist eindeutig Weihnachtsfest-würdig.

Ich überlege gerade, wie ich Weihnachten wohl verbringen würde, hätte sich Ihre Mail nicht in mein Postfach verirrt. Oder hätte ich sie einfach gelöscht, wie es mein erster Impuls war.

Oder hätten Sie auf meine Antwort nicht reagiert. Vermutlich würde ich arbeiten und mir sagen, dass es ein Tag wie jeder andere ist.

Stattdessen sitze ich jetzt hier und teile Ihre Weihnachtsvorfreude.

Wieso siezen wir uns eigentlich noch immer?

Das ändere ich jetzt: Ich teile deine Weihnachtsvorfreude. Und am meisten freue ich mich darauf, dich persönlich kennenzulernen.

Simon

Samstag, 20. Dezember, 23.11 Uhr

Mein lieber Simon,

hätte ich meine Mail nicht versehentlich an dich geschickt – ich weiß nicht, ob ich nächste Woche nicht doch zu meinen Eltern fahren würde. Es war leichter, es durchzuziehen, während ich auf eine Antwort von dir gewartet habe.

Und wenn ich mir jetzt vorstelle, dass wir uns in ein paar Tagen gegenüberstehen, fühle ich mich so lebendig wie schon lange nicht mehr. Alles scheint plötzlich wieder möglich, dabei hatte ich vor Kurzem noch das Gefühl, mich völlig festgefahren zu haben.

Meinst du, man trifft manchmal auf einen ganz bestimmten Menschen, und dann muss man nur noch ein wenig verrückt sein, damit vielleicht etwas Besonders daraus wird?

Kate

Samstag, 20. Dezember, 23.29 Uhr

Liebe Kate,
   auf jeden Fall trifft man manchmal auf einen Menschen, bei dem es sich von der ersten Sekunde an besonders anfühlt.
   Weißt du, was schön wäre?

   Simon

Samstag, 20. Dezember, 23.30 Uhr

Was denn?

Samstag, 20. Dezember, 23.32 Uhr

Deine Stimme zu hören. Und deshalb schicke ich dir jetzt meine Telefonnummer.

Sonntag, 21. Dezember, 4.51 Uhr

Mein lieber Simon,
 hier noch einmal: Gute Nacht. Oder wohl eher: Guten Morgen.
 Noch einmal schlafen. Das ist jetzt wie ein verspäteter Adventskalender mit einem wirklich phänomenalen letzten Türchen.

 Kate

Sonntag, 21. Dezember, 4.57 Uhr

So tolle Adventskalender hatte ich als Kind nie.
 Bis dann, großartige Kate. Kann es kaum erwarten.

Sonntag, 21. Dezember, 4.59 Uhr

♥

Vanillekipferl
fürs Herz

Zutaten

250 g Weizen- oder Dinkelmehl

1 Prise Salz

1 EL Vanille-Puddingpulver

150 g gemahlene Mandeln

100 g Puderzucker

2 Pck. Vanillezucker oder gemahlene Vanille

230 g Margarine (zimmerwarm)

Etwas Puderzucker oder ein Puderzucker-Vanillezucker-
Gemisch (1:1) zum Bestäuben

Zubereitung

Mehl, Salz, Puddingpulver, gemahlene Mandeln, Puderzucker und Vanillezucker in einer Schüssel vermischen. Zimmerwarme Margarine hinzugeben und alles mit den Knethaken eines Handmixers oder mit den Händen zu einem glatten Teig verkneten. Den Teig in eine ca. 3–4 cm dicke Rolle rollen und halbieren. Anschließend die Rollen fest in Frischhaltefolie wickeln und ca. 1 Stunde in den Kühlschrank stellen.

Den Ofen auf 180 °C Ober-/Unterhitze (160 °C Umluft) vorheizen und zwei Bleche mit Backpapier auslegen.

Die Teigrollen aus dem Kühlschrank nehmen und mit einem Messer in etwa 1 cm breite Scheiben schneiden. Jede Scheibe zu einer kleinen Rolle rollen, die zu den Enden etwas dünner ausläuft.

Röllchen zu Kipferln formen, auf das Blech legen und im vorgeheizten Ofen ca. 12 Min. backen, bis die Enden leicht bräunlich werden. Mit Puderzucker oder der Puderzucker-Vanillezucker-Mischung bestäuben und nach dem Auskühlen (dann sind sie nicht mehr so zerbrechlich) genießen.

KELLY MORAN

Haileys *allerschönstes* Weihnachtsgeschenk

Übersetzt von Vanessa Lamatsch

Hailey Stowe war acht Jahre alt, als sie das erste Mal nach Redwood, Oregon, kam. Sie und ihre Mom zogen aus San Francisco her, nachdem Mutter und Vater sich hatten scheiden lassen. Die Fahrt war lang und öde gewesen, aber Hailey mochte Autofahrten. Für sie waren sie beruhigend.

Sie war vom ersten Moment an erleichtert gewesen, als sie die idyllische kleine Stadt kennenlernte, die sich zwischen die Klamath Mountains und den Pazifik schmiegte. Es gab keine hohen Gebäude, trötenden Hupen, herumeilenden Leute, blitzenden Lichter. Und auch keinen Vater, der sie nie gewollt hatte. Stattdessen lag alles unter einer glitzernden Decke aus Schnee. Riesige Bäume, die sich im Wind wiegten und nach Weihnachten rochen. Das Geräusch von Wellen in der Ferne, weit genug entfernt, um ein Rauschen statt ein Brausen zu sein. Hoch aufragende Berge schienen die Stadt zu umarmen, und die Laternen hier leuchteten sanft, statt grell zu strahlen.

Um ehrlich zu sein, hatte Hailey sich vor dem Umzug gefürchtet. Neuer Ort, neue Leute, neue Erfahrungen – auch wenn sie ihr altes Zuhause nicht gemocht hatte, schüchterte diese Aussicht sie ein. Sie war nie gut darin gewesen, Neues auszuprobieren. In ihrem bisherigen Leben, in der Schule oder bei Leuten, die Autismus nicht verstanden, war sie als Autistin als dumm angesehen worden. Das hatte sie so oft gehört. *Was stimmt nicht mit ihr? Wieso kann sie nicht normal sein?* Mommy war die Einzige gewesen, die nicht so dachte oder empfand. Mommy wusste, was sie tun und was sie lassen musste, damit Hailey sich wohl- und sicher fühlte in einer Welt, in der alles zu viel war.

Wochenlang hatte Hailey dem Umzug mit Sorge entgegengeblickt. Doch all ihre Furcht hatte sich hier in Redwood mit dem Morgennebel aufgelöst. Die Stadtbewohner waren seltsam gewesen … aber auf eine gute Art. Irgendwie witzig. Niemand berührte Hailey – Berührungen hasste sie. Niemand schrie sie an. Niemand machte sich über sie lustig oder bemitleidete Mommy, weil Hailey nicht war wie andere Kinder. Sie redeten mit ihr. Schlossen sie in Aktivitäten ein. Benahmen sich, als interessiere sie, was Hailey wollte.

Schon am ersten Schultag hatte sie Jessica kennengelernt. Die Lehrerin hatte versucht, Hailey zu zeigen, wie man einen Gummiball hüpfen ließ, als Jessica heranrannte und spielen wollte. *Spielen.* Mit Hailey! Bisher hatte noch nie jemand mit ihr spielen wollen.

Jessica hatte das Down-Syndrom und war sehr lustig. Hailey und sie machten alles gemeinsam und mochten dieselben Dinge. Beide liebten Tiere, besonders Hundewelpen. Sie liebten es, Popmusik zu hören und zu tanzen. Sie beide hassten Mathe, mochten aber die wissenschaftlichen Fächer. Sie waren sich einig, dass alle Insekten eklig waren, außer Schmetterlinge. Sie hatten sogar dieselbe Lieblingsfarbe. Lila! Ihr ganzes Leben lang hatte sich Hailey eine Freundin gewünscht. Nicht unzählige. Das wäre überwältigend gewesen. Aber *eine* Freundin. Redwood hatte ihr so viele wunderbare Dinge geschenkt, aber eine echte Freundin war das Allerbeste.

Das war jetzt sechs Jahre her. Die Zeit vor dem Umzug hatte sie fast vergessen. Fast. Sie hatte ein sehr gutes Gedächtnis, und das ständige Gefühl, am falschen Ort zu sein, das sie damals andauernd gehabt hatte, schwebte noch blass an den Rändern, um sie daran zu erinnern, wie wunderbar jetzt alles war.

Hailey starrte aus dem Fenster des Schulbusses, in dem sie neben Jessica saß, ihre schalldichten Kopfhörer auf den Ohren, um den Lärm auszublenden. Der Heimweg von der Schule war nicht weit. Sie hatte sich so sehr gewünscht, mit den anderen Kindern Bus zu fahren – und dieses Jahr war es ihrem Stiefvater endlich gelungen, ihre Mom zu überreden. Er hatte die Kopfhörer vorgeschlagen. Und es half. Cade löste alle Probleme, er wusste immer, was zu tun war.

Es gab natürlich trotzdem noch zu viele Gerüche. Jungenschweiß. Kaugummi. Diesel. Gummi. Deo. Papier. Doch ohne die Geräusche war das erträglich. Jessica trug ebenfalls Kopfhörer und wippte im Takt der Musik mit dem Kopf.

Es war der letzte Tag vor den Winterferien – was bedeutete, dass Cade heiße Schokolade machen würde und sie heute Abend gemeinsam *Der Polarexpress* schauen würden. Eine Tradition, wie er es nannte. Ihr Stief-Daddy machte die beste heiße Schokolade. Er gab keine Marshmallows in ihre Tasse, weil Hailey Marshmallows ekelig fand, und er wartete, bis die Schokolade ein bisschen abgekühlt war, bevor er sie ihr reichte, weil ihr zu heiße oder zu kalte Sachen im Mund wehtaten. Cade war unglaublich. Und albern. Er sprach jedes Mal Teile des Films mit, in einer komischen Stimme, die sie zum Lachen brachte. Ihr kleiner Bruder Tommy würde diesmal vielleicht sogar den ganzen Film über wach bleiben dürfen – jetzt, wo er schon vier Jahre alt war.

Weihnachten in Redwood gehörte zu Haileys Lieblingsfesten. Während der Bus durch die Main Street fuhr, huschte ihr Blick von Schaufenster zu Schaufenster, die alle weihnachtlich dekoriert waren. Die Laternen waren mit grünen Girlanden umwickelt, in den Pflanztrögen wuchsen weiße und rote Weihnachtssterne. Leute waren unterwegs, um einzukaufen, oder sie saßen in Cafés oder gingen spazieren. Es lag noch ein wenig Schnee von letzter Woche auf den Dächern, doch das meiste war geschmolzen. Fand Hailey in Ordnung. Schnee war hübsch anzusehen, aber sie berührte ihn nicht gern und mochte nicht, wie er unter ihren Füßen knirschte.

Als sie ihr Haus erreichten, ein zweistöckiges Blockhaus mit vielen Fenstern, umgeben von Wald, klatschte Hailey mit Jessica ab, um sich zu verabschieden. Sie stieg aus und wartete, bis der Bus um die Ecke verschwunden war. Erst dann nahm sie ihre Kopfhörer ab.

Das war Cades Haus gewesen, bevor er und Mommy geheiratet hatten. Aber er hatte oben ein Schlafzimmer für Hailey eingerichtet, mit einer Million Kissen. Weil Freitag war und Mommy und Cade noch arbeiteten, saß Grandma Gayle auf der Veranda. An Dienstagen und Donnerstagen wäre Grandma Justine hier.

Grandma Gayle wartete, bis Hailey die Verandastufen erklommen hatte, dann beugte sie sich zu ihr vor, um ihr in die Augen zu sehen. Sie hatte blondes Haar, das gerade bis auf ihre Schultern fiel, freundliche blaue Augen, und sie roch nach Rosen. Sie sprach immer leise mit Hailey und lächelte, als meinte sie ernst, was sie sagte.

«Wie war die Schule?»

Es war ein toller Tag gewesen. Es hatte eine kleine Weihnachtsfeier gegeben, bei der sie Kekse gegessen und Weihnachtsmusik gehört hatten. Haileys Blick schoss zur Seite, dann quietschte sie laut und wedelte mit den Händen. Sie wusste nicht, wieso sie das tat, aber diese unwillkürliche Reaktion begleitete sie schon, seitdem sie noch kleiner gewesen war als Tommy jetzt. Manchmal brach ihre Aufregung einfach aus ihr heraus. Gewöhnlich bemerkte sie das nicht einmal, doch jetzt tippte Grandma Gayle ihr leicht auf die Lippen.

«Nutze Worte, Süße.»

Richtig. Hailey war lange Zeit zur Sprachtherapie gegangen, um zu lernen, wie man sprach. Sie war nicht besonders gut darin, aber sie bemühte sich. Sie strengte sich wirklich an – denn wenn Onkel Flynn das konnte, der taub war, dann konnte Hailey es auch versuchen. Onkel Flynn sprach langsam und klang dabei seltsam. Sie wusste, dass sie selbst auch seltsam klang. Und es nervte wirklich, wenn niemand sie verstand. Manchmal schrie und schrie Hailey in ihrem Kopf, aber niemand hörte es.

Ihr Blick huschte von den nicht eingeschalteten Lichterketten und der Dekoration im Vorgarten zu ihrer Großmutter zurück. Hailey blickte Grandma Gayle an, öffnete den Mund und zwang Geräusche aus ihrem Bauch. «Gut.»

Grandma lächelte noch breiter. «Es freut mich sehr, das zu hören, und ich bin stolz auf dich.»

Das sagte sie oft. Haileys Wangen und Brust wurden dann immer warm, erfüllt von glücklichem Kribbeln. Quietschend sprang sie auf und ab.

«Lass uns reingehen, okay? Tommy macht ein Nickerchen, aber Seraph wartet ungeduldig auf dich.»

Seraph war ihr Hund, ein heller Labrador, den sie und Mommy im Wald gefunden hatten, als sie gerade erst hergezogen waren. Er hatte nur drei Beine. Cade hatte Seraph in seiner Tierarztpraxis behandeln müssen, weil er von bösen Leuten schwer verletzt worden war. Haileys Hund gehörte auch zu den besten Dingen in Redwood.

Hailey trat ins Haus und warf ihren Rucksack in die Ecke.

Sie ließ sich auf den Boden plumpsen und umarmte den besten Hund von allen. Er leckte ihr das Gesicht, aber das machte ihr nichts aus. Sein Fell war so weich. Und sie liebte ihn so sehr.

Grandma Gayle sagte ihren Namen und danach noch etwas, doch Hailey konnte sie nicht verstehen. Seraph sprang um sie herum, aus dem Radio drangen Weihnachtslieder, die Lichter am Baum waren an, und zusätzlich roch es nach Kiefer, Hundeatem, Zimt und Kaffee.

Grandma Gayle ging in die Hocke, um Hailey in die Augen zu sehen. «Bist du hungrig?»

Oh. Das war besser. Jetzt konnte sie sich konzentrieren.

«Nein.» Sie hatten bei der Schulparty Snacks gegessen.

Hailey legte sich auf den Boden, starrte die Lichter am Baum an und kuschelte mit Seraph, bis Mommy nach Hause kam. Das tat sie oft. Cade nannte es: Zeit verbummeln.

❀ ❉ ❀

Später, nach dem Abendessen, bemerkte sie, dass Mommy noch ein paar Geschenke eingepackt hatte. Sie stapelten sich unter dem Baum. Rot, Grün, Gold, Blau und Silber. Alle mit Schleifen. Hailey konnte die meisten Namen auf den angehängten Zetteln lesen. Sie wurde immer besser darin. Aber keines der Pakete schien die richtige Größe für das zu haben, was sie sich zu Weihnachten wünschte.

Sie hatte versucht, ihre App zu verwenden – hatte auf das Bild mit dem Pinsel oder auf verschiedene Farben getippt –, aber Cade hatte nur den Kopf geschüttelt und mit den Schultern gezuckt, als verstünde er nicht. Was wirklich frustrierend war, weil er sich für gewöhnlich alles zusammenreimte. Hailey hatte ein genervtes Gesicht gemacht, und er hatte versucht, sich zu entschuldigen. Aber es war ja nicht seine Schuld, dass sie diese großen Worte nicht sagen konnte. Trauer und Enttäuschung machten ihr Bauchweh. Sie würde ziemlich sicher keinen Farbkoffer mit Staffelei bekommen.

Als sie klein war, hatte Cade oft mit ihr gezeichnet oder gemalt. Zumindest hatte er es versucht. Doch es war schwierig gewesen, weil sie den Geruch von Wachsmalstiften und Filzstiften hasste. Igitt. In der Schule verwendeten sie richtige Farbe. Das war toll.

Tante Zoe malte auch manchmal. Hailey liebte es, zu Tante Zoes und Onkel Drakes Haus zu gehen, wo überall Bilder waren. Und Hunde. Aber noch mehr Bilder.

Mommy lachte und tippte Hailey, die neben dem Baum stand und all die Päckchen betrachtete, aufmunternd auf den Arm. «Nur noch ein paar Tage, dann gibt es Geschenke.»

Das war es nicht. Nein. Nein, nein, nein.

Frustriert tigerte Hailey auf und ab. Sie wünschte sich so sehr, die anderen könnten sie hören.

Mommy trat vor sie. «Was ist los, Hailey?»

«Vielleicht sollten wir ihr erlauben, ein Geschenk früher zu öffnen?» Cade saß auf der Couch, einen Arm um Tommy gelegt.

Ihr Bruder merkte auf. «Ich will meine Geschenke auch früher aufmachen!»

Cade lachte.

Hailey ging zum Tisch und holte ihr Tablet. Sie öffnete die Sprach-App, berührte das Pinsel-Symbol und legte das Gerät wieder auf den Tisch.

Sie konnte einfach nicht still stehen, also ging sie weiter auf und ab. Es war zu viel. Alles war zu viel. Sie bekam Gänsehaut. Und der Fernseher war an, und die Lichter am Baum leuchteten hell, und der Kamin knisterte, und Tommy jammerte, und der

Tunfischauflauf vom Abendessen roch, und dann war da noch der Geruch vom Baum und … sie hörten nicht zu. Sie verstanden es nicht.

«Hey, Krümel.» Cade hockte sich vor sie und fuhr sich mit der Hand durch sein kurzes, blondes Haar. «Kannst du Worte benutzen oder gebärden? Uns sagen, was los ist?»

Sie verwendete nicht mehr viel Gebärdensprache, aber jetzt hob sie die Hände und formte das passende Zeichen. *«Kunst.»*

«Kunst.» Cade richtete sich auf, während Cutie miauend an seinem Hosenbein zerrte. Geistesabwesend nahm er die Katze hoch und setzte sie auf seine Schulter, auf ihren Lieblingsplatz. «Hattest du heute in der Schule Kunst?»

Endlich kamen sie weiter. Aufregung erfüllte Hailey, und sie hüpfte auf und ab.

Mommy schaute auf das Tablet. «Und du hast Farben benutzt?»

Ja! Hailey hüpfte wieder. Diesmal wedelte sie quietschend mit den Händen. Sie streckte den Arm aus und tippte mehrfach auf das Gerät.

Cade sah Mommy an. «Als wir es versucht haben, mochte sie Malen nicht.»

Mommy zuckte mit den Achseln. «Wir haben aber nie Farbe verwendet.»

«Ich kann auch malen!» Tommy rutschte von der Couch. «Ich habe heute mit Grandma gemalt.»

«Ach wirklich?» Cade grinste. «Das musst du mir sofort zeigen.» Er zwinkerte Hailey zu. «Bin gleich zurück, Krümel.»

Mommy redete, aber für Hailey klang es wie Lärm. Durcheinander und ungeordnet, vermischt mit allem anderen.

Das alles hier war dumm. Niedergeschlagen ging sie nach oben.

In den nächsten Tagen sprach Hailey nicht mehr darüber, was sie sich am sehnlichsten zu Weihnachten wünschte. Sie war abgelenkt und beschäftigt, außerdem schenkte ihre Familie ihr immer gute Sachen, also spielte es keine Rolle, redete sie sich ein. Mommy sagte, dass es der Gedanke war, der zählte. Sie konnte ja in der Schule malen, wenn sie wollte. Das wäre schon okay.

Sie hatte eine Verabredung mit Jessica, warf draußen den Ball für Seraph und schubste Tommy auf der Schaukel im Garten an. Am Weihnachtsabend gingen sie zu Großonkel Prestons Inn, um mit anderen Leuten aus Redwood eine Party zu feiern. Das machte Spaß. Alle begrüßten Hailey, ohne sie zu bedrängen. Es war toll, in der Nähe von Menschen nicht mehr nervös zu sein. Sie hasste dieses komische Gefühl im Bauch und war froh, dass sie es nicht mehr oft spürte. Die Pension war riesig. Es gab eine Bibliothek, in der sie sich Bücher ansehen konnte, sie durfte mit Jessica Limonade trinken, und es gab viele Lichter.

Aber sie wollte immer noch so gern malen.

Am Weihnachtstag um eins kam die ganze Familie zu ihnen. Großtante Marie, ihr Ehemann Preston und Großtante Rosa trafen als Erste ein. Die beiden Großtanten waren Grandma Gayles Schwestern, und aus irgendeinem Grund nannte Cade sie ‹Die Drachen›, wenn sie nicht dabei waren. Einmal hatte Hailey gehört, wie Tante Gabby gesagt hatte, das wäre, weil sie die Leute in der Stadt verkuppelten. Hailey hatte immer noch nicht verstanden, was das bedeuten sollte, aber Großtante Marie war die Bürgermeisterin, das wusste sie.

Grandma Justine kam auch. Tante Gabby und Onkel Flynn mit ihren Kindern und Onkel Drake und Tante Zoe mit ihren Kindern waren die Letzten. Bald schon war es laut im Haus. Gerüche und Geräusche und Lichter. Hailey wurde besser darin, sich anzupassen. All das störte sie nicht mehr so sehr wie früher, aber trotzdem. Manchmal war es einfach zu viel auf einmal.

Mommy hatte einen Schinken zubereitet, der lecker war, Kartoffelauflauf, den Hailey nicht mochte, und Karotten, die ganz okay waren. Sie mochte Möhren lieber, wenn sie nicht gekocht waren. Sie aßen an zwei Tischen, und die Erwachsenen hackten aufeinander herum, aber Mommy sagte, sie würden nur scherzen und wären nicht gemein. Alle lachten ständig. Tante Gabby hatte Kekse gebacken, Zuckerkekse mit weißem Zuckerguss und roten Perlen. Die waren so supergut, dass Hailey gar nicht aufhören konnte, davon zu essen. Onkel Drake brachte etwas mit, was man vor dem Essen aß, sie hatte vergessen, wie es hieß, aber es waren winzigen Baby-Hotdogs. Von denen aß Tommy eine Menge.

Als alle sich um den Baum versammelten, spielte Hailey mit ihrem Tablet, die Kopfhörer auf den Ohren. So fiel es ihr leichter, sich von alldem nicht überwältigen zu lassen. Seraph lag neben ihr auf dem Sofa, den Kopf in ihrem Schoß, und sie streichelte sein Fell.

Einige ihrer jüngeren Cousins und Cousinen waren immer noch Babys, also brauchten sie Hilfe bei den Geschenken. Ihr Cousin Mike, der schwarze Haare hatte wie sein Daddy Onkel Drake und blaue Augen wie seine Mommy Tante Zoe, war ein Jahr alt und spielte überwiegend mit den Schleifen. Er sabberte viel, über sein ganzes Kinn, und kicherte. Manchmal, wenn er sein Fläschchen bekam, fütterte Hailey ihn. Sie liebte es. Mike war süß. Die anderen, ihre Cousine Lindsay, die drei Jahre alt war, und ihr Cousin Hunter, der zwei war, hatten rötlich blondes Haar wie ihr Daddy Onkel Flynn, aber runde Wangen wie ihre Mommy Tante Gabby. Sie rannten nach jedem Geschenk, das sie aufgemacht hatten, zu Hailey, um es ihr zu zeigen. Sie hüpfte auf ihrem Platz, weil die Kleinen so aufgeregt wirkten, was sie auch ganz aufgeregt machte. Lindsay drehte sich oft im Kreis, um ihr rotes Kleid zum Wirbeln zu bringen. Das sah lustig aus. Hailey genoss sehr, dass sie keine Angst vor ihr hatten und wollten, dass sie beim Weihnachtsfest mitmachte. Mit ihnen fühlte sie sich nie einsam.

Großtante Rosa trug seltsame Elfenkleidung zu ihrem wilden, kurzen, roten Haar. Sie zog alberne Grimassen für Hailey, um sie einzubinden. Auch Großtante Marie winkte Hailey von einem Stuhl aus zu und bot ihr immer wieder etwas zu essen an. Aus irgendeinem Grund machte sie sich Sorgen, Hailey könnte nicht genug essen.

Sie war das älteste Kind und als Letzte dran. Sie hasste das Geräusch von reißendem Papier, also ließ sie die Kopfhörer auf, während Tommy neben ihr die Verpackung aufriss. Das schien ihm Spaß zu machen, und dafür war sie wirklich dankbar. Ein Päckchen nach dem anderen öffnete er für sie.

Sie bekam einen Haufen Bücher, ein paar Kleidungsstücke, Blu-rays und eine wirklich schicke Lavalampe. Sie mochte alles und gebärdete «Vielen Dank». Keine Farben. Aber das war in Ordnung, sagte sie sich. Sie hatte coole Sachen bekommen und durfte Zeit mit der Familie verbringen. Sie zwangen sie zu nichts, was sie nicht tun oder sagen wollte – besonders Umarmungen –, und ließen sie in Frieden, wenn sie das brauchte. Ihre neue Familie war die beste.

Irgendwie waren all diese Vorbereitungen für Weihnachten ja seltsam. Bäume und Lichter. Schneekugeln und Strümpfe. Girlanden und glitzernde Bänder. Ein ganzer Monat voller guter Laune, der auf einen Tag hinauslief, der dann mit einem Wimpernschlag vorbei war. Trotzdem war Weihnachten neben Halloween ihr Lieblingsfest. Es war wundervoll. Sie konnte nicht anders, als traurig zu sein, weil es bald zu Ende war. Schon jetzt spürte sie einen Stein in ihrem Bauch und Hitze hinter ihren Augen.

❋ ❋ ❋

Nach Einbruch der Dunkelheit, als alle nach Hause gegangen waren und Tommy im Bett lag, machten Mommy und Cade sauber. Haileys Aufgabe war es, den Müll rauszubringen. Als sie wieder reinkam, standen die beiden in der Küche und küssten sich. Himmel, das taten sie oft. Hailey eilte an ihnen vorbei ins Wohnzimmer. Weil: igitt. Igitt!

Cade lachte und folgte ihr, einen Arm um Mommy gelegt. «Du hast diese Weihnachten etwas enttäuscht gewirkt, Krümel.»

Das war sie auch, aber sie versuchte, es nicht zu sein. Ihre Augen waren wieder heiß. Sie würde ein ganzes Jahr warten müssen, bis das nächste Mal Weihnachten war. Ihr Blick huschte durch den Raum. Strümpfe am Kamin. Der riesige Baum, mit Kugeln und Lichtern geschmückt. Die Dekorationen auf dem Tisch. Seraph, der neben der Treppe auf sie wartete. Cutie, die jetzt, wo es endlich möglich war, mit der Christbaumdecke spielte.

Mommy beugte sich vor, um Hailey in die Augen zu sehen. «Wieso gehst du nicht in dein Zimmer und schaust, ob du dich dann besser fühlst?»

Ja. Ihr Zimmer war für gewöhnlich ein Ort, an dem sie sich sofort besser fühlte.

Mit schweren Beinen stieg Hailey die Treppe nach oben,

Seraph war ihr dicht auf den Fersen. Sie öffnete ihre Zimmertür. Und hielt abrupt an.

Die Wände waren immer noch in hellem Lila gestrichen, mit einem Wandgemälde von Tante Zoe. Auf ihrem großen Bett lagen immer noch massenweise Kissen. In ihrem Bücherregal standen immer noch all ihre Bücher. Aber in der Ecke neben dem Fenster …

Wow, wow, wow!

Sie quietschte und hüpfte mit wedelnden Händen auf und ab. Ihre Brust fühlte sich an, als müsse sie jeden Moment platzen, und ihr war plötzlich ganz schwindelig. Doch das war egal. Glückliche Bläschen blubberten in ihr nach oben. Überall!

Hailey eilte über den Teppich, nahm die Leinwand von der Staffelei und sprang damit auf und ab. Auf dem Boden stand ein Korb voller Farbtuben und ein zweiter mit Pinseln. Sie wollte explodieren.

Mommy trat lächelnd neben sie. «Ich glaube, es gefällt dir, oder?»

Hailey konnte nicht aufhören zu hüpfen. Das war das superste Weihnachten. Vielleicht sogar besser als das Jahr, als sie hierhergezogen waren und eine neue Familie bekommen hatten. Oder als Tommy geboren war und sein erstes Weihnachten gefeiert hatte. Dieses Jahr war das schönste *aller Zeiten*. Sie rannte aus dem Zimmer und gleich wieder hinein, einfach, um es noch mal zu erleben.

Cade lachte. «Das war es doch, was du uns sagen wolltest, richtig? Dass du dir eine Malausstattung wünschst?»

Sie quietschte und hüpfte. *Ja!* Sie hatten sie doch verstanden. Sie hatten sie nur überraschen wollen.

Er lachte. «Okay, gut. Wie schön, dass du so aufgeregt bist. Frohe Weihnachten, Hailey.»

Es fiel ihr schwer, unglaublich schwer, aber sie beruhigte sich mit aller Macht und öffnete den Mund. «Frohe … Weihnachten.» Dieses Wort war schwer auszusprechen. Es kam irgendwie durcheinander heraus, aber Mommy und Cade strahlten sie an. Sie gebärdete: *«Danke.»*

Sie würde morgen den ganzen Tag malen. Und den Tag danach. Und jeden Tag, bis in alle Ewigkeit.

«Wirklich gern geschehen, Süße.» Mommy umarmte sie, nur ganz kurz, und ließ sie sofort wieder los. «Ich liebe dich.»

«Cade Herz Hailey», sagte Cade und zwinkerte.

Im ersten Jahr nach dem Umzug hatte Hailey gar nicht sprechen und kaum gebärden können. Cade hatte ihr beigebracht, wie sie mit der Wörter-App auf ihrem Tablet *Ich liebe dich* sagen konnte, als Überraschung für Mommy. Als Hailey es endlich geschafft hatte, hatte Mommy unendlich lange glückliche Tränen geweint. Seitdem sagte Cade: Cade Herz Hailey. Das war nur für sie beide.

Sie hüpfte wieder und gebärdete: «Ich liebe dich.»

Cade lächelte. «Und das, mein Liebling, ist das beste Weihnachtsgeschenk, das ich jemals bekommen werde.»

Weihnachtsbowle

Zutaten

1 l Cranberrysaft
1 l Zitronenlimonade (nicht alkoholisch) oder
1 Flasche trockenen Weißwein (alkoholisch)
375 g frische oder gefrorene ganze Cranberrys
1 Orange
Eis

Zubereitung

Die Cranberrys mindestens zwei Stunden einfrieren.

Eine große Schale zu einem Viertel mit Eis füllen. Cranberrysaft eingießen, Limonade oder Wein hinzufügen.

Die Orange in sehr dünne Scheiben schneiden (mit Schale). Auf die Oberfläche legen, sodass die Scheiben schwimmen.

Die gefrorenen Cranberrys hinzufügen – sie halten den Punsch kalt und sehen hübsch aus. Und dann genießen!

Schneeflocken-Plätzchen

Zutaten

250 g ungesalzene Butter
360 g Kokosnussflocken
1 Ei
1 EL Vanilleextrakt
240 g Mehl
120 g Puderzucker
1 EL Backpulver
Zuckerguss, Plätzchendekoration und/oder Zuckerstreusel

Zubereitung

Ofen auf 185 Grad vorheizen. Butter, Zucker, Ei und Vanilleextrakt verrühren, bis alles cremig ist. Mehl und Backpulver hinzufügen und kneten, bis der Teig glatt ist.

Die Kokosnussflocken einarbeiten.

Den Teig in einem Abstand von etwa fünf Zentimetern auf ein Backblech mit Backpapier verteilen (in Häufchen, die ungefähr einem Esslöffel entsprechen). Auf mittlerer Höhe ungefähr 10–12 Minuten backen. Dann auf ein Abkühlgitter legen.

Sofort mit Zuckerguss, Plätzchendeko und/oder Streuseln dekorieren. Dann genießen!

(Für zusätzliche Süße können zusammen mit den Kokosflocken auch noch Schokoladenstreusel in den Teig eingearbeitet werden.)

KATHARINA HERZOG

Weihnachten
im kleinen *Bücherdorf*

Nanette

«Ach du meine Güte! Wen hast du denn für morgen noch alles eingeladen?», fragte Nanette Rosie angesichts der Unmengen an Lebensmitteln, die sich in der Speisekammer ihrer Schwiegertochter auftürmten.

«Habe ich dir das gar nicht erzählt?» Nanette konnte nur Rosies rundes Hinterteil sehen, der Rest von ihr war in einer Gefriertruhe von der Größe eines Kleinlasters verschwunden. «Meine Eltern kommen morgen auch. Das Kreuzfahrtunternehmen, bei dem sie gebucht haben, ist pleitegegangen.»

«Nein, das hast du nicht erzählt», antwortete Nanette ein wenig verschnupft.

Hätte Nanette gewusst, dass die beiden auch kommen würden, hätte sie die Weihnachtstage wohl nicht in Swinton-on-Sea verbracht, sondern wäre in dieses entzückende kleine Hotel im Lake District gefahren, in dem sie schon im Sommer ein paar Tage Urlaub gemacht hatte. Oder sie hätte den ersten Weihnachtstag einfach zu Hause mit einem guten Buch und ein paar Gläsern Pimm's verbracht.

Nanette reckte den Hals, um zu schauen, ob ihre Schwiegertochter den Truthahn denn inzwischen in dem Monstrum von Gefriertruhe gefunden hatte, doch noch war er von einem Bataillon großer, mittelgroßer und kleiner Plastikdosen sowie einer XXL-Packung Eiscreme und einer Tüte Tiefkühlkürbis bedeckt.

Die letzten drei Jahre waren Alasdair und Bridget immer in die Karibik geflogen, um dort auf einem Luxusdampfer herumzuschippern. Wieso hatten sie die Reise nicht einfach mit einem anderen Unternehmen angetreten? Davon gab es doch so viele.

Nanette seufzte.

Alasdair, der alte Lüstling, würde ihr spätestens nach dem vierten Champagnercocktail schlüpfrige Komplimente machen und einen schweinischen Witz nach dem anderen erzählen, während Bridget stoisch versuchen würde, sein Verhalten zu ignorieren. Was ihr jedoch nur mithilfe von noch mehr Champagnercocktails gelingen würde. Da der morgens servierte Tee am ersten Weihnachtstag aber lediglich eine Alibifunktion hatte und das erste Glas Alkohol meist schon vor dem ersten Frühstücksei getrunken wurde, lagen die beiden sicher immerhin spätestens nach dem späten Lunch selig schnarchend in ihren Sesseln.

Aber selbst wenn Bridget und Alasdair dieses Jahr länger durchhielten: Auch dieses Weihnachtsfest würde vorübergehen!

«Ich hab ihn!», triumphierte Rosie und tauchte aus der Gefriertruhe auf. Ihr rundes Gesicht war stark gerötet, und trotz Unmengen von Haarspray war ihre dunkle, kinnlange Dauerwelle ganz zerzaust. «Du vorne, ich hinten», befahl sie. «Eins, zwei, drei und … hopp!»

Obwohl sie zu zweit waren und Rosie sich damit brüstete, zusätzlich zu ihren zweihundert Ämtern noch die Zeit zu finden, einmal in der Woche einen Online-Power-Yoga-Kurs zu absolvieren, schafften sie es kaum, den riesigen tiefgefrorenen Truthahn aus der Truhe zu hieven und ihn auf der Arbeitsplatte abzulegen, wo er bis zur weiteren Verarbeitung auftauen durfte.

Rosie hatte das Tier bereits im November in der Überzeugung gekauft, dass im Dezember die wirklich guten Vögel alle schon weg wären, und die Überlegung, mit welchen Beilagen und vor allem mit welcher Füllung sie ihn zubereiten würde, hatte ihr nicht nur viele Stunden Arbeit, sondern auch Kopfschmerzen und einen mittelgroßen Nervenzusammenbruch beschert.

Am Ende hatte sie sich für eine Speck-Kastanien-Rosinen-Füllung entschieden, und als Beilagen würde es in Gänsefett gebratene Kartoffeln, Rosenkohl mit Speck, Erbsen, Brokkoli mit Mandeln, Minzgelee, Cranberrysauce und nicht nur einen *Christmas Pudding*, sondern auch einen *Christmas Cake* geben.

Kein Wunder, dass Rosie schon seit Wochen aufgedreht wie ein Duracell-Häschen herumsauste. Sie war einfach zu perfektionistisch – das sagte auch Reggie. Wo war ihr Sohn eigentlich?

«Der ist in seiner Werkstatt», grummelte ihre Schwiegertochter auf Nanettes Nachfrage. «Hughs Abschleppwagen ist kaputt, und er hat Reggie gebeten, ihn zu reparieren. Für den Fall, dass über die Feiertage irgendjemand betrunken in den Graben fährt und Hugh ihn rausziehen muss ...» Rosie verdrehte die Augen, und Nanette wandte den Kopf ab, damit sie ihr Schmunzeln nicht bemerkte.

Sie konnte es ihrem Sohn nicht verdenken, dass er die Stille seiner Autowerkstatt der hektischen Betriebsamkeit in seinem Häuschen vorzog. Und dass jemand aus Swinton in den Graben fuhr, war angesichts der Unmengen von Alkohol, die während der Feiertage getrunken wurden, genauso sicher, wie dass die rohen Eier im Eggnog dem Krankenhaus zwei bis drei Salmonelleninfektionen bescherten.

«Kann ich dir sonst noch etwas helfen?», fragte Nanette.

Rosie schüttelte den Kopf, und erleichtert verabschiedete sie sich von ihr. Eigentlich hatte Nanette nur kurz vorbeischauen und fragen wollen, ob es reichte, wenn sie morgen früh um elf da sein würde, und sie war von ihrer Schwiegertochter sofort zur Arbeit abkommandiert worden.

Sie warf einen Blick auf die goldene Armbanduhr, die Frank ihr vor so vielen Jahrzehnten geschenkt hatte. Schon halb elf! Gestern hatte Eliyah ihr aus dem *Reading Fox* einen Psychothriller mitgebracht. Ihr Enkel arbeitete in dem Antiquariat, und er kannte ihre Vorliebe für Geschichten, in denen wahnsinnige Serienkiller ihr Unwesen trieben. Und mit diesem Thriller hätte sie eigentlich jetzt schon in ihrem warmen Bett liegen sollen. Schließlich würde sie die nächsten zwei Tage nur wenig Schlaf bekommen. Aber bevor sie zur Ruhe kommen würde, hatte sie noch einen Besuch vor sich. Das heißt, eigentlich zwei.

Mit Elsie würde sie ein Glas Winter-Pimm's trinken – denn Pimm's wäre ihr Getränk gewesen, da war Nanette sich sicher, sie hatte schon mit knapp drei Jahren Stil gehabt. Und mit Frank ein Glas Hot Toddy. Nanette mochte die Mischung aus Whisky, Zitrone, heißem Wasser und Honig nicht sonderlich, aber ihr Mann hatte das schottische Nationalgetränk in allen Variationen geliebt. Gut, dass er nicht mehr miterlebt hatte, wie die Destille in den Achtzigern geschlossen worden war! Es hätte ihm das Herz gebrochen. Nanette schulterte ihren Rucksack, in dem sich neben den beiden Thermoskannen auch eine Taschenlampe befand, und machte sich auf den Weg zum Friedhof.

Shona

«Ho ho ho! Die Weihnachtsfrau ist da!» Shona streckte Finlay den *Christmas Cake* entgegen.

«Es gibt keine Weihnachtsfrau, nur einen Weihnachtsmann! Das weiß doch jeder! Außerdem kommt er erst morgen», antwortete ihr siebenjähriger Neffe naseweis und ohne der aufwendig verzierten Torte in ihren Händen mehr als nur einen kurzen Blick zu schenken.

Undankbarer Kerl! Shona schnaubte. Dabei hatte sie sich so viel Mühe gegeben und sie nicht nur mit einem weißen Frosting überzogen und mit bunten Perlen verziert, sondern auch Marzipan eingefärbt und ein Rentier mit Schlitten und zwei Tannenbäume daraus geformt. «Darf ich trotzdem reinkommen – auch wenn ich nur deine langweilige alte Tante bin?»

Finlay nickte großzügig und ging voraus in die Küche, wo sein Vater am Herd stand und mit einem Holzlöffel in einem großen Topf rührte.

«Hey! Der sieht ja super aus!», sagte Graham. «Es hat definitiv Vorteile, eine Schwester zu haben, die Konditorin ist. Du kannst den *Christmas Cake* gleich in den Kühlschrank stellen.»

Wenigstens gab es einen in dieser Familie, der ihr Werk zu würdigen wusste. Shona schaute zu Finlay hinüber, der sich sofort wieder an den Küchentisch gesetzt hatte, wo er bis zu ihrem Klingeln offensichtlich damit beschäftigt gewesen war, Weihnachtskarten zu schreiben. Vor ihm lag ein ziemlich hoher Stapel und daneben ein deutlich kleinerer. Gerade nahm er die oberste Karte davon herunter.

«Du warst ganz schön fleißig», sagte Shona, nachdem sie die Torte in den Kühlschrank gestellt und Mops Tyson begrüßt hatte, der verschlafen in seinem Körbchen lag und mit seinen braunen Kulleraugen blinzelte.

Finlay nickte. «Jeder aus meiner Klasse bekommt eine, und morgen früh bringen Daddy und ich sie allen vorbei.» Mit hoch konzentriertem Gesicht drückte er die Spitze seines Füllers auf das Papier. Er war im Sommer erst in die Schule gekommen, und da machte es wahrscheinlich sogar noch Freude, hundert Mal seinen Namen zu schreiben.

Für Shona waren Weihnachtskarten eher eine lästige Pflicht. Aber in Swinton konnte sie sich dieser Tradition nicht entziehen, wenn sie sich nicht zur Außenseiterin machen wollte. Hier schrieb jeder jedem eine Karte. Bereits Ende November trudelten die ersten Kartengrüße ein, und bis Weihnachten konnte man froh sein, noch ein freies Fleckchen in der Wohnung zu finden, wo man sie aufstellen oder hinhängen konnte – für den Fall, dass der Absender einmal unangemeldet vor der Tür stand.

Ein paar besonders Übermotivierte, so wie Rosie, fügten der Karte sogar noch persönliche Sätze hinzu. Die meisten, dazu gehörte auch Shona, kritzelten einfach nur uninspiriert ihren Namen hinein.

Shona warf einen Blick aus dem Fenster. Im Rose Cottage gegenüber ging es turbulent zu. Shona sah Grahams Nachbarn Mick, Tessa und deren kleiner Tochter Gertie zusammen mit Tessas Eltern und Micks Bruder samt Familie am großen Esszimmertisch sitzen und *Christmas Cracker* öffnen. Immer zu zweit musste man die kleinen Päckchen in Bonbonform aufreißen, es gab einen ziemlich lauten Knall, und wer das längere Ende in der Hand hielt, durfte den Inhalt behalten.

Wenn das kein Anreiz ist, sich anzustrengen!, dachte Shona ironisch. Es befanden sich nämlich ausnahmslos immer eine Papierkrone darin, die man aufsetzen *musste*, ein schlechter Witz, den man vortragen *musste*, und ein kleines Geschenk wie ein billiger Schlüsselanhänger oder ein Radiergummi. Doch obwohl sich Shona wirklich Schöneres vorstellen konnte, als sich mit einer Papierkrone auf dem Kopf schlechte Witze anzuhören, beneidete sie Mick, Tessa und Gertie um den Spaß, denen ihnen die Cracker augenscheinlich bereiteten. Und um ihre große Verwandtschaft. Von ihrer Familie waren nur Graham, Finlay und Paul – ihr Dad – übrig geblieben.

Letzteren erspähte sie eben in diesem Moment dabei, wie er das Gartentürchen des Honeysuckle Cottage öffnete und auf die Eingangstür zustapfte.

«Ach, du bist ja auch hier!», sagte er, als er hereingekommen war und sich die Füße abgetreten hatte, bei Shonas Anblick.

«Ich habe den *Christmas Cake* für morgen vorbeigebracht», erklärte sie. «Wolltest du nicht beim Weihnachtssingen in der Kirche sein?»

«Da komm ich gerade her. Es war dieses Jahr eine Stunde früher. Pater Brown will heute Abend noch nach Castle Douglas zu seiner Schwestern fahren. Ihr hättet mitkommen sollen – wie Engel haben die Kinder gesungen.»

«Wir hatten es fest vor, aber der junge Mann ist mit seiner Weihnachtspost etwas in Verzug», sagte Graham und schenkte seinem Sohn ein liebevolles Lächeln. Es sah aber auch zu niedlich aus, wie Finlay mit hoch konzentriertem Gesicht dasaß, die Zungenspitze zwischen den Zähnen, und in ungelenken, riesigen Buchstaben seinen Namen schrieb.

Shona selbst entgegnete nichts. Als sie klein waren, hatte Dad darauf bestanden, dass Graham und sie die Sonntagsschule besuchten. Dort wurde jedes Jahr ein *Christmas Play* einstudiert, das die Geschichte von Jesu Geburt erzählte. Für Shona war das ein richtiges Highlight gewesen, und sie hatte unbedingt die Maria spielen wollen, oder zumindest einen der Heiligen Drei Könige – stattdessen war sie für den Ochsen eingeteilt worden … Danach hatte sie ihre Karriere als religiöse Schauspielerin hingeschmissen. Zehn Jahre später hatte sie der Kirche ganz den Rücken gekehrt. Aber obwohl Shona seitdem keinen Fuß mehr ins Haus Gottes gesetzt hatte, hoffte Dad immer noch, dass sie irgendwann wieder auf den Pfad der Tugend zurückfand.

«Fährst du jetzt auch nach Hause?», fragte er sie. Auch wenn Shona sich nicht erklären konnte, wie es dazu gekommen war, wohnte sie – mit fast dreißig! – immer noch in ihrem alten Kinderzimmer. «Dann kannst du mich mitnehmen. Wegen der ganzen Weihnachtsvorbereitungen bin ich heute weiß Gott schon genug gelaufen.»

Shona schüttelte den Kopf. «Ich schaue noch bei Anne vorbei. Ist schließlich ihr erstes Weihnachtsfest, seit sie sich von Colin getrennt hat, und ich will nicht, dass sie den Abend allein verbringt», log sie.

Shona wollte jemand anderen besuchen. Jemand, bei dem sie sich schon viel zu lange nicht mehr hatte blicken lassen.

Graham

«Wo habe ich denn nur meine Mütze hingelegt?» Dad kramte in den Taschen seiner Jacke. «Hast du sie irgendwo gesehen?»

Graham schüttelte den Kopf. «Hast du überhaupt eine aufgehabt?»

«Natürlich habe ich eine aufgehabt. Was glaubst du denn? Dement bin ich schließlich noch nicht.» Er schob Finlays frisch geschriebene Weihnachtskarten zur Seite, obwohl die Mütze sich darunter wirklich nicht verstecken konnte, und schaute dann unter dem Küchentisch nach. «Bestimmt habe ich sie in der Kirche liegen lassen.»

«Dann geh und hol sie!» Graham wusste, wie sehr sein Vater an dieser Mütze hing. Grahams Mutter hatte sie ihm gestrickt, und auch über zwanzig Jahre nach ihrem Tod hielt er sie in Ehren.

«Da ist längst abgesperrt. Ich habe dir doch gesagt, dass Pater

Brown heute Abend noch zu seiner Schwester fährt», entgegnete Dad gereizt.

«Nun, dann kann sie dir zumindest niemand klauen.»

Der Gedanke schien seinen Dad zu beruhigen, denn er nickte. «Ich schaue, dass ich morgen schon ein paar Minuten früher zur Morgenandacht gehe. Kommt ihr mit?»

Graham schüttelte den Kopf. «Ich habe Finlay versprochen, mit ihm seine Weihnachtspost zu verteilen!»

Er hatte nichts gegen einen gelegentlichen Kirchgang. Schließlich war es eine der wenigen Gelegenheiten, bei denen er einfach nur dasitzen und seinen Gedanken nachhängen konnte und darüber hinaus überhaupt nichts tun musste. Aber da das diesjährige Weihnachtsfest im Honeysuckle Cottage stattfinden würde, hatte er vorher wirklich noch genug zu tun. Er brachte Dad zur Tür.

Als Graham zurück ins Wohnzimmer kam, stand sein Sohn am Fenster, hatte das Kinn in die Hände gelegt und schaute in den dunklen Himmel. «Meinst du, dass ich den Weihnachtsmann sehe, wie er mit seinen Rentieren hier vorbeisaust, wenn ich die ganze Nacht hier stehen bleibe?»

«Vielleicht. Aber was ist, wenn er nicht reinkommt, wenn er dich sieht? Dann bleiben deine Socken ja leer.» Graham zeigte mit dem Kinn zum Kamin, über dessen Sims eine dicke Schnur gespannt war, von der fünf kunterbunte Weihnachtssocken herabhingen.» Er packte seinen Sohn um die Taille und warf ihn sich über die Schulter. «Auf! Ins Bett, junger Mann!»

Hatte Finlay gerade noch vergnügt gekreischt, fing er bei Grahams letztem Satz sofort an zu protestieren.

«Nein, noch nicht ins Bett! Du hast doch versprochen, dass wir für Rudolf ein paar Möhren schälen. Und für den Weihnachtsmann ein Glas Whisky und einen Teller Kekse hinstellen.»

Graham stöhnte auf. Er hatte gehofft, Finlay würde nicht mehr daran denken. Wieso hatte Gertie seinem Sohn nur diesen Floh ins Ohr gesetzt, dass die Geschenke des Weihnachtsmanns immer besonders großzügig ausfallen würden, wenn man ihm und dem Rentier etwas zur Stärkung anbot?

Müde rieb Graham sich die Augen ... Im Geist hatte er sich bereits mit einem guten Buch in der Hand in seinem warmen Bett gesehen. Nun konnte er sich nicht nur um Speis und Trank von Weihnachtsmann und Rentier kümmern, er musste das alles heute Nacht auch noch wegräumen und daran denken, auch ja ein paar Krümel auf dem Teller liegen zu lassen und Fußstapfen vom Kamin durch das ganze Wohnzimmer zu stampfen. Als er klein war, hatte Dad das zumindest immer getan.

Graham erinnerte sich noch gut daran, wie er in der Nacht vor Weihnachten – er musste drei oder vier gewesen sein – einmal aufgewacht war und gesehen hatte, wie sich ein Mann in einem roten Mantel mit einem dicken Bauch und weißem Bart an einem seiner Strümpfe zu schaffen gemacht hatte. Später hatte er erfahren, dass es sein Onkel Ernest gewesen war, der nach einem Abend mit viel zu viel Christmas Drinks doch tatsächlich die Dreistigkeit besessen hatte, sich nachts in seinem roten Bademantel nach unten zu schleichen, um Shona und ihm ein paar Süßigkeiten aus den Strümpfen zu stibitzen. Aber in diesem Moment hatte Graham wirklich gedacht, den Weihnachtsmann auf frischer Tat ertappt gehabt zu haben. Es war schön, dass auch Finlay mit seinen sieben Jahren noch an ihn glaubte. Gertie tat das schon lange nicht mehr.

«Na schön! Möhren für Rudolf, Whisky und Kekse für Santa.» Im Grunde war das ja auch gar keine große Sache.

❄ ❄ ❄

Tatsächlich lag Finlay nicht nur zwanzig Minuten später schon in seinem Bett, er war auch dazu bereit, auf die übliche Gute-Nacht-Geschichte zu verzichten. Im Gegenzug hatte Graham ihm angeboten, ihm morgen gleich drei vorzulesen. Graham räumte noch kurz die Küche auf, dann holte er sich ein Bier aus dem Kühlschrank und setzte sich neben Tyson. Der Mops war inzwischen zum Schlafen von seinem Körbchen auf die Couch gewechselt.

Normalerweise trank Graham nicht alleine. Aber an Weihnachten vermisste er Patricia ganz besonders. Genau wie an den Geburtstagen, an ihrem Jahrestag, an dem Tag, an dem er sie das erste Mal gesehen hatte. Eigentlich vermisste er sie immer.

«Daddy!»

Graham fuhr herum. Finlay stand im Schlafanzug in der Tür. Gut, dass Graham beschlossen hatte, die Socken nicht sofort zu füllen, sondern sich den Wecker auf drei Uhr nachts zu stellen.

«Was ist denn los? Kannst du nicht schlafen?»

Finlay schüttelte den Kopf und kam zu ihm herübergetapst. «Mir ist etwas eingefallen.» Seine Augen schimmerten feucht.

«Was denn?» Graham zog ihn zu sich auf den Schoß.

«Ich habe ganz vergessen, Mummy eine Weihnachtskarte zu schreiben.» Eine Träne löste sich aus seinen Augenwinkeln, und Grahams Herz zog sich vor Mitleid und Schmerz zusammen.

«Sie weiß sicher auch ohne Karte, dass du ganz fest an sie denkst.» Er zerzauste Finlay das weiche Haar. Es war brünett wie das seiner Mutter.

«Kann ich ihr trotzdem noch eine schreiben?» Finlay kuschelte sich an ihn. «Und können wir sie ihr gleich vorbeibringen? Nicht dass wir das morgen vergessen.»

«Wir werden das morgen nicht vergessen.» Heute Abend noch das warme Cottage zu verlassen, um auf einen dunklen, kalten

Friedhof zu gehen, war alles andere als eine angenehme Vorstellung.

«Bitte!» Eine zweite Träne kullerte Finlays Wange hinunter.

Graham seufzte. «Gut! Wir fahren.»

❀ ❄ ❀

Um diese Zeit war in Swinton kein Mensch mehr unterwegs. Graham bog in die Main Road ein. Vorbei an Joes Fish-and-Chips-Bude, The Old Bank Bookstore, dem Friseursalon und dem Café seiner Schwester fuhr er auf ein altes Stadthaus zu. *The Reading Fox* stand in goldenen Buchstaben auf dem weinflaschengrünen Metallschild über der Tür. Da Finlay sich vor lauter Müdigkeit auf der letzten Weihnachtskarte, die sie noch besaßen, verschrieben hatte, musste er kurz dort anhalten.

Zwar hätte Grahams Stolz es nie zugelassen, in seinem Buchladen auch Schreibwaren, Geschenkartikel oder sogar Kleidung anzubieten, aber zu einem Ständer mit Weihnachtskarten hatte er sich von seinem Angestellten Eliyah überreden lassen.

«Hast du noch eine Karte mit dem Kätzchen mit der Weihnachtsmannmütze drauf?», fragte Finlay. «Die würde Mummy sicher gut gefallen.»

Graham konnte es seinem Sohn nicht mit Sicherheit sagen. So kurz vor Weihnachten waren kaum noch Karten da, und das, obwohl Eliyah ein paar hundert Stück bestellt hatte.

Er schloss die Tür auf, und sofort wurde er von dem trockenen, staubigen und ganz leicht modrigen Geruch alter Bücher empfangen, den er so liebte, den er gleichzeitig aber auch so schmerzlich mit Patricia verband, dass es ihm die Kehle zuschnürte. An manchen Tagen, so wie heute, glaubte er sogar noch einen Hauch ihres Parfüms wahrzunehmen.

Edward Fox, Patricias Vater, hatte das Antiquariat vor ein paar Jahrzehnten eröffnet und dafür in ganz Schottland Bücher zusammengekauft. Zwar war das meiste billiger Ramsch gewesen, aber sein Schwiegervater hatte auch eine gute Nase für Raritäten gehabt. Seiner Geschäftstüchtigkeit hatte es Swinton nicht nur zu verdanken, dass sich weitere Buchhändler in dem kleinen Dorf niederließen, sondern auch, dass es in einem Wettbewerb, der 1998 von der britischen Regierung ausgeschrieben worden war, den Titel *Nationale Bücherstadt* verliehen bekam. Inzwischen gab es elf Buchläden in Swinton. Verrückt, wenn man bedachte, dass das Dorf nur rund tausend Einwohner hatte.

Der Postkartenständer stand gleich im Eingangsbereich des Fuchsbaus. So wurde der Laden nicht nur von Graham liebevoll genannt, weil er sich ausgehend von einer zweigeschossigen Galerie in vielen engen Gängen schier endlos nach hinten ausbreitete.

«Eine einzige ist noch da!», rief Finlay triumphierend. Seine Augen leuchteten, auf einmal war er wieder hellwach. Er zerrte einen Stuhl zum Verkaufstresen. «Kannst du mir vorschreiben?», fragte er Graham. «Damit ich nicht wieder einen Fehler mache.»

Graham nickte. «Was willst du deiner Mummy denn schreiben?» Er nahm einen Kugelschreiber aus einem Becher mit Stiften.

«Na, dass ich sie liebhabe und ganz viel an sie denken muss. Und dass ich hoffe, dass es ihr dort oben im Himmel gut geht.»

Graham wandte hastig den Kopf ab, damit Finlay nicht sah, dass sich seine Augen mit Tränen gefüllt hatten.

Ach Pat!

Nanette

Reggies Werkstatt lag direkt neben dem Friedhof. In dem flachen rostroten Ziegelbau brannte noch Licht. Die Kirche dagegen lag im Dunkeln. Das Weihnachtssingen war schon seit einer Stunde vorbei, und die einzige Beleuchtung auf dem Friedhof waren die Ewigen Lichter auf den Gräbern, wie Irrlichter in der tintenschwarzen Nacht, die von einer schmalen Mondsichel und ein paar Sternen kaum erhellt wurde.

Nanette nahm ihre Taschenlampe aus dem Rucksack, dann öffnete sie das alte Eisentor und huschte hindurch. Zuerst würde sie zu Elsie gehen. Vorbei an den schiefen, verwitterten Grabsteinen des alten Friedhofbereichs gelangte sie zum neueren Teil, wo sich die Familiengruft des McDonald-Clans befand. Lange Zeit hatte sie allein auf dem kleinen Hügel gestanden, bevor in den letzten hundert Jahren aus Platzgründen noch weitere Einwohner Swintons um sie herum ihre letzte Ruhe gefunden hatten.

Zwei Steinsäulen flankierten das prachtvoll verzierte Eingangsportal wie zwei einsame Wächter. Neben der einen Säule befand sich eine Tafel. Obwohl Nanette ihre Inschrift auswendig kannte, ließ sie den Schein ihrer Taschenlampe darüberhuschen, bis er auf die Namen ihrer kleinen Tochter und ihres Mannes fiel. Elsie war an einem strahlend schönen Sommertag ertrunken, in einem Teich, dessen Wasserstand eigentlich viel zu niedrig dafür war. Genau ein Jahr später, an einem genauso strahlend schönen Sommertag, hatte Frank Nanette verlassen. Er hatte zu ihr gesagt, dass er in den Park gehen und Tontauben schießen wolle, stattdessen hatte er sich selbst erschossen. Auch nach all den Jahren nahm sie es ihm übel, dass er sie so feige alleingelassen hatte.

«Hallo Elsie, hallo Frank!», begrüßte Nanette ihre beiden Lieben, obwohl sie ganz genau wusste, dass sie nicht da waren. Weder hier noch in ihrem Haus, in dem die vielen Bilderrahmen an den Wänden und auf den Kommoden sie daran erinnerten, welche Reichtümer sie einst besessen und wieder verloren hatte.

Und trotzdem war es zu einem lieb gewonnenen Ritual für sie geworden, in der Nacht vor Weihnachten auf den Friedhof zu gehen und ein Gläschen mit ihnen zu trinken. Nanette nahm den Rucksack von ihren Schultern.

Sie wollte ihn gerade öffnen und die Thermoskanne mit dem warmen Winter-Pimm's darin rausholen, als sie hörte, wie das alte Eisentor erneut ächzte. Noch jemand betrat den Friedhof. Jemand, der keine Taschenlampe bei sich hatte, sondern dem das erleuchtete Display seines Handys den Weg wies. Von ihrem Aussichtspunkt auf dem Hügel erkannte Nanette, dass es sich dabei um eine Frau handelte, zumindest vermutete sie das aufgrund ihrer Statur und den längeren, leicht gewellten Haaren. Mit gesenktem Kopf und schnellen Schritten eilte sie zwischen den Gräbern hindurch. Als sie sich dem Mausoleum näherte, erkannte Nanette, dass es Shona Erskine war. Ob sie ihre Mutter besuchen wollte?

Nanette trat einen Schritt zurück, damit Shona sie nicht bemerkte, doch dabei zertrat sie ein dürres Ästchen, das auf dem Boden lag, und Shona schaute in ihre Richtung. Ein erschrockener Laut verließ ihren Mund, und sie blieb wie angewurzelt stehen.

«Keine Angst, ich bin es nur! Nanette!», beruhigte Nanette sie.

«Puh!» Shonas rechte Hand ging zu ihrer Brust, und sie kam die Anhöhe zum Mausoleum hinauf. «Du hast mir einen ganz schönen Schrecken eingejagt. Was machst du so spät noch hier?»

«Ich besuche Frank und Elsie, und du?»

Shona schwieg, und einen Moment war Nanette sich nicht sicher, ob sie ihr antworten würde, doch dann sagte sie leise: «Ich will zu Alfie.»

Zu Alfie? Ach ja, der Byrnes-Junge! Vor seinem furchtbaren Unfall waren die beiden eine Zeit lang zusammen gewesen.

«Ich bin noch nie an Weihnachten an seinem Grab gewesen. Keine Ahnung, wieso ich gerade dieses Jahr gedacht habe, ich müsste ihn besuchen», fuhr Shona verlegen fort. Genau wie ihrem Vater Paul war es ihr schon immer schwergefallen, ihre Gefühle zu zeigen. Graham, ihr Bruder, tat sich in der Hinsicht leichter. «Und du? Besuchst du Frank und Elsie jedes Weihnachten?»

Nanette nickte. «Ich trinke dann immer gerne ein Gläschen mit ihnen. Möchtest du auch eins?» Sie lachte leise. «Mit den Lebenden stößt es sich einfach besser an als mit den Toten.»

Shona runzelte die Stirn. «Und woher bekommst du die Drinks? Verfügst du über magische Kräfte und musst nur mit dem Finger schnipsen, damit eine Minibar vor uns steht?»

«Du bist ein kluges Mädchen.» Nanette schnipste mit dem Finger und öffnete ihren Rucksack, um Shona die beiden Thermoskannen darin zu zeigen. «Was möchtest du? Ich habe Winter-Pimm's und Hot Toddy im Angebot.»

«Ich würde einen Hot Toddy nehmen. Nach dem Schreck, den du mir gerade versetzt hast, brauche ich etwas Stärkeres als Pimm's.» Shona grinste.

Nanette schraubte die Tassen von ihren Thermoskannen und reichte ihr eine davon. Sie goss sich einen Winter-Pimm's und Shona den heißen Whisky ein.

Aus Richtung der Friedhofspforte wurden Stimmen laut. Vier Erwachsene und ein Kind traten ein. Zwei der Erwachsenen waren groß und schlank, die beiden anderen eher klein und untersetzt.

«Was ist denn hier heute Abend los? Wenn wir noch länger hierbleiben, fährt sicher noch ein Bus vor und spuckt japanische Touristen aus.» Shona nahm die Tasse und blies vorsichtig auf die duftende Flüssigkeit darin.

Nanette kniff die Augen zusammen, um zu sehen, wer noch zu solch später Stunde beschlossen hatte, seinen Liebsten einen Besuch abzustatten. Als sie zwei davon erkannte, riss sie sie erstaunt wieder auf. «Das sind Reggie und Rosie!»

«Und Dad, Graham und Finlay!»

«Bist du mit ihnen hier verabredet?»

Shona schüttelte den Kopf. «Du etwa mit Reggie und Rosie?»

«Nein! – Was macht ihr denn hier?», rief Nanette ihnen entgegen, als sich die Gruppe dem Hügel näherte.

«Ach, du bist's, Mom! Wieso stehst du denn um diese Zeit hier herum und trinkst Tee?» Reggie hörte sich beunruhigt an.

«Keinen Tee. Warmen Winter-Pimm's!» Sie hob ihre Tasse.

«Und ich trinke einen Hot Toddy», sagte Shona.

«Ach so! Na dann! Das erklärt natürlich alles. Ist ja auch gemütlich hier. Besser als in jedem Pub.» Reggie hatte seine Augenbrauen so weit angehoben, dass seine Stirn sich darüber gleich in fünf Falten legte.

«Und was macht ihr hier?»

«Da dein Sohn nicht freiwillig nach Hause gekommen ist, habe ich beschlossen, ihn zu holen. Zur Not mit Gewalt!» Rosie hakte Reggie noch ein wenig fester unter, als hätte sie Angst, dass er ihr davonlief, wenn sie einen Moment nicht aufpasste. «Und dann haben wir den Schein deiner Taschenlampe gesehen und wollten nachschauen, was hier los ist.»

«Nicht, dass ein paar Jugendliche die Weihnachtsnacht dazu

nutzen, um sich hier ungestört zu betrinken», fügte Paul hinzu.

«Und was tust du hier, Dad?», fragte Shona ihn. «Und ihr?» Ihr Blick schwenkte zu Graham und Finlay hinüber.

«Dad hatte seine Mütze beim Weihnachtssingen vergessen und wollte nachschauen, ob die Kirche vielleicht doch noch offen ist. War sie nicht, aber er hat die Mütze auf dem Parkplatz gefunden», erklärte Graham. «Und Finlay wollte seiner Mutter unbedingt noch eine Weihnachtskarte vorbeibringen.»

Zufälle gab es! Nanette schüttelte ungläubig den Kopf. Wobei sie eigentlich noch nie der Typ gewesen war, der an Zufälle geglaubt hatte. Alles, was im Leben passierte, hatte seinen Sinn. Zumindest fast alles …

«Should old acquaintance be forgot and never brought to mind?», ertönte es laut und ziemlich falsch von der anderen Seite der Friedhofsmauer.

Sollte man alte Freundschaft einfach vergessen und nie wieder hervorkramen?

Wer singt denn jetzt um diese Zeit diesen alten Gassenhauer?, fragte sich Nanette amüsiert und schaute über die Mauer des Friedhofs hinweg zur Straße.

Es war Dorothy, die von ihrem Schwiegersohn Hugh im Rollstuhl am Friedhof vorbeigeschoben wurde. Na, das hätte sie sich ja denken können! Die Stimme war ihr gleich bekannt vorgekommen. Und wer sonst würde es wagen, nachts ein derartiges Spektakel zu veranstalten?

«Kann es sein, dass sie denkt, dass wir schon Hogmanay haben?», fragte Shona. *Auld Lang Syne*, das Lied, mit dem man in Schottland der Verstorbenen gedachte, wurde eigentlich eher in der Silvesternacht als an Weihnachten gesungen.

Nanette schüttelte den Kopf. «Dorothy ist zwar schon über

neunzig, aber geistig noch topfit. Und sie hat ja schon immer gern ihr eigenes Ding durchgezogen.» So wie so ziemlich jeder in Swinton. Sie waren schon ein verrückter Verein! Nanette schmunzelte, und auf einmal bereitete ihr das unerwartete Treffen einen Riesenspaß. Nicht auszudenken, was ihr entgangen wäre, wenn sie nach dem Besuch bei Rosie nach Hause gegangen wäre und sich mit dem Thriller vor das Kaminfeuer gesetzt hätte! Das wahre Leben fand nun einmal nicht zwischen zwei Buchrücken statt, so gern sie sich manchmal darin vergrub, um ihm zu entfliehen.

«Jetzt, wo uns das Schicksal hier zusammengeführt hat, können wir die Gelegenheit nutzen und auf Weihnachten anstoßen, was meint ihr? Man muss die Feste schließlich feiern, wie sie fallen.» Nanette schaute erwartungsvoll in die Runde. «Allerdings müssen wir uns die Tassen teilen! – Nur du wirst leider passen müssen, mein Schatz! Wenn ich gewusst hätte, dass du auch mit von der Partie bist, hätte ich noch einen warmen Saft eingepackt.» Sie strich Finlay über den Kopf, während Dorothy ungeachtet der stillen Stunde lauthals weiter schmetterte: *«We'll drink a cup of kindness yet for the sake of auld lang syne.»* – *Lass uns auf die gute alte Zeit noch mal ein Tässchen Zuneigung trinken, Kamerad!*

«Auf was sollen wir trinken?», fragte Rosie.

«Ich trinke auf alte Freundschaften. Darauf, dass sie nicht in Vergessenheit geraten dürfen. Ganz egal, was passiert ist», sagte Shona mit einer für sie ungewöhnlich dünnen Stimme. Sie hielt ihren Becher in den Nachthimmel, und Nanette fragte sich, an wen sie in diesem Moment wohl dachte.

Shona nahm einen Schluck von ihrem Toddy und gab den Becher dann an ihren Bruder weiter. «Oder willst du lieber den Pimm's, du Weichei?», fragte sie. Doch Graham lächelte nur milde und nahm ihn. Er hatte schon vor Jahren damit aufgehört, sich von dem losen Mundwerk seiner kleinen Schwester provozieren zu lassen.

«Ich trinke auf Pat, weil sie mir diesen wundervollen kleinen Mann hier geschenkt hat. – Und noch so viel mehr», sagte Graham. Auch er hielt den Becher einen Moment in den Himmel, bevor er davon trank und ihn an Reggie weitergab.

«Ich trinke auf Dad und Elsie», sagte ihr Sohn schlicht. Ach je! Reggie war normalerweise wirklich kein besonders sentimentaler Mensch, aber nun hatte sich doch tatsächlich ein feuchter Schimmer in seine Augen geschlichen. Nanette nahm seine Hand. «Und ich trinke auf dich, mein Sohn!»

«Also, ich trinke darauf, dass ich heute Abend noch ein paar Stunden Schlaf bekomme.» Rosie trank den Pimm's in einem Zug aus. Anscheinend hatte sie genug von all der Gefühlsduseligkeit und wollte außerdem so schnell wie möglich wieder nach Hause.

«Und auf was trinkst du?», fragte Paul seinen Enkel. Inzwischen war der Hot Toddy bei ihm angekommen, doch er machte Anstalten, ihn übergangslos an Finlay weiterzureichen.

«Dad!» Graham nahm ihm den Becher ab.

«Was? Ein kleiner Schluck Whisky hat noch niemandem geschadet, oder, Finn?» Er stieß seinen Enkel mit dem Ellbogen an.

Doch der Kleine reagierte nicht. Seine Augen waren nach oben gerichtet. «Da!» Er streckte den Arm aus und zeigte auf den leuchtenden Punkt am Himmel, der sich ziemlich schnell bewegte. Ein Satellit? Doch Finlay hatte eine andere Vermutung. «Ob das der Weihnachtsmann und Rudolph sind? Gertie hat gesagt, dass die Kufen ihres Schlittens eine leuchtende Spur in den Himmel kratzen.» Sein Mund war vor lauter Aufregung leicht geöffnet.

«Ich könnte es mir gut vorstellen», sagte Shona, und alle Köpfe wandten sich nach oben.

Graham hatte Finlay auf den Arm genommen, und der Kleine schmiegte das Gesicht an seine Schulter, während er andächtig in den Himmel schaute. Shona hatte den Arm um Grahams Taille gelegt und ihren Kopf an seine andere Schulter gelehnt. Und Rosie und Reggie hielten sich doch allen Ernstes an den Händen. Das hatte Nanette das letzte Mal bei ihrer Hochzeit gesehen.

Nur Paul hatte sich ein wenig abgesondert. Er hielt seine Mütze in der einen Hand, die Mütze, von der Nanette wusste, dass Karen sie ihm so viele Jahre zuvor gestrickt hatte. Sie nahm Shona die Tasse mit dem Hot Toddy ab, füllte sie noch einmal auf, genau wie den Winter-Pimm's und gesellte sich zu ihm.

Inzwischen war Dorothy bei der letzten Strophe angekommen. Zwar hatten sie und Hugh sich schon ein gutes Stück vom Friedhof entfernt, doch aufgrund der Lautstärke ihres Organs waren ihre Worte immer noch gut zu verstehen.

«And there's a hand, my trusty fiere!» – Und hier ist meine Hand, alter Freund, grölte sie. *Schlag ein und sei bereit, noch ein letztes Gläschen auf die gute alte Zeit zu trinken.*

Genau das würde Nanette jetzt tun. «Hier!» Sie reichte Paul den heißen Whisky, und er nahm ihn dankend an.

«Es sind zu viele gegangen», sagte er mit einem wehmütigen Blick in den Himmel.

Nanette nickte. «Aber noch viel mehr sind geblieben.»

Nanette war sich nicht sicher, ob sie an Gott glaubte. Viel zu oft in ihrem Leben hatte sie sich von ihm alleingelassen gefühlt. Aber an die Sonne, die auf den Regen folgt, an die glaubte sie. Genauso wie an die Liebe. Und von der Liebe – sie schaute von Rosie und Reggie über Graham, Finlay und Shona bis hin zu

Paul mit seiner Mütze in der Hand – davon war auf diesem nächtlichen Friedhof eine ganze Menge zu spüren.

«Frohe Weihnachten, mein Freund!» Nanette prostete Paul zu.

Nanettes leckerer

Winter-Pimm's

Nanette ist inzwischen so geübt, dass sie die Zutaten nicht extra abmisst, aber für alle, die diesen köstlichen Winter-Drink zum ersten Mal zubereiten, hier ein Rezept.

Zutaten

250 ml Pimm's (der ist leider nur in England oder online erhältlich)
250 ml Brandy
750 ml Apfel-Direktsaft
Ein Apfel
Eine Orange
Ganz viel Crushed Ice
Und wer es besonders winterlich-weihnachtlich mag: ein paar Zimtstangen!

Zubereitung

Das Rezept ist auf vier Personen angelegt (nicht einmal Nanette würde diese Menge alleine schaffen!). Denn Drinks schmecken ja, wie wir aus der Geschichte «Weihnachten im kleinen Bücherdorf» wissen, einfach am besten im Kreis guter Freunde.

Für den Drink müssen nur noch die Orange und der Apfel in Scheiben geschnitten werden, und dann kommt alles zusammen in eine Glaskaraffe oder ein Bowlegefäß.

Nanette hofft sehr, dass ihr ihren Lieblingsdrink genauso sehr genießen könnt wie sie!

MIRIAM GEORG

Gestrandet vor *Island*

An Bord des Viermasters *Sophia*,
Atlantik, Dezember 1920

*L*icht vermisste er am meisten. Licht, das sich an etwas fest-halten konnte. Die Dezembernächte auf dem Atlantik waren dunkel, schwarz beinahe. Jeden Abend gab es einen Moment, in dem Himmel und Meer miteinander verschmolzen. Erst waren da noch Wellen, Wolkenfetzen, Nebel, die Gesichter der anderen waren noch zu sehen, ab und an der weiße Schatten eines Seevogels. Dann glitt das Schiff plötzlich durchs Nichts, und nur das Rauschen der Bugwelle ließ ihn wissen, dass sie noch da waren. Dass es Wasser und Himmel gab in dieser endlosen Dunkelheit.

Wenn die See besonders ruhig war und die Wolken sich ver-flüchtigten, spiegelten sich manchmal die Sterne im Wasser, und man wusste erst recht nicht mehr, wo oben und unten war. Wenigstens konnte man dann besser navigieren.

Aber jetzt waren da keine Sterne. Da war gar nichts.

Paul stand an Deck der *Sophia* und starrte in die schwarze Atlantiknacht hinaus. Es roch nach Salz und Schnee, und er zitterte in seiner Jacke, aber er wollte noch nicht schlafen gehen, hatte sich noch eine letzte Zigarette angezündet. Das Glimmen beruhigte ihn. Er konnte nie gut schlafen in diesen schwarzen Nächten. Und vor drei Tagen erst hatten sie nachts den Minen-gürtel von Schottland passiert. Das saß ihm noch in den Knochen. Die gesamte Mannschaft hatte an Deck gestanden, alle in einer Reihe, schweigend, rauchend, auf das dunkle Meer lauschend, das in dieser Nacht andere Gefahren barg als sonst und mit ihnen zusammen den Atem anzuhalten schien. Paul hatte ins Wasser gestarrt, in diese grenzenlose Tiefe unter sich, in der alles auf ihn warten konnte, und sich vorgestellt, wie es wäre, wenn seine *Sophia* auf eine Mine traf. Ob es schnell gehen würde. Der Segelfrachter hatte dreihundertsiebzig Tonnen Salz an Bord und war auf dem Weg nach Reykjavík an der Westküste Islands. Halbe Ladung nur, aber trotzdem viel. Viel zu viel, um auf dem Grund des Meeres zu enden.

Die Gefahr war lange vorüber, gegen acht am Morgen hatten sie das Blinkfeuer von Sumburgh Head gesehen, rund hundertfünfzig Meilen vom schottischen Festland entfernt, und nun fuhren sie schon seit drei Tagen ohne jedes Vorkommnis.

Aber in den letzten Stunden hatte sich das Meer verändert. Die See war grob geworden, das Schiff arbeitete schwerer und schwerer gegen die Wellen. Und etwas fühlte sich seltsam an.

Als würde da etwas auf ihn warten.

Paul setzte sich auf ein aufgerolltes Tau, schob einen Arm hinter den Kopf und schaute in den dunklen Himmel. Nicht einmal die Lampen an Deck nützten etwas, es war, als würde ihr Schein von der Nacht verschluckt. Ein letztes Mal zog er an seiner Zigarette und warf sie dann über die Reling. «Weihnachten bin ich wieder zu Hause, Emmi», hatte er seiner Frau beim Abschied gesagt. Und das hatte er auch fest vor. Er spürte ein sehnsüchtiges Ziehen in der Brust, als er daran dachte, wie Emmis Gesicht aussah, wenn sie am Heiligen Abend die Kerzen anzündete. So voller Frieden.

Es war immer ein besonderer Moment. Man sah ihr an, dass sie es gut hatten. Dass sie glücklich war.

Und das machte ihn glücklich.

Paul fuhr sich mit beiden Händen über das müde Gesicht. Bis Weihnachten waren es nur noch zwei Wochen. Ein Wimpernschlag und doch eine Ewigkeit, wenn man schon seit elf Wochen kaum mehr Land gesehen hatte. Auf dem Meer verlor sein anderes Leben die Umrisse, wurde weniger greifbar. Manchmal schien es ihm fast, als wäre die ganze Mannschaft, das Schiff, ihr Ziel gar nicht real. Sondern ein Gedanke von jemandem, ein Märchen, eine Gutenachtgeschichte, die Emmi den Kindern erzählte. Und wenn das letzte Wort gesagt war, würde die Dunkelheit um sie her alles verschlucken. Die Zeit machte seltsame Dinge mit dem Verstand, wenn die Tage gleich und die Nächte lang und dunkel waren. Aber Weihnachten lag wie ein heller Stern vor ihm, eine Aussicht, sein Ziel.

Er zog die Jacke enger um sich und versuchte, sich daran zu erinnern, wie Emmi ausgesehen hatte, als er sie das letzte Mal sah. Es schickte sich nicht für eine Frau, ihren Mann zum Bahnhof zu bringen und dann dort allein zurückzubleiben. Er war nervös gewesen deshalb, aber sie hatte wie immer darauf bestanden, hatte es sich nicht nehmen lassen, ihm zu winken, sie war so stolz auf ihn. Ihr Paul, erster Offizier, verantwortlich für ein ganzes Schiff. Trotzdem hasste sie seinen Beruf, hatte jedes Mal Angst, wenn er ausfuhr. Und die Angst war berechtigt, er kannte unzählige Männer, die nicht heimgekehrt waren. Aber etwas anderes kam für ihn nicht infrage, seine Liebe zur See war wie sein innerer Kompass, ließ keine andere Richtung zu. In seiner Seele schlugen zwei Herzen; eines für seine Familie und eines für das Meer.

Er hätte jetzt gerne die Bilder aus der Tasche gezogen, die er immer bei sich trug, von Emmi und von den Kindern. Aber es war zu dunkel.

Paul legte den Kopf in den Nacken. Es roch wirklich nach Schnee, er war sich sicher. Obwohl er den Geruch mochte, machte er ihn unruhig.

Wenigstens gab es hier noch kein Eis. Nichts war vergleichbar mit dem Eis. Es sang, es krachte, es stöhnte, es klagte in den Wind. Ein Geist wohnte im Eis, jeder wusste das, alle hatten ihn schon gehört, einige sogar gesehen. Manche erzählten von einem nackten Kind, die Haut weiß wie Schnee, andere von einem gebückten alten Mann mit vereistem Bart, der im Wind klirrte. Paul erschien es nur logisch, dass der Geist die Gestalt wechselte, glich doch keine Schneeflocke der anderen und keine Polarnacht der letzten.

Plötzlich klarte der Himmel auf. Paul lächelte. Er hob die Hand und berührte jeden Stern mit dem Finger, wie er es seinen Kindern gezeigt hatte.

«Arcturus, Wega. Und siehe da – sogar Jupiter», murmelte er. «Endlich.» Jetzt wurde ihm leichter ums Herz, jetzt war er nicht mehr im dunklen Nichts gefangen, sondern wusste, wo die *Sophia* sich befand. Ein kleiner Punkt mitten im riesigen Meer. Die Witterung hier war unberechenbar. In der Nähe des Landes konnten magnetische Störungen den Kompass beeinflussen, es gab starke westliche Strömungen, man wusste nie, wie die See gelaunt war, was einen erwartete. Deswegen musste man die Sterne um Hilfe bitten, wann immer die Nacht es erlaubte.

Er ging auf die Brücke, und Kapitän Waltmann und er setzten so schnell sie konnten den Kurs auf Vestmannaeyjar ab, eine kleine Inselgruppe südlich des isländischen Festlandes. Der Feuerturm dort hatte eine Reichweite von achtzehn Seemeilen. Und in Ost-Süd-Ost war in dreiunddreißig Meilen Entfernung das Feuer von Portland, der südlichsten Spitze von Island. Paul hoffte, dass sie einen dieser beiden Feuerkreise sehen würden, vielleicht noch heute Nacht. Nachdem sie den Kurs bestimmt hatten, blieb er bei Kapitän Waltmann auf der Brücke, starrte in die Finsternis, die sich sofort wieder um sie schloss, als sich die Wolken vor den Mond schoben. Er seufzte leise. Jetzt hieß es warten.

Mit jeder Minute kamen sie der Küste näher, und gegen vier Uhr morgens gab Waltmann Anweisung, dass Ausguck von der Saling des Vormastes gehalten werden sollte. Paul schätzte, dass sie acht oder neun Seemeilen machten. Angespannt starrte er aufs Wasser. Irgendwann musste das Leuchtfeuer doch auftauchen. Manchmal bildete er sich ein, etwas zu hören, ein Rufen, ein Lachen. Aber es konnte ja nicht sein. Hier war nichts.

Nichts außer Wasser und Dunkelheit.

Wind war aufgekommen. Es war seltsam ruhig auf dem Meer, trotz des knarzenden Schiffes. Paul wusste, warum – die Böen drückten die Wellen nieder. Als er den Kapitän beobachtete, der mit gerunzelter Stirn in die Nacht starrte, wusste er, dass es Grund zur Sorge gab. Nervös betrachtete Paul noch einmal die Karten, dann den Kompass. Waren sie überhaupt auf dem richtigen Kurs? Fuhren sie zu schnell? Befanden sie sich nicht schon zu dicht an Land? Aber es gab keinen erfahreneren Kapitän als Waltmann, er wusste genau, was er der *Sophia* zumuten konnte.

Paul stellte sich mit verschränkten Armen ans Fenster. Kein Feuerschein durchbrach die Dunkelheit. Es schien ihm immer unwahrscheinlicher, dass es jemals wieder hell werden würde.

Gegen Mitternacht passierte es. Innerhalb von Minuten veränderte sich alles. Das Meer bäumte sich auf, das Schiff knarzte immer lauter, wurde bald so hart hin und her geschleudert, dass er sich festhalten musste, um nicht den Halt zu verlieren. Mit einem Mal heulte der Sturm wie ein Tier, die Wellen warfen das Schiff wie einen Ball in die Luft und fingen es wieder auf. Paul und der Kapitän tauschten einen angespannten Blick. «Verdammt», murmelte Waltmann.

Plötzlich hörte Paul etwas.

Etwas, das er noch nie gehört hatte. Nicht in den ganzen langen zwanzig Jahren, die er nun zur See fuhr. Ein Dröhnen. Ein Krachen, so laut, dass er vor Schreck aufschrie. Im ersten Moment glaubte er an einen Wal, ein Seeungeheuer vielleicht, das unter ihnen brüllte.

Dann sah er es.

Eine riesige Welle war von hinten über das Heck gebrochen.

Paul stürzte auf Deck, sofort schäumte knöcheltief das Wasser der Brechseen um seine Stiefel. Der Lärm war ohrenbetäubend, das eisige Wasser toste und donnerte. Der Kapitän brüllte die Freiwachen an Bord, aber schon wenige Sekunden später stürzte die nächste Welle über sie herein. Paul klammerte sich an ein Tau, Spritzwasser nahm ihm die Sicht, die Wellen waren sicher drei Meter hoch, sie gingen mit ungeheurer Wucht direkt in die stehenden Segel hinein. Er hörte die Männer, aber er verstand nicht, was sie sagten, nahm nur die Angst in ihren Stimmen wahr.

Plötzlich kratzte etwas am Schiff.

Es fuhr Karl durch den ganzen Körper. Wir haben aufgesetzt, dachte er panisch. Es darf nicht sein, wir haben aufgesetzt. Doch es konnte auch nur die Erschütterung des Wassers gewesen sein … Der Puls hämmerte in seinem Hals, er versuchte, zu lauschen, zu fühlen, ob das Schiff sich noch bewegte. Sekunden später ging ein weiterer Ruck durch die *Sophia*, so heftig, dass er auf den Boden geworfen wurde und sein Kopf hart gegen einen Pfeiler knallte.

❋ ❋ ❋

Der Wind kam aus Südwest. Und er war eiskalt. Als Paul die Augen wieder aufschlug, zitterte er unkontrolliert. Alle Lampen waren erloschen. Das Schiff bewegte sich nicht.

Es war der elfte Dezember 1920, sechs Uhr morgens.

Und sie saßen unweigerlich fest.

In der Finsternis riefen die Männer nacheinander. Zu Pauls unglaublicher Erleichterung ertönte jede einzelne der tiefen Stimmen vollzählig auf dem Hinterdeck. Es war ein kleines Wunder in dieser kalten, stürmischen Nacht.

Doch ihre Hilferufe schienen sich kaum vom Schiff zu entfernen, sie verhallten über dem Wasser, als hätten ihre Stimmen keine Kraft. Als wollte etwas in der Luft nicht, dass ihre Worte das Festland erreichten.

Die gesamte Mannschaft blieb an Deck. Es war pechschwarz um sie her, und es hatte zu regnen begonnen, aber wenigstens wurden sie nun nicht mehr hin und her geworfen. Paul glaubte, noch nie so gefroren zu haben, da begann es zu hageln. Aber immer noch wollte niemand hineingehen, die Männer krochen unter ihre Jacken und Kapuzen, hielten es aus, dass die harten Eiskörner auf der Haut brannten.

Das Schiff ächzte und knarzte im Wasser, als würde es seine Wunden lecken.

Paul hoffte, dass die *Sophia* nicht ihre letzte Fahrt auf hoher See gemacht hatte. Morgen würden sie sie wieder flottmachen können, ganz sicher. Er spürte einen dumpfen Schmerz, als würde ihm jemand die Brust zudrücken – und es lag nicht nur an der Aussicht, hier möglicherweise festzusitzen. Er litt mit der *Sophia* mit, als wäre er selbst es, der hier verwundet im Sand lag. Es ist doch seltsam, wie viel man für ein Schiff empfinden kann, dachte er. Aber die See war für ihn immer eine Zuflucht gewesen.

Er kauerte sich unter ein Segel, schloss die Augen, und seine Gedanken wanderten nach Hause.

Emmi und er hatten sich auf dem Hamburger Dom kennengelernt. Paul hatte sie auf dem Jahrmarkt gehört, bevor er sie sah, hatte sich, wenn man es genau nahm, in ihre Stimme verliebt. In das, was darin mitschwang: übersprudelnde Lebensfreude, Neugier und eine Wärme, deretwegen er sich ihr sofort nahe fühlte. «Wie aufregend, so etwas habe ich ja noch nie gesehen!», hatte sie gerufen, so verzückt, dass er die umstehenden Menschen beiseiteschob, um zu sehen, wer da sprach. Sie hatte ihr braunes Haar mit ein paar Schleifen zusammengefasst, trug einen grünen Samthut dazu. Ihre Augen streiften ihn flüchtig.

Sie leuchteten.

Es hatte ihn durchzuckt wie ein Stromstoß. Er war gegenüber Frauen sonst immer eher schüchtern gewesen, zurückhaltend, aber Emmi hatte er einfach ansprechen *müssen*. Sie hatten geplaudert, waren an den Attraktionen und Darstellern vorbei durch die vergnügungshungrigen Menschenmassen geschlendert. Damals war Emmi achtzehn gewesen. Und er hatte sich vom ersten Moment an in sie verliebt.

«Ob ich Ihnen schreiben darf?», fragte er, als es Zeit war, sich zu verabschieden.

«Aber selbstverständlich», erwiderte sie ruhig.

Mit einem Lächeln drehte sie sich um und verschwand in der Menge. Lange noch stand er da und schaute ihr nach, lauschte auf dieses seltsame Summen, das in ihm vibrierte. Als er sich schließlich ebenfalls umwandte, um zu gehen, merkte er, dass auch er lächelte.

Und er hatte, wenn man es genau nahm, seitdem eigentlich nicht mehr aufgehört zu lächeln.

❀ ❖ ❀

Irgendwann zogen die Wolken ab, und der Geruch in der Luft veränderte sich. Der Himmel war wieder schwarz, schwarz und voller Sterne. Durch die Ebbe am Morgen trafen die Wellen das Schiff nicht mehr so hart, die Steuerbordseite war trockengefallen. Mit dem fahlen Licht, das über das silbergraue Wasser kroch, tauchte endlich auch die Welt um sie her wieder auf.

Paul wachte ruckartig auf und wusste einen Moment nicht, wo er war. Trotz der Kälte und der Nässe war er eingenickt. Sein Körper war steif gefroren, er spürte seine Finger nicht mehr und blies in die hohlen Hände, um ihnen wieder ein wenig Leben einzuhauchen. Als er sich hochzog und den Blick schweifen ließ, sah er das Desaster. Die *Sophia* steckte auf einer Sandbank fest. In der Nähe gewahrte er eine zackige Küste und am Horizont Berge, die grau in den Himmel aufragten.

Der Sturm heulte immer noch, schien von Minute zu Minute wieder stärker zu werden. Zusammen mit zwei anderen Männern kletterte Paul von Bord. Das Schiff war vom Land durch einen strömenden Wasserlauf getrennt, durch den sie hätten waten können, doch wären sie bis zum Hals im eiskalten Wasser versunken. Noch hatten sie Hoffnung, die *Sophia* vielleicht bei Flut wieder fahrtüchtig zu machen. Aber bald fanden sie Geröll, Unrat, Körbe und Planken und schlossen daraus, dass die Sandbank auch bei Flut trocken blieb. Das hieß, dass sie vorerst sicher waren. Aber auch, dass es schwer werden würde, die *Sophia* zurück ins Fließgewässer zu bekommen. Als er näher hinschaute, erkannte er, dass vieles von dem Geröll Wrackteile gestrandeter Schiffe waren. Er schlucke hart. Sie waren nicht die Einzigen, deren Reise hier geendet hatte.

Das Land, das sie von hier aus sehen konnten, war karg, die Berge trugen weiße Gipfel. Island, dachte er. Hier gab es Schneeschauer bis weit ins Frühjahr, wilde Küstenkliffs und endlose Moore, die einem bei ihrem Anblick einen seltsamen Stich ins Herz versetzten.

Das Ausmaß des Schadens war verheerend. Die überbrechenden Wellen hatten die Rettungsboote voller Wasser gespült, die Backbordseite war verbogen, die Vorräte vernichtet und das Kajütsdeck aufgerissen. In den Räumen herrschte schreckliches Chaos, die meisten Signalmittel waren bereits verschossen, alle anderen waren durch das Wasser unbrauchbar geworden. Die Wassertanks würden etwa zwei Wochen ausreichen, wenn die Mannschaft so sparsam war, wie es nur ging. Paul verstand mit jeder Minute mehr, in welcher Lage sie sich befanden, und ihm wurde immer beklommener zumute. Ihnen standen bittere Stunden bevor. «Was auch immer noch auf uns zukommt, bitte, lass mich Weihnachten zu Hause sein», murmelte er. Doch dafür musste ein Wunder geschehen.

Zu dieser dunkelsten aller Jahreszeiten währte das Tageslicht in Island nur wenige Stunden. Paul dachte mit Grauen an die folgende Nacht, die er mit der Mannschaft in dieser kalten Einöde aus Steinen, Sand und Wrackteilen würde verbringen müssen. Was Emmi sagen würde, wenn sie das hier sehen könnte. Seinen Geschichten lauschte sie mit angehaltenem Atem, wollte alles wissen, jede Kleinigkeit. Sie hatte ihn damals überrascht, da sie ihm zuerst schrieb, nach ihrer Begegnung auf dem Dom. Heute wusste er, dass es zu ihr passte. Sie tat, was sie wollte – und sie bekam, was sie wollte. Seine Antwortkarte war unverfänglich, aber romantisch gewesen, und so hatten die Dinge ihren Lauf genommen. Unaufgeregt, ruhig und süß, wie später ihre Ehe.

Genau wie er es mochte.

Bald wurde Josefine geboren und ein Jahr darauf Ernst. Seitdem fiel es Paul immer schwerer, sich zu verabschieden. Im Dezember ausfahren zu müssen, war besonders bitter, man verpasste so vieles, die Vorfreude, das Schlittschuhlaufen, das Baumschlagen, die Backtage, an denen das Haus nach Zimt und Krapfen roch. Er mochte die Stimmung in der Stadt in diesen kalten Tagen, die doch von einem Leuchten erfüllt waren, einem Leuchten, das im Januar nicht mehr da war. Er dachte daran, wie viele Plätze vor den Christbäumen nun leer blieben, nach diesem scheußlichen Krieg, den doch niemand wirklich gewollt hatte, und spürte ein Ziehen im Hals. Aber sein Platz würde nicht leer bleiben. Er würde zurückkommen, endlich, nach drei langen, kalten, dunklen Monaten. Weihnachten in der Fremde. Früher hatte es ihm nicht viel ausgemacht, es hatte ihn fortgezogen, aber jetzt … jetzt war es nicht mehr vorstellbar. Wie konnte es Weihnachten sein ohne den Geruch von Punsch, ohne Emmi in ihrem schönsten Kleid aus rostrotem Samt, ohne die Kinder, die zappelig auf ihre Geschenke warteten. Ohne die Lieder … Wenn sie sangen, wurde er jedes Jahr überflutet von einer Welle aus Rührung und Dankbarkeit, die ihm die Tränen in die Augen trieb. Erst wenn sie sangen, war für ihn Weihnachten.

Nein, dachte er und schloss die Augen. Es durfte nicht passieren.

Es würde nicht passieren.

Sie hörten die Pferde, bevor sie sie sahen. Der nächste Tag war heraufgezogen, bis gegen die Mittagsstunde ereignislos. Paul drehte erstaunt den Kopf, als er ein Wiehern vernahm, im selben Moment hob einer seiner Männer die Hand und zeigte in Richtung des Fjords. Da standen sie, in einer Reihe. Dreizehn Pferde. Die Mähnen wehten im Wind. Sie waren gesattelt. Bei ihnen waren zwei Männer, dick vermummt, die zu ihnen hinübersahen, und eine ganze Schar Hunde.

Der Sturm tobte weiter aus Süd-West. Paul, Waltmann und die gesamte Besatzung beeilten sich, das Schiff zu verlassen. Paul dachte mit schwerem Magen an die wertvolle Ladung, und an der besorgten Miene von Waltmann konnte er sehen, dass dieser die *Sophia* ebenfalls nur ungerne schutzlos zurückließ. Er lief rasch unter Deck und nahm seine wichtigsten Habseligkeiten mit, die Uhr, die Emmi ihm geschenkt hatte, und seine Papiere. Die Fotografien trug er ohnehin immer in der Brusttasche bei sich. Ihre Seesäcke ließen sie auf dem Schiff, die Pferde schienen ihnen zu klein, um sie zu tragen, außerdem würden sie so schnell sie konnten zur *Sophia* zurückkehren.

Schon nach den ersten Minuten auf den Rücken der Pferde wusste Paul, dass die nächsten Stunden hart werden würden. Er zitterte, der Wind riss an ihm, und die abgehackten Bewegungen der Tiere waren so ungewohnt für seinen Körper, der nur Wellen und Wind kannte, dass er sich ans Zaumzeug klammerte und nichts anderes dachte als: bloß nicht runterfallen.

Irgendwann gewöhnte er sich jedoch an den schaukelnden Gang des Pferdes und nahm seine Umgebung wieder wahr. Noch nie hatte er etwas gesehen, das der isländischen Landschaft gleichkam. Der Fluss, an dem sie entlangritten, schleppte riesige Steine mit sich, die kahlen Berge am Horizont schoben sich ohne einen einzigen grünen Flecken wie gewaltige Monumente in den Himmel. Er wusste, dass es hier Vulkane und Geysire gab, Wasserfälle und Gletscher.

Ich reite auf einer Insel im Nordatlantik durch die Dämmerung ins Ungewisse, dachte er, und ein Schauer lief ihm den Rücken hinab.

Nach einer Weile begannen sie zu galoppieren. Erst etwa drei Stunden später erreichten sie die ersten Häuser.

Paul war so durchgefroren, dass er sich nur noch mit Mühe wach halten konnte, und so dankbar, dass die ganze Mannschaft gerettet worden war, dass er zur Verständigung nur lächelte und nickte. Aber es war egal, hier sprach ohnehin niemand seine Sprache. Die Häuser des kleinen Dorfes waren mit Moos bewachsen und in Erdhügel eingelassen, sodass sie von hinten aussahen, als wären sie Teil der Landschaft.

Jeder der Seeleute wurde einer anderen Familie zugeteilt. Und als Paul den Farmer Runarsson und seine Frau Anna Bjarnadóttir begrüßte und in ihre freundlichen, wettergegerbten Gesichter sah, hätte er beinahe geweint, vor Erschöpfung, Hunger, Schmerzen und weil er nun wusste, dass er bei ihnen sicher war. Sie reichten ihm heißen Kaffee in einer verbeulten Blechtasse. Nie hatte er etwas Besseres getrunken.

Als er in das kleine Holzhaus trat, entdeckte er erstaunt Material von gestrandeten Schiffen, Tische, Bänke, Schlösser, Spiegel und Eisenteile, aus denen die Einrichtung gebaut war. Wie heimelig, dachte er erstaunt. Das Haus war klein und düster, aber im Kamin brannte ein Feuer, und es roch nach Essen. Es war nicht weiter schlimm, dass er sich nicht verständigen konnte, seine Mischung aus Lächeln und Nicken schien seinen Gastgebern zu genügen, und sie erwiderten es ihm ebenso. Paul durfte seine nassen Sachen wechseln, und Anna wies ihm einen Platz am warmen Feuer zu.

Schon wurde es wieder dunkel, und die Farmersfrau zündete Kerzen an. Elektrisches Licht gab es nicht, in keinem der Häuser, wie er mit einem Blick aus dem Fenster feststellte. Paul löffelte die Fischsuppe, die der junge Sohn der Familie vor ihn hingestellt hatte.

Nachdem die Kerzen heruntergebrannt waren, tastete er sich über eine kleine Holzstiege ins obere Stockwerk hinauf, wo er nur gebückt stehen konnte, ließ sich auf die Strohmatratze nieder, die Anna ihm zeigte, und zog die Decke bis zum Kinn. Seine Beine ragten ab den Knien über das Bettgestell hinaus, und er musste lachen, obwohl er so müde war. Die Isländer waren offenbar sehr klein.

Draußen heulte der Wind unablässig ums Dach, und Paul dachte an die *Sophia*, verlassen im weiten Meer, und an Emmi, die daheim auf ihn wartete. Dann schlief er ein.

❁ ❅ ❁

Nach einer Nacht voll unruhiger Träume frühstückte er am nächsten Morgen Fisch, Brot und Butter, und anschließend machten Paul, Kapitän Waltmann und der Zweite Offizier sich mit den Pferden auf zum havarierten Lastensegler. Drei andere Männer von ihnen ritten nach Vik, dem nächstgelegenen Ort mit Telegrafenstation, um ihr Unglück daheim zu melden. Zwei Tage würde ihr Ritt dorthin dauern.

Paul war mit der Hoffnung aufgewacht, dass sie die *Sophia* mithilfe der Isländer wieder flottmachen und die Weiterreise antreten konnten. Er fühlte sich gestärkt vom Schlaf und von dem Essen, es musste einfach klappen, er hatte seiner Frau und seinen Kindern versprochen, dass er an Weihnachten zu Hause sein würde, und er würde dieses Versprechen halten. Sie hatten wie ein Wunder diese Schreckensnacht im Sturm überlebt, sie waren von warmherzigen Menschen gerettet worden, nun würde auch noch ein letztes Wunder geschehen. Er war sich sicher.

Und als er erneut auf dem Rücken des kleinen Pferdes durchgeschüttelt wurde, hielt ihn diese Hoffnung bei Laune. Fasziniert betrachtete er die atemberaubende Natur, die in karger Winterstarre lag und in der trotzdem überall das Leben spürbar war. Doch bald musste er sich mit beiden Händen in die Mähne seines Pferdes krallen und sich ganz darauf konzentrieren, nicht hinuntergeschleudert zu werden, denn wenn nicht gerade ein Fluss durchquert werden musste, galoppierten sie. Paul schlugen die Zähne aufeinander, sein ganzer Oberkörper fühlte sich an wie ein Brett. Aber sie hatten es eilig, zur *Sophia* zu kommen, nicht nur das geladene Salz war wertvoll, auch die Habseligkeiten der Mannschaft und besonders die Messgeräte. Paul dachte an seinen Seesack, den er zurückgelassen hatte, mit den Zeichnungen von wilden Tieren, die ihm die Kinder vor der Abfahrt geschenkt hatten. Darin lag außerdem ein Halstuch von Emmi. Und sein Tabak.

Als sie die Küste erreichten, durchfuhr ihn der Schreck.

Die *Sophia* war an der Backbord-Seite tief eingebeult und bereits bis zur Oberkante des Schraubenrahmens versandet. Das Ruderrad war zerbrochen, die Wasserpforten unter der Reling verbogen. Allein die Masten standen noch.

Oh verdammt, dachte er. Verdammt, das ist nicht gut.

Er schob den Gedanken an Weihnachten, Emmi, Josefine und Ernst weit weg und konzentrierte sich auf die Aufgabe, die vor ihnen lag. Sie bargen alles, was sie bergen konnten, zwangen die Pferde, die bis zum Bauch im Wasser versanken, bis zur Sandbank, um die Sachen zu transportieren. Es schien kein Ende zu nehmen und zermürbte sie bis auf die Knochen.

Der Ritt zurück im Dunkeln erschien ihm wie ein Schauermärchen, kaum konnte er den Rücken des Vordermannes sehen, musste sich ganz auf sein Pferd verlassen, und in der Schwärze um ihn her meinte er, immer wieder seltsame Rufe und einmal ein Kichern zu hören. Er dachte an die Geschichten von Elfen und Kobolden, die man über Island erzählte, und wagte es kaum, den Blick von der Mähne des Pferdes zu heben.

Als sie endlich die Häuser erreichten, konnte er nicht einmal mehr lächeln und nicken, so erschöpft war er. Stumm aß er, was man ihm vorsetzte, und obwohl es köstlich schmeckte, schlief er fast über seinem Teller ein.

Da klopfte es an die Tür, ein Mann trat ein. Offenbar wurde er als Dolmetscher von Haus zu Haus geschickt. Sie setzen sich zusammen vor den Kamin. Zum ersten Mal in seinem Leben sehnte Paul sich nach einem ordentlichen, wärmenden Schluck, aber als er danach fragte, schüttelte der Dolmetscher bedauernd den Kopf. «Auf der ganzen Insel herrscht Alkoholverbot. Die Winter sind zu lang und dunkel. Deswegen kann man das Teufelszeug gar nicht erst kaufen.»

Paul war enttäuscht, aber er verstand. Die Finsternis vor den Fenstern war wirklich bedrückend, er konnte sich vorstellen, dass man rasch verleitet war, dem Winter mit Alkohol die Schwere zu nehmen.

Nachts begann es zu regnen. Er lauschte dem Plätschern und Tropfen, träumte von Trollen, die in der Dunkelheit um die Häuser schlichen. Von Emmi, die mit einer Kerze in der Hand vor dem Weihnachtsbaum stand und ihn fragte, warum er sein Versprechen nicht hielt. Vom tosenden Meer, das die *Sophia* Stück für Stück mit schwarzen Wasserfingern zu sich in die Tiefe zog.

In den nächsten Tagen ritten Paul und einige seiner Matrosen wieder zum Schiff, es wehte immer noch ein starker Südwestwind, mal galoppierten sie, mal fanden sie die Wege fast unpassierbar, da alles über Nacht überschwemmt worden war. Trotzdem ritten sie weiter, trieben die tapferen kleinen Pferde erneut durchs Wasser.

Von Tag zu Tag bekam die *Sophia* mehr Schlagseite. Und nun fanden sie die Backbordseite des Frachters eingeknickt, einzelne Deckplatten verrutscht und die Reling stark verbogen, die Kajüte voller Wasser. Bei dem Anblick schloss Paul die Augen und wäre am liebsten davongelaufen. Er beobachtete Waltmanns Miene, die finster zusammengezogenen Augenbrauen, das Zucken um den Mund des Kapitäns. Sie sprachen es nicht aus, aber der Anblick ließ keinerlei Zweifel und keinerlei Hoffnung mehr zu.

Niemand von ihnen würde Weihnachten zu Hause sein.

Auf dem Rückweg fraß sich die Erkenntnis in Paul hinein. Er war so traurig, es war lächerlich, er war doch kein kleiner Junge, und doch brannten Tränen hinter seinen Lidern. Weihnachten bei fremden Menschen, mit denen er nicht einmal sprechen konnte, denen er auf der Tasche lag, bei denen alles anders sein würde als daheim. Weihnachten ohne Emmi, ohne die Kinder, ohne Gebäck und Punsch.

Ohne die Lieder.

Zurück im Dorf, überfiel ihn mit den Tagen zusätzlich zur Trauer die Langeweile. Er konnte nichts tun. Nur warten. Es begann zu schneien, jetzt saß er in dem winzigen Erdhäuschen fest, ohne Ablenkung, ohne auch nur einen Tropfen zu trinken, und wartete auf den Trupp, der noch immer nicht vom Telegrafenamt in Vik zurückgekehrt war. Abends traf er sich mit den anderen Seeleuten im Gemeinschaftshaus, aber die Gespräche wollten nicht in Gang kommen, sie rauchten, spielten halbherzig Karten, tranken schwarzen Kaffee, starrten in das fahle Licht vor den Fenstern.

Obwohl er nicht mit der Familie reden konnte, fand Paul sich gezwungenermaßen in den Alltag ein. Er half seinen Gastgebern so gut es ging beim Kochen und mit den Tieren, und immer waren sie freundlich, immer lächelten sie und gaben ihm den besten Platz am Kamin und den größten Teller, auch wenn er protestierte. Manchmal schien es ihm, als wären sie kaum anders als die Hamburger daheim, und dann gab es wieder so vieles, das er nicht verstand. Jeden Abend stellte der Sohn der Familie seine Schuhe draußen auf das Fensterbrett und holte sie am Morgen steif gefroren wieder herein. Einmal lagen ein paar Nüsse darin, einmal eine Orange, manchmal gar nichts.

Was ist das für eine seltsame Sache, dachte Paul mürrisch, konnte aber nicht fragen. Und es war ja auch egal. Er war eben nicht in Hamburg, sondern gestrandet in einem kleinen verschneiten Dorf irgendwo in Island.

Draußen fiel lautlos der Schnee, Herr Runarsson flickte seine Schuhe, seine Frau Anna stopfte und nähte und erzählte dabei ihrem Sohn Geschichten, ihre Stimme ein fremdartiges, aber beruhigendes Murmeln, das Paul zusätzlich zum Knacken des Feuers einlullte. Es war gemütlich hier, er hatte es gut, ihm fehlte es an nichts. Doch inzwischen hatte er Meldung, wie es weitergehen würde: Nach Weihnachten sollte die Mannschaft mit Pferden durchs Gebirge in die Nähe von Reykjavík reiten, wo Automobile des deutschen Konsulats sie abholten. Der Ritt würde mehrere Tage dauern, vielleicht eine ganze Woche. Paul war es einerlei, Weihnachten verpasste er so oder so. Er ahnte, dass diese Reise mehr als unangenehm werden würde. Seit feststand, wie es weitergehen würde, war seine Laune in den Keller gesunken, und obwohl Emmi inzwischen per Telegramm über die Lage informiert worden war und er nun wusste, dass sie sich nicht zu sorgen brauchte, dachte er ununterbrochen an sie.

Er war in eine seltsame Art von Schwermut gerutscht, die er nicht kannte. Ihm war alles egal geworden.

❀ ✳ ❀

Eines Abends kurz vor Weihnachten saß er mit dem Dolmetscher zusammen vor dem Kamin und spielte Schach. Offenbar fühlte der Mann sich bei Runarsson und seiner Frau besonders wohl, er fand sich des Öfteren bei ihnen ein und bekam dann immer etwas Warmes zu trinken.

Anna erzählte ihrem Sohn wie jeden Tag vor dem Einschlafen eine Geschichte, und der Junge hing an ihren Lippen.

«Sie erzählt von Jólakötturinn, der Weihnachtskatze», erklärte der Übersetzer.

«Eine Weihnachtskatze?» Paul schüttelte den Kopf. Hier war doch wirklich alles anders als zu Hause.

«Sie frisst faule Menschen, die nicht alle Wolle vom Herbst verarbeitet haben. Unartige Kinder verschlingt sie auch, mit Haut und Haaren.» Der Dolmetscher lächelte vielsagend, der Rauch aus seiner Pfeife kringelte sich unter der Decke. «Ein gutes Märchen, damit die Kinder ihre Aufgaben erledigen.»

«Warum stellt der Junge abends die Schuhe raus?», fragte Paul, immer noch so mürrisch, wie er bereits die ganzen letzten Tage gewesen war. Aber wie sollte er hier auch anders sein, hier gab es ja nicht einmal Weihnachtsschmuck, nichts deutete darauf hin, dass bald Heiligabend war. Er konnte seine schlechte Laune nicht abschütteln, egal wie oft er sich sagte, dass er dankbar sein musste, überhaupt noch zu leben.

«Für die Trolle», erwiderte der Dolmetscher ruhig und zog an seiner Pfeife.

«Trolle?» Paul war sich nicht sicher, richtig verstanden zu haben.

Der Übersetzer nickte. «Es gibt dreizehn von ihnen, die Söhne der Trollfrau Grýla und ihrem Mann Leppalúði.»

Karl runzelte die Stirn. Was war das jetzt wieder für ein Unsinn. Weihnachtskatzen und Trolle, es war absurd.

Der Dolmetscher stopfte seine Pfeife und lehnte sich zurück. «Grýla ist immer schlecht gelaunt, nörgelt an ihren Söhnen herum. Leppalúði ist faul und schläft die meiste Zeit. Die dreizehn Söhne der beiden dürfen ihre Höhle in den Bergen kaum verlasen und fristen ein elendes Dasein. Mit einer Ausnahme. Jedes Jahr in der Adventszeit ist es ihnen erlaubt, einer nach dem anderen hinab zu den Menschen zu gehen. Bis Heiligabend kommt jeden Tag einer hinzu. Danach geht täglich wieder einer zurück, bis am sechsten Januar alle wieder in ihrer Höhle und bis zum nächsten Jahr verschwunden sind.»

Herr Runarsson, Anna und der Junge hatten aufgeblickt und dem Dolmetscher aufmerksam zugehört. Auch wenn sie Englisch nicht verstanden, so hatten sie doch offenbar die vertrauten Namen der Weihnachtstrolle erkannt und nickten jetzt lächelnd. Anna sagte etwas, und der Dolmetscher bemühte sich zu übersetzen. «Die Kinder legen an jedem der dreizehn Abende ihre

Schuhe auf den Fenstersims und hoffen, dass ihnen der Troll, der an diesem Tag ins Dorf kommt, etwas mitbringt. Wenn sie aber nicht artig waren, finden sie nur eine alte Kartoffel im Schuh. Manchmal kann es helfen, eine Kleinigkeit zu essen neben dem Schuh zu platzieren, schließlich haben die Trolle ja einen weiten Weg. Früher brachten sie gar keine Geschenke, sondern stahlen und spielten den Menschen Streiche.»

«Hmpf», murmelte Paul. «Komische Geschichte.»

Der Dolmetscher lächelte nur. «Nicht hier», sagte er.

❀ ✳ ❀

Am nächsten Morgen beobachtete Paul erneut, wie der Junge seine Schuhe ins Haus holte. Als er darin nur zwei alte Kartoffeln entdeckte, fiel sein Gesicht in sich zusammen. Paul hatte am Vortag einen Streit mit angehört – offenbar hatte der Junge etwas kaputt gemacht und wurde nun dafür bestraft.

Auch am nächsten Morgen lagen Kartoffeln in den Schuhen und am übernächsten gab es gar nichts. Der Junge wurde immer stiller, und Paul sah, wie seine Mutter ihm traurige Blicke zuwarf. Paul schaute sich in dem kleinen Haus um, und plötzlich verstand er, dass Anna einfach nichts mehr hatte, das sie in die Schuhe hätte legen können. Es gab hier buchstäblich nichts außer Fisch, Brot und Kartoffeln. Auch wurde ihm mit einem Mal voller Scham bewusst, dass die Familie ihre Möbel nicht aus Wrackteilen gebaut hatte, weil es ihnen so gefiel, sondern weil sie es mussten.

Wie blind er doch gewesen war.

«Alles muss importiert werden, es gibt ja nichts außer Fisch», erklärte der Dolmetscher, als Paul ihn später danach fragte. «Importieren kostet, wir sind weit weg von den Städten, weit weg von allem. Zu Weihnachten gibt es meist ein paar Orangen und Gewürze, mehr können sich die Leute nicht leisten.»

In der nächsten Nacht lag Paul lange wach und dachte nach. Irgendwann stand er auf, schlich die knarzende kleine Stiege hinunter und legte seine Uhr in den kalten kleinen Schuh auf dem Fenstersims. Er wusste selbst nicht genau, warum er es tat. Aber es schien ihm richtig, und er fühlte sich, als würde Emmi ihm zusehen und wohlwollend nicken.

Am Morgen saß er schweigend vor seinem Fisch, als der Junge herunterkam, mit verschlafenen Augen und strubbeligen Haaren, und das Fenster öffnete. Sobald er den Schuh sah, erstarrte er. Dann stieß er mit einem Mal ein Freudengeheul aus, wie Paul es noch nie gehört hatte, er hüpfte auf der Stelle auf und ab und rannte zu seiner verblüfften Mutter, um ihr die Uhr zu zeigen.

Anna wurde ganz still. Sie starrte auf die Uhr, als könnte sie nicht glauben, was sie da sah, dann hob sie den Blick zu Paul. Er lächelte und schaute rasch auf seinen Teller. Wenig später hob er beinahe schüchtern wieder den Kopf, doch sie hatte sich weggedreht. Besorgt beobachtete er sie und fragte sich, ob er einen Fehler gemacht hatte, da erkannte er, dass sie vor Freude weinte.

❁ ❄ ❁

Heiligabend kam. Paul wollte fröhlich sein, aber es gelang ihm nicht. Die Dorfbewohner wie die Schiffbrüchigen fanden sich zusammen im Gemeinschaftshaus ein. Der isländische Weihnachtsbaum war ein Besenstiel mit daran befestigten Stangen, die mit etwas Laub behängt und grün angemalt waren. Die Weihnachtsbäume der Seefahrer sahen genauso aus. Paul fand diese notdürftig zusammengezimmerte Tanne hässlich, schief und viel zu dünn, aber die Kinder hier schienen sich nicht weniger darüber zu freuen als seine Kinder zu Hause über die echte Tanne. Ihre Augen leuchteten, und sie konnten den Blick nicht von dem Baum nehmen.

Aber er duftet doch gar nicht, dachte Paul und merkte daran, wie mürrisch er war. Er ist doch gar nicht echt, nicht einmal richtig geschmückt.

Auch die Geschenke für die Kinder erschienen ihm spärlich, Josefine und Ernst hätten sich niemals darüber gefreut. Eine Weile saß er mit den anderen Seeleuten auf Stühlen an der Wand, dann überlegte er, ob er gehen sollte. Keiner der Isländer hier konnte mit ihm reden, und eigentlich störte er doch nur. Er wollte jetzt allein sein, an Emmi und die Kinder denken.

Halb hatte er sich schon erhoben, da fing plötzlich eine der Mägde an zu singen. Ihre klare, hohe Stimme drang durch den Lärm, und die Menschen verstummten einer nach dem anderen, die übrigen Mägde stimmten mit ein, dann die Töchter, und Paul fühlte einen Stich in der Brust, so stark, dass er unwillkürlich die Hand hob, als wollte er sein schmerzendes Herz besänftigen.

Sie sangen «Stille Nacht, heilige Nacht».

Er verstand die Worte nicht, und trotzdem kannte er jedes einzelne von ihnen, die vertraute Melodie kroch in ihn hinein, und plötzlich musste er weinen. Die Tränen rannen ihm einfach so über die Wangen, und obwohl er sie mit beiden Händen fortwischte, hörten sie nicht auf.

Plötzlich war es Weihnachten.

Die Frauen bildeten einen Kreis um den Baum, und während sie sangen, liefen sie Hand in Hand darum herum, ganz so wie daheim seine Kinder. In den Gesichtern der anderen Seeleute erkannte er das gleiche Erstaunen, die gleiche Rührung, die auch ihn befallen hatte. Und als er zu Waltmann hinüberschaute, der sich zurückgelehnt und eine Pfeife angezündet hatte, stellte er fest, dass der Kapitän über das ganze Gesicht lächelte.

Paul hatte ihn noch nie so lächeln sehen.

Er setzte sich wieder hin und dachte an Emmi. Daran, wie ihr Gesicht aussah, wenn sie die Kerzen am Baum anzündete. So voller Frieden. Er dachte an Finchen und Ernst. Er konnte es nicht erwarten, ihnen von Jólakötturinn und den Trollen zu erzählen. Vielleicht würden sie im nächsten Jahr auch Schuhe auf die Fensterbank stellen. Je länger er darüber nachdachte, desto schöner fand er den Brauch.

Wie es Tradition war, wurde der Weihnachtsbaum abgebrannt, und Paul schaute fasziniert zu. Anna brachte ihm zusammen mit ein paar getrockneten Pflaumen einen Becher Punsch, und dankbar nahm er ihn entgegen. Als der vertraute Geruch ihn einhüllte, anders als er es kannte und doch gut, warm und voller Gewürze, spürte er mit einem Mal eine seltsame Ruhe in sich.

Er würde Weihnachten nicht zu Hause sein.

Aber er würde *nach* Weihnachten zu Hause sein.

Was für ein Geschenk das war.

Inspiriert von den Tagebuchaufzeichnungen des Ersten Offiziers Carl Christian Silck, der im Jahr 1920 kurz vor Weihnachten mit dem Frachtsegler Martha *vor Island strandete. Die Schiffsglocke, aus Dankbarkeit von der Besatzung an die Retter überreicht, hängt bis heute in einer Kirche im isländischen Dorf Strönd.*

Herzerwärmender
isländischer Jólaglögg

Zutaten

1 Flasche Rotwein
Gut 50 ml Wodka oder Gin
5 Gewürznelken
2 zerstoßene Kardamomkapseln
2 Zimtstangen
75 g Honig
Orangenschalen, geschälte Mandeln und Rosinen

Zubereitung

Schneide die Schale einer halben Orange ohne die weiße Schicht in dünne Streifen, erhitze den Wein mit dem Wodka oder Gin sowie den Gewürzen für einige Minuten, ohne die Zutaten zum Kochen zu bringen. Füge Honig, Mandeln, Rosinen und Orangenschalen hinzu. Verrühre sie und halte das Getränk noch für einige Minuten warm. Der Jólaglögg ist heiß auszuschenken.

INKEN BARTELS

Weihnachten in Nordernby – oder: Feste feiern, wie sie fallen

Alle Jahre wieder …

Diesmal also die Schlei … Judith stand am Fenster und blickte in die Dunkelheit. Normalerweise bevorzugte sie ja Inseln. Letztes Jahr war sie auf Amrum gewesen, das Jahr davor auf Juist und die drei Jahre davor auf Helgoland. Inseln hatten den Vorteil, dass man da nicht so schnell wegkam. Wenn einen Sehnsucht und Heimweh packten, saß man fest, zumindest so lange, bis die nächste Fähre fuhr. Und bis dahin hatte man seine Gefühle meist schon wieder einigermaßen im Griff.

Dabei war Georg nicht mal Judiths «Heim». Genau das war ja das Problem. Natürlich war ihr das nicht nur in der Weihnachtszeit bewusst. Aber da wurde es immer besonders schlimm. Wenn die Familien allmählich anfingen zusammenzurücken, wenn Judiths Freundinnen, die Kolleginnen in der Agentur und die Frauen beim Yoga nur noch über Menüpläne und Geschenkestress sprachen, beschlichen Judith Jahr für Jahr Fluchtgedanken. Viele Leute sagen ja, Weihnachten käme immer so plötzlich. Judith fand das gar nicht. Spätestens ab Anfang September, wenn sich in den Supermärkten wieder Lebkuchen und Spekulatius stapelten und Kinder mit leuchtenden Augen vor Schokoweihnachtsmännern standen, wurde es ihr schwer ums Herz. Richtig ernst wurde es aber in der Adventszeit, wenn Georg zum absoluten Familienmenschen mutierte und er und Judith sich kaum noch sahen. Dann hielt sie es zu Hause in ihrer

Wohnung in Düsseldorf, die nur ein paar Autominuten entfernt lag von Georgs Haus, kaum noch aus.

Judith zog die Gardinen zu. Bei ihrer Ankunft vorhin in Nordernby war es schon dunkel gewesen, und sie hatte nicht wirklich ausmachen können, wo sie hier eigentlich gelandet war. Eine Freundin hatte ihr das Dörfchen am Ostseefjord, zwischen Schleswig und Kappeln, empfohlen. «Da gibt's einen wunderbaren Gasthof», hatte sie geschwärmt. «Jede Menge Natur und nette Menschen.» Nach Menschen war Judith allerdings gar nicht zumute. Sonst hätte sie die Feiertage auch bei ihrer Schwester und ihren Nichten verbringen können. Suse lud sie jedes Jahr ein. Und jedes Jahr sagte Judith ab. Sie wollte nicht die kinderlose Single-Verwandte sein, um die man sich kümmern müsste, nach dem Motto: «Und wer nimmt Judith?» Also schlug sie die Zeit lieber allein tot und wartete darauf, dass sie am 27. wieder in die Agentur konnte.

Sie wandte sich vom Fenster ab und sah sich in dem kleinen Zimmer des Bed & Breakfast um, in das sie sich für die nächsten Tage eingemietet hatte. Auf dem hellen Couchtisch stand ein Adventskranz, der den Duft von frischer Tanne verströmte. Judith war sich noch nicht sicher, ob sie den Geruch mochte. Sie zündete drei Kerzen an, ließ sich auf den Korbstuhl sinken und griff nach dem Schokoladenadventskalender, den ihr die Vermieterin vorhin bei ihrer Ankunft in die Hand gedrückt hatte. «Büschen was zu naschen», hatte sie in breitem Norddeutsch gesagt. Dann hatte sie noch wissen wollen, ob Judith wirklich ganz allein über die Feiertage bleiben würde, oder ob nicht doch noch jemand käme.

«Nein, niemand», hatte sie geantwortet und dabei versucht zu lächeln.

Judith betrachtete den Kalender, den eine Winterlandschaft

zierte: schneebedeckte Häuser, in denen Licht brannte und es warm und kuschelig aussah. Davor spielten Kinder mit geröteten Wangen und lachenden Gesichtern. Sie musste an früher denken, an die Weihnachtsfeste ihrer Kindheit: das Schmücken des Baumes, die Gemütlichkeit und das ungeduldige Hoffen und Warten auf die Geschenke. Sie schielte zu ihrem Handy auf der Fensterbank und spürte einen dumpfen Schmerz in ihrem Bauch. Rasch öffnete sie das erste Türchen, pulte den Schokoengel aus der Plastikform und steckte ihn sich in den Mund. Dann öffnete sie auch die nächsten Türchen und aß sich durch bis zum 20. Nun hätte sie eigentlich stoppen müssen, doch erst beim 24. Türchen zögerte sie einen Moment. Nach kurzem Hin und Her ließ sie es schließlich geschlossen. Sie hatte entschieden, das letzte Stück Schokolade aufzusparen, quasi als kleines Weihnachts-Highlight. Sorgfältig klappte Judith alle Türchen wieder zu. Sie wollte nicht, dass ihre Vermieterin sie für verfressen hielt, oder noch schlimmer: für komplett unglücklich und einsam – auch wenn sie sich genauso gerade fühlte.

Sie pustete die Kerzen aus, ging rüber zum Bett und rollte sich darin zusammen. Das wohlige Schokigefühl, das sie noch beim dritten Türchen gespürt hatte, hatte sich längst verabschiedet. Inzwischen lag ihr der ganze Süßkram schwer im Magen, und das schlechte Gewissen über den unkontrollierten Fressflash drückte ihr zusätzlich aufs Gemüt.

Ihr Kinderlein kommet ...

Vor dem reetgedeckten Gasthof standen einige Autos, und eine riesige Tanne neben dem Eingang mit einer Lichterkette brachte ein wenig feierlichen Glanz in die nasskalte Dunkelheit. Judith fröstelte. Sie war den ganzen Nachmittag unterwegs gewesen. Erst hatte sie sich im Schloss Gottorf in Schleswig eine Impressionisten-Ausstellung angesehen, anschließend war sie noch eine Weile an der Schlei spazieren gegangen. Und das bei sechs Grad und Nieselregen.

Vielleicht, dachte sie, sollte sie mal anfangen, sich mehr Richtung Süden zu orientieren, die Kanaren etwa sollten doch im Winter sehr schön sein, und weit genug weg waren sie allemal.

Die Planung der nächsten Weihnachten schob Judith jetzt allerdings erst einmal beiseite. Sie war ja froh, wenn sie die anstehenden Festtage überstanden hatte. Außerdem hatte ihr Magen inzwischen ein paarmal ziemlich laut geknurrt, und sie hoffte, in dem Nordernbyer Dorfkrug überhaupt noch einen Platz zu bekommen.

Als sie den Gasthof betrat, wurde ihr augenblicklich warm. Stimmengewirr, Gelächter und der Geruch von herzhaftem Essen lagen in der Luft. Sie ging vom Eingangsbereich links in die Gaststube, und das Erste, was sie sah, war ein großer Mann in Lederweste und Holzklotzen, der gerade dabei war, ein volles Tablett mit Biergläsern und anderen Getränken an einen der Tische zu bringen. Plötzlich blieb der Mann abrupt stehen, drehte den Kopf zur Seite und nieste kräftig. Trotz der starken Erschütterung seines großen Körpers schaffte er es, das Tablett einigermaßen gerade zu halten, sodass alle Gläser stehen blieben und kaum etwas danebenschwappte.

«Puh», sagte er laut und kniff kurz die Augen zusammen.

Von einem der Barhocker am Tresen grölte ein Gast: «Gesundheit, Momme! Sind die Zähne noch drinnen?»

Lautes Gelächter, und auch Judith musste schmunzeln.

Sie sah sich um. Alle Tische waren besetzt. Sie wollte schon den Rückzug antreten, als eine ältere Frau, die allein an einem Tisch saß, sie zu sich heranwinkte und auf den freien Stuhl neben sich deutete.

Judith zögerte einen Moment.

«Ich beiße nicht», rief die Frau und grinste.

Judith war eigentlich nicht danach, sich mit jemandem zu unterhalten, aber sie musste dringend etwas essen, und so gab sie sich einen Ruck und nahm schließlich an dem kleinen Tisch neben dem Tresen Platz.

«Ich bin Meta», sagte die Frau. Dann rief sie in Richtung des niesenden Kellners: «Momme, machst du uns zwei Kirschliköre?» Anschließend blickte sie wieder Judith an, und ihre Augen blitzten fröhlich. «Erst mal was zum Aufwärmen.»

Judith lächelte ein wenig gequält.

«Machst du hier Urlaub?»

Ach, jetzt duzte man sich schon, dachte Judith und nickte langsam.

«Weihnachtsflucht, wa?» Ohne die Antwort abzuwarten, sprach Meta unbeirrt weiter: «Kann dich gut verstehen. Ich versuche erst gar nicht, besinnlich zu werden. Seit meine beste Freundin Luise vor fast zwei Jahren gestorben ist, komm ich einfach nicht mehr richtig in Stimmung.»

Judith fing allmählich an, sich zu entspannen. Sie hätte es mit der Tischnachbarin wirklich schlimmer treffen können, dachte sie und streckte der älteren Frau, die ihr nun ein bisschen leidtat, ihre Hand entgegen. «Judith Wolfers aus Düsseldorf.»

Sie schüttelten sich die Hände, während dieser Momme ihnen zwei Gläser hinstellte und wieder verschwand.

«Und? Zum ersten Mal in Nordernby?» Meta schien sich wieder gefangen zu haben. Sie guckte Judith neugierig an und erhob ihr Likörglas.

«Ja.» Judith erzählte, dass sie sich in dem Bed & Breakfast weiter unten im Dorf, an der Au einquartiert hatte und griff dann auch nach ihrem Glas.

«Na denn», sagte Meta. «Auf dass wir die Feiertage einigermaßen unbeschadet hinter uns bringen.»

Die beiden Frauen stießen an, und Judith kippte den Likör in einem Zug runter. Sie trank nicht oft Alkohol, und wenn, dann eher Wein. Umso überraschter war sie, wie gut der Likör schmeckte, und sie genoss die Wärme, die sich augenblicklich in ihrem Bauch ausbreitete.

Das Klingeln ihres Handys riss sie aus diesem kurzen, wohligen Moment. Eilig holte sie es hervor. Auf dem Display stand *G.* Aber auch ohne draufzugucken, hätte sie gewusst, dass es Georg war. Es war seine Zeit. Nach dem Abendessen und bevor die Kinder zu Bett gingen, nutzte er die Hunderunde oft für einen Anruf. Gestern hatte er es nicht geschafft, hatte lediglich ziemlich spät eine Nachricht geschickt mit der Frage, ob Judith gut angekommen war. *Ich vermisse dich* hatte sie als Antwort schlaftrunken ins Handy getippt.

Judith erhob sich, blickte kurz Meta an und deutete mit dem Kopf Richtung Ausgang. «Bin gleich wieder da», sagte sie. Und während sie aus der Gaststube eilte, spürte sie auf einmal einen Anflug von Zuversicht, eine wahnwitzige Hoffnung, dass er es getan hatte, jetzt, zum Fest der Liebe, dass er nach all den Jahren der Heimlichkeiten endlich seine Frau verlassen hatte und Judith nun schnell nach Hause kommen sollte. Er wartete auf sie, hatte schon alles vorbereitet: einen Baum besorgt, Champagner und Schalentiere – und konnte es kaum erwarten, Judith für immer in seine Arme zu schließen.

Georgs Flüsterton holte Judith zurück auf den Boden der Tatsachen. Selbst draußen vor der Tür des Gasthofes, wo es recht still war, musste Judith das Telefon fest an ihr Ohr pressen, um seine Worte verstehen zu können.

«Hallo, Schatz. Ich kann nicht so laut, Marie wollte mich unbedingt beim Gassigehen begleiten. Sie ist so aufgeregt, wegen Weihnachten …»

Marie war Georgs fünfjährige Tochter und einer der beiden Gründe, warum er seine Frau nicht verließ. Der andere hieß Tom und war zwei Jahre älter als seine Schwester. Georg und seine Frau hatten ewig versucht, Kinder zu bekommen. Als es dann mit In-vitro endlich geklappt hatte, waren Judith und er schon fast ein halbes Jahr zusammen gewesen. Sie hatten sich durch die Arbeit kennengelernt. Georg war mit seiner Firma Kunde bei der Marketing-Agentur, für die Judith arbeitete. Als Judith von der Schwangerschaft erfuhr, hatte sie die Sache beendet. Aber Georg kämpfte um sie, und Judith konnte seinem Charme nicht lange widerstehen.

«Geht es dir gut da oben?»

Judiths Ohr begann, von dem Druck zu brennen. Es hatte wieder angefangen zu nieseln. Fröstelnd lehnte sie sich gegen die Hauswand und blickte zu dem beleuchteten Tannenbaum. «Ja, ganz schön hier. Ich will gerade essen.»

«Okay, ich steh auch schon wieder vorm Haus», nuschelte Georg. «Melde mich morgen.» Dann wurde es laut am anderen Ende der Leitung, und durch die Geräuschkulisse aus Hundegebell und Kinderlachen konnte Judith Georgs gehauchtes «Ich liebe dich!» nur noch erahnen.

Als sie die Gaststube wieder betrat, sah sie, dass auf ihrem Platz eine Speisekarte lag, daneben stand ein volles Glas Kirschlikör.

«Der wird dir jetzt guttun», sagte Meta und prostete ihr zu. «Und dann empfehle ich dir die Hühnersuppe mit Grießklümp oder den Grünkohl mit süßen Bratkartoffeln, beides wärmt so richtig schön durch. Auch das Herz.»

Judith blickte überrascht von der Karte auf.

«War das gerade dein Mann?»

Tja, dachte Judith, wie sagte man das jetzt am besten? Sie hatte es schon immer schwer gefunden, ihr Verhältnis zu Georg zu beschreiben. «So etwas in der Art», sagte sie schließlich und klappte die Karte zu.

Vom Himmel hoch, da komm ich her ...

Es war noch kälter geworden, dafür hatten sich die grauen Wolken und der Nieselregen verzogen, und die Luft war herrlich klar. Als Judith am nächsten Mittag in Nordernby an der Schlei spazieren ging, machte sie ein paar Fotos von der tief stehenden Wintersonne, dem blauen Himmel und dem glitzernden Raureif an den Schilfhalmen.

Schon schön, dachte sie und genoss die Stimmung und die Ruhe.

Anders als eigentlich geplant, war sie gestern nach der wirklich leckeren Hühnersuppe noch ein wenig länger bei Meta sitzen geblieben. Die ältere Frau hatte viel erzählt, und so erfuhr Judith, dass Metas verstorbene Freundin Luise jahrzehntelang den *Seestern* geführt hatte und dass der Kellner Metas Sohn war. Jener

Momme führte nun wiederum zusammen mit Luises Tochter Jette, die seine Lebensgefährtin war, und der Enkelin den Gasthof weiter. Letztere erholte sich von der stressigen Sommersaison allerdings gerade mit ihrem Freund in Costa Rica.

Judith hatte dann auch noch ein paar Leute kennengelernt, die an ihren Tisch gekommen waren, um Meta zu begrüßen. Meta hatte jeden Einzelnen vorgestellt, trotzdem hatte Judith inzwischen die meisten Namen wieder vergessen. Lediglich an den des «Sheriffs» konnte sie sich erinnern, zumindest an seinen Spitznamen. Denn dem machte er wirklich alle Ehre. In seinen Cowboystiefeln und dem karierten Flanellhemd sah er aus, als wäre er gerade einem Western entsprungen. Während er Judith mit wichtiger Miene erzählte, dass er Polizist war, klemmten seine Daumen die ganze Zeit an seiner silbernen Gürtelschnalle, die die Form eines Büffelkopfes hatte. Der Sheriff hatte ziemlich viel geredet, und Judith hatte irgendwann der Kopf geschwirrt. Umso schöner fand sie es nun, hier an der Schlei gerade ganz allein zu sein.

Sie schickte eines der Fotos mit winterlichen Grüßen an ihre Schwester und widerstand dem Impuls, es auch an Georg zu senden. An Sonn- und Feiertagen meldete sie sich nie bei ihm, das war Teil der Abmachung. Im Alltag, wenn er im Büro war, war es etwas anderes. Aber an diesen Tagen gehörte er seiner Familie, und dann war allein er es, der ihre Zeitfenster bestimmte. Den Abend vor Judiths Abreise war er noch bei ihr gewesen, hatte ihr Liebesschwüre ins Ohr geflüstert, bevor er unter die Dusche gegangen war.

Judith dachte an seinen Körper, seine Hände, seinen Hals, das Schlüsselbein. Sie liebte Georg – aber gerade hasste sie ihn auch dafür, dass alles so kompliziert war. Angestrengt starrte sie auf ihr Handy. *Klingle, du blödes Telefon! Klingle doch einfach. Und dann sagt Georg mir mit seiner warmen Stimme, dass alles gut wird. So ein kleines Weihnachtswunder ist ja wohl wirklich nicht zu viel verlangt, oder?*

«Na, überlegst du, ob du ihn anrufen sollst?»

Erschrocken drehte Judith sich um. Sie hatte Meta nicht kommen hören, die gestützt auf ihren Rollator und mit einer blinkenden Weihnachtsmannmütze auf dem Kopf vor ihr stand.

«Moin erst mal.» Meta ging um den Rollator herum und ließ sich etwas schwerfällig auf die Sitzfläche plumpsen. Judith hatte es gerade noch geschafft, einen Schritt auf die kleine Frau zuzumachen und nach ihrem Oberarm zu greifen, um sie bei dem Manöver ein wenig zu stützen.

«Hast du dich mit dem, der so was Ähnliches ist wie dein Mann, gezankt?» Meta guckte Judith neugierig an. Dann ließ sie ihren Blick über die Schlei schweifen, und Judith überlegte, was sie auf die Frage antworten sollte.

«Nein», sagte sie schließlich. «Wir streiten kaum. Aber es ist trotzdem nicht ganz einfach.»

«Wir Frauen sollen im Leben doch immer nur warten», sagte Meta, ohne den Blick vom Horizont abzuwenden. «Erst auf den richtigen Mann. Dann darauf, dass er von der Arbeit nach Hause kommt. So war das früher jedenfalls.»

Judith war überrascht, fast schien es, als würde Meta ihre Gedanken lesen. Dieses Warten, sie hatte es so satt! Überhaupt, dieses ganze Versteckspiel und dass sie sich immer still verhalten musste und sich Georgs Leben unterzuordnen hatte. Doch was blieb ihr anderes übrig?

«Nachdem mein Mann gestorben war, hab ich mir das Warten ganz schnell abgewöhnt», fuhr Meta fort und riss Judith aus ihren Gedanken. «Ich bin in meinem Leben immer gut allein zurechtgekommen, ich hatte ja Luise und die anderen Nordernbyer. Jetzt kommt mich ab und an Johan aus Apenrade besuchen, das ist gleich hinter der dänischen Grenze. Aber ich warte nicht auf ihn. Wenn er kommt, dann kommt er. Und wenn nicht, dann ist es auch gut.»

Judith fing an, Meta wirklich zu mögen. Sie und ihre Worte taten ihr gut, und über die Weihnachtsmannmütze, die auf Metas Kopf vor sich hin blickte wie ein Leuchtturm, musste Judith jetzt sogar schmunzeln.

Meta schien Judiths Blick, der immer noch auf ihrem Kopf verweilte, zu spüren. Sie guckte Judith vergnügt an und zog sich die Mütze ein wenig fester über die Ohren. «Hat der Sheriff mir vorhin gegeben, ist ja eigentlich gar nicht mein Stil, aber dann habe ich gedacht, och, warum eigentlich nicht.»

Plötzlich hörte Judith Musik. *Last Christmas* wehte zu ihnen herüber. Als sie sich umdrehte, sah sie, dass sich eine Gruppe Menschen näherte, alle mit blinkenden Mützen auf den Köpfen. Sie erkannte Momme und die Köchin Jette und den Sheriff, der einen Bollerwagen hinter sich her zog, an dem ein Bluetooth-Lautsprecher befestigt war.

«Moin», krähte der Sheriff schon von Weitem. «Das ja schön, dass du auch mitspielst!»

Judith guckte Meta fragend an.

«Wikingerschach», gab sie zur Erklärung. «Ist hier Tradition am 4. Advent. Momme und der Sheriff haben mich überredet, bei dem schönen Wetter mitzukommen. Deshalb bin ich überhaupt hier. Aber ich spiele nicht, trinke nur einen Punsch, vielleicht auch zwei.» Meta kicherte und zwinkerte Judith zu. «Den musst du unbedingt probieren.»

Morgen, Kinder, wird's was geben ...

Im Nachhinein konnte Judith nicht einmal mehr sagen, wie alles gekommen war. Ob es an dem süßen Beerenpunsch gelegen hatte, ihrer euphorischen Siegerlaune oder einer Mischung aus beidem. Im Grunde war es auch vollkommen egal. Allein die Tatsache, dass sie es getan hatte, war schlimm genug. Sie hatte gegen die Regeln verstoßen. Und nun saß sie im noch leeren *Seestern* am Tresen und sinnierte über den gestrigen Nachmittag.

Die Sache hatte eigentlich relativ harmlos angefangen. Judith hatte sich gerade verabschieden wollen, sich dann aber doch von Momme und Jette zu einer Runde Wikingerschach überreden lassen. Da Momme wegen einer ordentlichen Erkältung nicht ganz bei Kräften war, hatte Jette dringend Verstärkung gebraucht, um gegen den Sheriff und seinen Kollegen Meik bestehen zu können. Nach dem ersten Punsch hatte Judith schließlich eingewilligt. Sie kannte das Spiel von ihren Nichten, allerdings nicht als Wikingerschach, sondern unter dem Namen Kubb. Es ging darum, eine Reihe gegnerische Holzklötze mit schmalen Wurfhölzern umzuwerfen und zum Schluss den in der Mitte stehenden König zu treffen. Judith war selbst überrascht, wie gut sie traf und wie viel Spaß das Ganze machte.

Als sie dann beschwingt in die Pension zurückgekehrt war, konnte sie nicht anders: Sie hatte nach ihrem Handy in der Jackentasche gegriffen und Georg angerufen. Es ging ganz schnell und ohne groß nachzudenken. Sie wollte ihm von dem lustigen Nachmittag erzählen und von dem klebrigen Punsch, den er verabscheut hätte. Sie wollte einfach das, was sie erlebt hatte, mit ihm teilen.

Gleich nach dem ersten Klingeln war Georg rangegangen. «Ist was passiert?», hatte er flüsternd gefragt. Judith war sofort klar, dass er nicht allein war. «Nein, nein», sagte sie rasch. «Ich … ich wollte nur deine Stimme hören.» Es war längst dunkel geworden. Judith sah sich in der Fensterscheibe mit dem Handy am Ohr und der blinkenden Weihnachtsmannmütze, die der Sheriff ihr nach ihrem Sieg feierlich überreicht hatte. «Du fehlst mir», sagte sie und zog die Mütze vom Kopf. Am anderen Ende der Leitung war ein Rascheln und Knistern zu hören.

«Wo bist du?», fragte Judith.

«Tannenbaumschlagen mit der ganzen Familie, inklusive meiner Schwiegereltern. Hör zu, Schatz, ich melde mich später oder morgen. Und nach den Feiertagen machen wir's uns schön. Ich liebe dich.» Dann hatte er aufgelegt.

Seitdem fühlte Judith sich hundeelend. Sie plagten schreckliche Schuldgefühle, weil sie die Kontrolle verloren und sich nicht an die Abmachungen gehalten hatte. Das war überhaupt nicht ihre Art. Gleichzeitig war sie auch wütend. *Ich liebe dich.* Na toll! Was brachte ihr das schon? Georg war trotzdem nie da, wenn sie ihn brauchte. «Du hast dich für ihn entschieden, dann musst du auch damit leben», sagte ihre Schwester immer, wenn Judith sich hin und wieder mal beklagte. Was hatte sie Jette und Momme an der Schlei beneidet. Ein Paar, das einfach Paar sein konnte, nichts verstecken musste und füreinander da war. Jette hatte Momme ständig Taschentücher gereicht, ihn besorgt angesehen und immer wieder seine Stirn gefühlt und geprüft, ob er Fieber hatte. Wenn Judith krank war, schickte Georg ihr höchstens mit Fleurop einen Strauß Blumen.

Judith griff nach dem Wasserglas, das Momme ihr eben hingestellt hatte, und beobachtete ihn nun dabei, wie er mit triefender Nase ein frisches Bierfass anschloss. Sie mochte die *Seestern-*

Truppe. Trotzdem würde sie sich jetzt lieber in ihr Bett drüben in der Pension verkriechen, auf dem Laptop romantische Weihnachtsfilme gucken und auf Georgs Anruf warten. Doch sie hatte in ihrer Euphorie gestern nun mal versprochen zu helfen.

Auf dem Rückweg von der Schlei hatten Meta und Jette sie eingeladen. «Große Weihnachtsfeier im *Seestern*», hatte Meta gesagt. «Die ist immer am 23. und genau das Richtige für uns beide, die wir doch die Feiertage am liebsten schon hinter uns hätten.» Dieser Zusammenhang hatte sich Judith zwar nicht ganz erschlossen, und sie hatte gerade nachfragen wollen, als sich auch Jette in das Gespräch einmischte. «Du siehst ja, dass Momme überhaupt nicht fit ist, da freuen wir uns über jede helfende Hand. Natürlich nur, wenn du Lust hast.»

Tja, und nun saß sie hier, wieder mit der blinkenden Weihnachtsmannmütze auf dem Kopf und einer Girlande aus künstlicher Tanne um den Hals, die Jette ihr vorhin umgehängt hatte, als die beiden den Saal mit der kleinen Bühne geschmückt hatten. Ihr Handy hatte Judith dabei nicht aus den Augen gelassen, doch seit ihrem Anruf gestern war es stumm geblieben.

«Flott siehst du aus.» Meta hatte die Gaststube betreten und lächelte Judith an. «Sag mal, spielst du eigentlich Skat?»

Erst Wikingerschach, jetzt auch noch Skat? Judith schüttelte den Kopf.

«Hab ich früher an Heiligabend die ganze Nacht mit Luise und Momme gekloppt.» Meta kicherte, dann wurde sie einen Moment lang nachdenklich und blickte nach oben Richtung Decke. «Ach, Luise …»

Unwillkürlich griff Judith nach ihrem Handy, das vor ihr auf dem Tresen lag, und checkte den Akkustand.

O Tannenbaum …

Das hatte Judith nicht erwartet. Gegen 19 Uhr, als sie nach einer kurzen Verschnaufpause in ihrer Pension zurückkehrte, war der *Seestern* gerammelt voll. Einen Tag vor Weihnachten, hatte sie gedacht, hätten die Leute andere Sorgen. So kannte sie es jedenfalls von ihren Freundinnen: Tannenbaum schmücken, Geschenke einpacken, Essen vorbereiten, zu den Verwandten reisen. Aber in Nordernby schien man die Dinge gelassener anzugehen.

«Die trinken sich alle Mut für die nächsten Tage an», erklärte Momme lachend und mit nasaler Stimme auf Judiths überraschtes «Was ist denn hier los?».

Einen Moment später lugte Jette aus der Küche und sagte an, dass sie mit dem Essen in zehn Minuten so weit sei. À la carte gab's heute nicht. Seit Stunden köchelte ein Wildragout in riesigen Pötten vor sich hin und verströmte einen wunderbaren Duft nach Piment, Rosmarin und Rotwein. Für die Vegetarier warteten selbst gemachte Ravioli mit einer Kürbisfüllung darauf, im sprudelnden Wasser zu landen.

Schon stand Judith bereit, um die ersten Terrinen an die Tische zu bringen. Ihr Telefon hatte sie in die Hosentasche gesteckt, und sie hoffte, dass es nicht ausgerechnet dann klingelte, wenn sie beide Hände voll hatte. Sie wollte nun wie versprochen beim Auftragen helfen, anschließend etwas essen und dann schnell wieder zurück in die Pension. Da hätte sie wenigstens Ruhe, wenn Georg anrief.

Der Sheriff half Momme mit den Getränken. Vorher hatte er aber noch einen Sack Weihnachtsmannmützen verteilt. «Waren bei *Krümet* in Flensburg im Angebot», erzählte er den glücklichen Beschenkten.

Als Judith anfing, zusammen mit noch einer anderen Frau aus dem Dorf das Essen zu servieren, sah sie, dass Meta an einem der Tische im Saal Platz genommen hatte. Sie hatte einen Kirschlikör vor sich stehen, ihre Wangen waren gerötet, und sie schien sich bestens zu unterhalten. Das freute Judith.

Nachdem sie alle Tische mit dampfenden Schüsseln versorgt und etliche leere wieder aufgefüllt hatte, setzte auch Judith sich an einen der Tische. Sie zog ihr Handy aus der Tasche und sah nach, ob sie einen Anruf verpasst hatte. Nichts. Dann legte sie es neben ihren Teller und begann zu essen.

Das Ragout schmeckte köstlich, und Judith musste zugeben, die Gespräche an ihrem Tisch amüsierten sie. Momme hatte wohl recht mit dem, was er vorhin gesagt hatte. Viele Gäste schienen diesen Abend zu nutzen, um noch einmal ausgelassen zu feiern. Denn die nächsten Tage würden es in sich haben. Eine ältere Frau beschwerte sich über ihre geizige Schwiegertochter, bei der es selbst zu Weihnachten keinen Nachtisch gab.

«Das ist doch noch gar nichts», sagte ihre Sitznachbarin. «Meine kommt jedes Jahr am 24., nistet sich mit meinen verzogenen Enkeln bis Neujahr bei uns ein und rührt keinen Finger.»

«Gibt das ja wohl nich», kommentierte die Frau ihr gegenüber.

Halleluja, dachte Judith, von wegen besinnlich! Vielleicht hatte so ein Leben, wie sie es lebte, durchaus Vorteile. Dann trank sie in einem Zug den Kirschlikör, den Momme den Damen nach dem Essen spendiert hatte, griff nach ihrem Handy und stand auf.

«Wo willst du denn hin?» Meta war plötzlich neben ihr.

«Wenn Jette mich nicht mehr braucht, würde ich gern gehen.»

«Nix da, jetzt kommt doch das Beste!»

Die anderen Frauen am Tisch nickten eifrig, und Judith sah,

wie Momme auf der kleinen Bühne ein Mikrofon an eine Box anschloss.

«Jetzt wird gesungen!», sagte Meta, nahm auf dem Stuhl neben Judith Platz und bedeutete ihr, sich ebenfalls wieder zu setzen.

Um Gottes willen, dachte Judith, mit Singen hatte sie gar nichts am Hut.

Sie sah sich im Saal um. Es war inzwischen ziemlich warm geworden. Die Fenster waren beschlagen, überall brannten Kerzen, und die Leute schienen sich auf den zweiten Teil des Abends ziemlich zu freuen.

Na gut, einen Moment zuhören konnte sie ja. Judith zog erneut ihr Handy aus der Hosentasche und legte es auf den Tisch.

Als Erster stürmte der Sheriff die Bühne und gab eine Country-Version von *Let It Snow* zum Besten. Die Menge jubelte. Nach einer kurzen Pause, in der Meta eine Runde Kirschlikör orderte, betraten einige Frauen mittleren Alters die Bühne. Wie Judith erfuhr, gehörten sie zum Nordernbyer Kirchenchor und stimmten nun *Last Christmas* an.

Alle sangen mit, Feuerzeuge wurden hochgehalten, und auch Judith fing an zu summen und genau wie die anderen Frauen an ihrem Tisch ein wenig hin und her zu schunkeln. Anschließend sangen der Pastor und die Organisten *Maria durch ein Dornwald ging*, die Männer der freiwilligen Feuerwehr *All I Want For Christmas Is You*, und Judiths Vermieterin Waltraud entschied sich zusammen mit ihrer Schwester für *Kommet ihr Hirten*.

Nach einer weiteren Pause merkte Judith, dass Meta unruhig wurde. «Alles in Ordnung?»

Meta nickte und erhob sich langsam, und in dem Moment begannen die Frauen an ihrem Tisch, ihren Namen zu rufen. Dann stimmten immer mehr Menschen im Saal mit ein: «Me-ta, Me-ta, Me-ta …»

«Komm, Judith, wir sind dran», sagte Meta und hielt sich mit der einen Hand am Tisch fest, die andere streckte sie Judith entgegen.

Judith schüttelte den Kopf.

«Nun komm schon, in Düsseldorf habt ihr doch den Karneval, da singst du bestimmst auch.»

Das war etwas vollkommen anderes, fand Judith, die nun spürte, dass zig Augenpaare auf sie gerichtet waren. Zögerlich nahm sie Metas Hand, steckte ihr Handy rasch noch in die Tasche und stand schließlich auch auf. Dann gingen die beiden, begleitet von Applaus und begeisterten Pfiffen, Hand in Hand langsam Richtung Bühne.

Als sie die drei Stufen erklommen hatten, nahm Meta ein wenig zitterig das Mikrofon, und Judith meinte Tränen in ihren Augen zu sehen.

«O Tannenbaum!», ertönte eine Stimme aus der Menge. Und jemand anderes rief: «Auf Luise!»

Meta räusperte sich. «Jahr für Jahr haben Luise und ich hier oben zusammen *O Tannenbaum* gesungen. Im letzten Jahr habe ich ausgesetzt, weil meine Duett-Partnerin … weil sie fehlte.» Sie machte eine Pause und schnaufte ins Mikro. Dann fuhr Meta fort: «In diesem Jahr habe ich wieder eine Partnerin. Judith aus Düsseldorf.» Wieder tosender Applaus.

Judiths Mund war ganz trocken, und sie spürte, wie ihr Herz hämmerte. Hilfe suchend blickte sie zu Meta, aber die raunte ihr nur zu: «Alle drei Strophen!»

Drei? Judith wusste nicht einmal, dass es überhaupt drei gab. Eilig zog sie ihr Handy aus der Hosentasche und googelte den Text. Dann ertönte auch schon die Musik.

Die beiden Frauen hielten sich immer noch an den Händen und begannen zu singen, erst noch ein wenig zaghaft, dann wurde auch Judiths Stimme kräftiger. Sie hatten gerade die dritte Strophe begonnen, als Judith in ihrer rechten Hand spürte, wie ihr Handy vibrierte. Der eingehende Anruf mit dem großen *G* verdeckte den Text, und für den Bruchteil einer Sekunde hüpfte Judiths Herz. Sie wollte gerade von der Bühne laufen, um in Ruhe zu telefonieren, als der ganze Saal in den Gesang einstimmte und mitsang. Judith schluckte – und drückte den Anruf schließlich weg.

Als sie die letzte Strophe beendet hatten, war es für einen Moment ganz still. Judith schloss die Augen und spürte, dass Meta ihre Hand noch fester drückte. Rasch öffnete sie die Augen wieder und starrte in die Menge. Die Stimmung … Die Kerzen … Die vielen blinkenden Mützen … Sie bekam eine Gänsehaut und war ganz ergriffen.

Plötzlich brach ein tosender Applaus los. Die Leute jubelten und erhoben ihre Gläser.

«Frohe Weihnachten!», rief Meta lächelnd und mit glänzenden Augen. Dann wandte sie sich Judith zu, und die beiden Frauen nahmen sich fest in den Arm.

Stille Nacht …

Es war spät geworden. Judith saß auf dem Korbstuhl in ihrem Zimmer und gähnte herzhaft. Was für ein verrückter Abend. Und für morgen hatte sie sich gleich wieder mit der *Seestern*-Truppe verabredet. Aber dann nur in kleiner Runde bei Meta zu Hause. Jette wollte etwas kochen. «Etwas richtig Schönes», wie sie betonte. Denn Kartoffelsalat und Würstchen aßen ihrer Meinung nach nur Banausen. Und anschließend wollte Meta Judith dann Skat beibringen, oder sie würden zusammen Weihnachtsfilme gucken, das war noch nicht ganz klar.

Judiths Blick blieb an dem Adventskalender hängen. Ein Stückchen Schokolade ging immer, dachte sie. Außerdem war es schon weit nach Mitternacht. Sie konnte das 24. Türchen also mit gutem Gewissen öffnen.

Als sie den Tannenbaum herauspulte, musste sie an ihren Gesang mit Meta denken, vor allem an die dritte Strophe:

O Tannenbaum, o Tannenbaum,
dein Kleid will mich was lehren:
Die Hoffnung und Beständigkeit
gibt Trost und Kraft zu jeder Zeit,
o Tannenbaum, o Tannenbaum.

Judith steckte sich die Schokolade in den Mund und sah zu ihrem Handy, das vor ihr auf dem Couchtisch lag. Sie zögerte einen Moment. Dann nahm sie es und schaltete es aus. Anschließend trat sie ans Fenster. Sie blickte hinaus in die sternklare Nacht. Ein Lächeln huschte über ihr Gesicht, und sie fühlte sich ganz feierlich.

Wildragout
mit Rosmarin-Nudeln à la Jette

Zutaten für 4 Personen

Für das Fleisch:

1 kg Wildfleisch (Man kann ruhig mischen: Reh, Hirsch, Wild-
schwein. Ideal zum Schmoren ist Fleisch aus der Schulter oder
der Keule.)

3 Möhren

5 Schalotten

50 g getrocknete Steinpilze

Olivenöl

½ l Brühe oder Wildfond

½ l trockener Rotwein

1 EL Tomatenmark

5 Lorbeerblätter

Gewürzsäckchen mit Pfefferkörnern, Wacholderbeeren,
Pimentkörnern

Salz

Gemörserter Pfeffer

Für die Rosmarin-Nudeln:

500 g Penne Rigate

Frischer Rosmarin

Butter

Meersalz

Zubereitung

Die groben Häute und Sehnen vom Fleisch entfernen. Anschließend das Fleisch in Würfel schneiden. Möhren putzen und in Scheiben schneiden, Schalotten vierteln, Steinpilze in heißem Wasser einweichen.

Das Fleisch scharf in Olivenöl anbraten. Möhren und Schalotten dazugeben und mit Brühe und Rotwein ablöschen. Anschließend Tomatenmark und Steinpilze dazugeben sowie 2 EL der Einweichflüssigkeit. Dann die Lorbeerblätter, das Gewürzsäckchen, Salz und Pfeffer hinzufügen.

Mit geschlossenem Deckel bei 180 Grad im Ofen (Ober- und Unterhitze) mindestens 1½ Stunden schmoren lassen.

Nudeln in Salzwasser kochen (nicht abschrecken). Anschließend mit Butter und Rosmarin (nach Geschmack) vermengen, z. B. in einer Wokpfanne. Eventuell noch Meersalz hinzufügen.

Als Beilagen passen Wirsing, Rosenkohl, Bohnen oder Hokkaidokürbis, in Stücke geschnitten, im Ofen gegart, mit Honig bestrichen und mit Salz gewürzt. Auch Birnen aus der Dose, mit Preiselbeermarmelade gefüllt, schmecken toll dazu.

KRISTINA MONINGER

Das *Liebkuchenparfüm*

Zutaten für ein gelungenes Weihnachtsfest: Man nehme ein knappes Dutzend Familienangehöriger, zwei Packungen Klischee (je nach Belieben auch drei), vier Handvoll Konflikte, sieben Meter Geschenkpapier, einen Minibus, bis zum Dach vollgepackt, eine Single-Frau ohne ihren Windbeutel von Ex-Freund und die obligatorische Endlosschleife *Last Christmas*. Das Ganze bei 35 Grad Innentemperatur ca. fünf Stunden im Auto belassen, dann bei zwei Grad plus herausholen und mit Schnee bestäuben. Man packe alles in ein geräumiges Holzhaus, teile die Zimmer möglichst gerecht auf und warte darauf, dass die Stimmung den Garpunkt rechtzeitig zum Heiligen Abend erreicht.

In unserem Fall sind die Zutaten des diesjährigen Weihnachtsfestes meine Eltern, meine Schwester Kira, ihr nicht unbedingt namentlich zu nennender Vollpfosten von Ehemann, ihr immer schreiendes oder schlafendes Baby, Oma Hilde, Tante Ella, Onkel Lothar und meine Lieblingscousine Saskia, die mit Trisomie 21 geboren ist und die ich für die Normalste von uns allen halte. Tja, und ich, die seit zehn Jahren zum ersten Mal ohne einen Mann an ihrer Seite Weihnachten verbringen muss und deren Kloß im Hals nichts, aber auch wirklich gar nichts mit zu harten Plätzchen zu tun hat.

Ich schaue aus dem Fenster in das dichte Schneegestöber, hinter dem die Berggipfel wie in einer Schneekugel fast verschwinden, und wünsche mir zum dritten Mal an diesem Tag, ich wäre zu Hause geblieben. Bei Netflix-Rom-Com-Weihnachtsfilmen, vielen Gläsern Rotwein und einer großen Tüte Chips mit Einsamkeit. Stattdessen hocke ich mit meiner Verwandtschaft in einem malerischen österreichischen Skiort und kann noch nicht einmal Ski fahren, weil es ununterbrochen schneit. Auf dem schnörkeligen Holzgeländer des alpinen Holzbalkons liegt schon eine so dicke Schneeschicht, dass die Schale mit Kürbiskernen, die ich den wintergeplagten Almdudlern – Oma Hildes Überbegriff für die hier heimische Vogelwelt – hingestellt habe, längst im Weiß versunken ist. Von meinem kleinen Schlafzimmer aus kann man den spitzen Turm der Kirche mit der Bruchsteinmauer sehen, beim Blick aus dem Wohnzimmerfenster, durch das ich gerade schaue, imponiert das Bergpanorama, und am Hang gegenüber zieht sich eine breite Spur dichter Nadelbäume hoch bis fast zum Gipfel. Es ist noch früh am Heiligabend, das winterliche Morgenlicht hat gerade die letzte Hütte erreicht, und es ist so schön, dass einem die Augen davon wehtun. Mein Herz allerdings schmerzt aus ganz anderen Gründen. Denn eigentlich würde ich dieser Tage einen Bikini tragen und, viel wichtiger, einen Ring an der rechten Hand.

Mein Vater dreht das Radio auf. «Starke Schneefälle oberhalb von tausend Metern, über Nacht werden weitere vierzig Zentimeter Neuschnee erwartet», plärrt der Radiomoderator wenig begeistert.

«Weiße Weihnachten», seufzt meine Mutter sehnsüchtig, als ob es dafür tatsächlich noch einmal vierzig Zentimeter bräuchte. Sie legt das Messer beiseite, mit dem sie eben noch Gemüse geschnitten hat, und streift sich die Hände an ihrer rot gepunkteten Schürze ab. Dann zwinkert sie meinem Vater zu, der sich

ein halbes Dutzend gestrickter Alpenkissen mit Hirschgeweih-
motiv unter den Kopf schiebt und sich so genüsslich auf der
Eckbank vor dem Fenster ausstreckt, dass das Holz knarzt.

«Einen Kaffee, Heinz-Liebling?», säuselt sie.

«Danke, sehr gern, Lore-Schatz», erwidert er und strahlt sie
an.

«So läuft das doch normalerweise nicht», flüstert meine ältere
Schwester Kira mir zu. «Wenn Ehepaare in Rente gehen, fangen
doch alle an, sich zu hassen, warum haben die beiden ihren
zweiten Frühling entdeckt?»

«Keine Ahnung», sage ich und muss schmunzeln.

Kira, der zu viel Harmonie schon immer Probleme bereitet hat,
sind die Schmetterlinge zwischen meinen Eltern höchst suspekt.
Ich finde ihren neuen Umgang miteinander süß und irgendwie
tröstlich. Vielleicht, weil ich mir Kilian und mich nicht einmal
in absoluter Verklärung als glückliches pensioniertes Ehepaar
vorstellen kann. Gestern waren Mama und Papa beim Lang-
lauf in der Loipe direkt vor dem Haus, und ich musste ein paar
Tränchen verdrücken, weil ich mir auch so sehr jemanden wünschen würde, der mich alle zehn Meter lachend aus dem Schnee
hebt.

«Nicht die Möhre schneiden», schreit Saskia und drückt ihr
Stofftier an die Brust, eine verblasste Zuckerrübe mit aufgestick-
ten Augen. «Nicht die Möhre, Tante Lore!»

Ich muss kichern und bin wie so oft froh, dass Saskia mich
auch aus den tiefsten Tiefen meines Unglücks heraus immer
wieder zum Lachen bringt.

Meine Mutter winkt ab. «Mach ich nicht, Saskia.»

«Mensch, Tara, was ist denn bei dir mit der Liebe? Jetzt hat das
wieder nicht geklappt!» Tante Ella seufzt dramatisch, als hätte
Kilian mit *ihr* Schluss gemacht, nicht mit mir. Und als hätte

ich einen schlimmeren Männerverschleiß als ein Z-Promi mit Faible für attraktive Sportprofis. «Du musst dich da wirklich mal ein bisschen mehr anstrengen. Du bist schließlich auch nicht mehr die Jüngste.»

Ich bin zweiunddreißig, was für die Generation Y bedeutet, dass ich die Pubertät langsam hinter mir lasse, in Tante Ellas Jugend allerdings anscheinend das Alter der Kittelschürzen und Stützstrümpfe einläutete.

«Wenn du nur häufiger in die Tanzschule kommen würdest. Wir haben da so nette junge Männer!»

Jung ist ein dehnbarer Begriff, aber im Falle von Tante Ellas Tanzschule weiß ich, dass die Klientel überwiegend die sechzig überschritten hat.

«Du könntest es auch mal mit Facebook versuchen», springt meine Mutter ihr bei. «Da sollen ganz viele Männer angemeldet sein. Wir machen ein paar nette Fotos von dir, vor der Bergkulisse – vielleicht in einem Dirndl mit großem Ausschnitt. Dann wird das was!»

«Facebook», sagt Onkel Lothar lachend. «Neuester Schrei!»

Ich bin mir nicht sicher, ob er das ernst meint oder ob er die Kunst der Ironie mittlerweile perfektioniert hat.

«Ich hab ja gehört, dass man die nettesten Männer auf der Arbeit kennenlernt!», bringt Oma sich ein. «Ein Kollege, Tara, wär das nicht was?»

«Hab ich schon durch, danke», erkläre ich und denke mit Schaudern an die beiden einzigen Dates der Post-Kilian-Ära. An Ralf, den Mathelehrer, der in seiner Freizeit als Spieleabende getarnte SM-Orgien veranstaltet. Und an Dennis, den Vertretungslehrer vom Schönborngymnasium, der zum ersten Date einen Kanarienvogel samt Käfig mitgebracht hat, den er mir schenken wollte.

«Vielleicht will ich ja einfach gar keinen Mann mehr!», rufe ich.

Alles wird schlagartig ruhig, selbst Mama hört auf, Zwiebeln zu schneiden. Sie starren mich an, als hätte ich eben verkündet, in Omas Garten Dope anzubauen. Vermutlich wäre das sogar das geringere Übel. Keinen Mann zu wollen, ist noch skandalöser, als keinen zu finden. Der Superlativ weiblicher Unfähigkeit sozusagen.

«Ihr schaut mich an, als hätte ich nicht mehr alle Tassen im Schrank!»

«Na, wenn du so weitermachst, dann brauchst du auf Dauer ohnehin nur eine einzige Tasse», gibt Tante Ella zurück. «Denn dann bleibst du auf ewig eine alte Jungfer!»

Ich überlege, ihr zu sagen, dass sich das mit der Jungfräulichkeit in der Nacht erledigt hat, in der sie mir ihren alten Ford Fiesta geliehen hat. Ich lasse es besser.

«Ich heirate George Jackson», verkündet Saskia gut gelaunt. Sie meint George Michael, verwechselt ihn aber seines Nachnamens wegen immer mit Michael Jackson. Ich habe aufgehört, sie zu korrigieren, und George Jackson ist längst ein Insiderbegriff.

«Wollen wir ihr sagen, dass er tot ist?», raunt Kira mir zu.

Ich sehe sie warnend an. In diesem Fall ist es gut, dass meine Schwester so gerne flüstert, immer in der Angst, ihr Kind aufzuwecken.

Lothar hat sie dennoch gehört und winkt ab. «Ach was, vielleicht lebt der ja noch – so wie Elvis Presley und 2Pac.»

«Bestimmt haben die zusammen eine WG in Los Angeles?», sage ich eine Spur zu laut. «George kocht, 2Pac macht den Abwasch und Elvis die Wäsche.»

«Ein Irrenhaus ist das», kommentiert meine Mutter, und ich bin mir nicht sicher, ob sie die vermeintliche Rockstar-Kommune meint oder uns, ihre eigene Familie.

«Können wir nächstes Jahr Weihnachten mal nach Los Angels, George Jackson besuchen?», hakt Saskia nach.

«Saskia, der ist nichts für dich», versichere ich ihr.

«Du meinst, weil ich Down-Syndrom habe?» Saskia schiebt beleidigt die Unterlippe vor.

«Nein, weil George lieber einen Mann haben möchte.» Ich kassiere einen strengen Blick von Tante Ella und hebe entschuldigend die Hände.

«Stehst du vielleicht eher auf Frauen, Liebes?», nimmt meine Tante den Faden von vorhin wieder auf und macht ein mitfühlendes Gesicht. «Wird es deswegen nichts mit den Männern? Das wäre kein Problem, oder, Lore?» Sie wendet sich an ihre Schwester, meine Mutter.

Mama zuckt mit den Achseln. «Ich bin da ganz offen.»

Ich atme tief durch. «Nein, Tante Ella, aber vielleicht wäre das eine echte Alternative. Natürlich nur, wenn ich bei Facebook nichts finde.»

«Was hat Saskia denn immer mit George Michael?», raunt Kira mir zu.

«George Jackson», korrigiere ich ernst. «Ich hab ihr vor ein paar Wochen das Video zu *Last Christmas* gezeigt und gesagt, dass wir auch in so ein Haus im Schnee fahren.»

«Aber ich hab Tara gesagt, ich geh nur mit, wenn sie Liebkuchenparfüm macht!», stellt Saskia klar und reckt die Zuckerrübe bestätigend in die Höhe.

«Genau», sage ich, drehe mich zu ihr und drücke ihr einen Kuss auf die Wange. «Und deshalb gehe ich jetzt Lebkuchen kaufen für das Liebkuchenparfüm!»

«Na, dann viel Glück!», ruft Tante Ella mir hinterher, als wäre es völlig abwegig, am Heiligabend Lebkuchen zu kaufen, und nicht das Normalste auf der Welt.

«Bring bitte Milch mit! Und Zwiebeln, ich bin mir nicht sicher, ob das hier reicht», sagt Mama.

«Sag mal, kannst du schauen, was hier eine Stange Zigaretten kostet?» Onkel Lothar ist zum ersten Mal in Österreich. Ich befürchte, dass er die Alpenrepublik hin und wieder mit Tschechien verwechselt. Gestern hat er Papa gefragt, ob wir auf dem Heimweg noch böhmische Klöße essen gehen wollen. Mir wäre gerade eher nach einem Enzian.

Ich schnappe mir meine Jacke, stecke meine Hände in weiche Fäustlinge und stopfe meinen blonden Lockenkopf unter eine Strickmütze mit rosa Bommel. Dann trete ich aus der Tür.

Die Moonboots sinken in den Schnee, als würde ich ein Wattekissen betreten. Es ist, als gebe alles nach und würde weich unter der Wucht des Winters. Die Luft ist so klar und frisch und feierlich, wie sie es nur am Heiligabend sein kann. Als hätte man ihr ein wenig Glitter und Vanillezucker beigemischt. Ich gehe an einem Sportgeschäft vorbei und bestaune die vielen kleinen Lichter, die sich um die Balkone und unter den Dächern der kleinen, urigen Häuser spannen. In der Ortsmitte steht der prächtigste Weihnachtsbaum, den ich je gesehen habe. Sicher muss man ein erfahrener Alpinist sein, um sich zuzutrauen, auf die Spitze eines solchen Riesen einen goldenen Stern zu setzen.

In dem einzigen Supermarkt des Dorfes ist überraschenderweise nichts los. Ich schüttele mir die Schneeflocken von Mütze und Gesicht und ducke mich unter einer tief hängenden Glitzergirlande mit der Aufschrift «Fröhliche Weihnacht überall» hindurch. Eine Verkäuferin räumt Konserven in Regale und seufzt leise dabei.

Bis auf einen Typen mit schwarzer Mütze, der vor einem Weihnachtsregal steht und wahrscheinlich zur Kategorie «Geschenke-kaufe-ich-generell-erst-am-Vierundzwanzigstenkurz-vor-Ladenschluss» gehört, bin ich tatsächlich die einzige Kundin. Ich schlendere die Regale entlang, lege Vanillezucker, Eier, Sahne, Sternanis, Rotwein (mehrere Flaschen) und ein Glas Pflaumen in meinen Korb – bis nur noch die Lebkuchen fehlen. Die Lebkuchen, die ich weder bei den Süßigkeiten noch bei den Backsachen noch neben den Christstollen finde.

«Entschuldigen Sie, wo sind denn die Lebkuchen?», frage ich die Verkäuferin, die gegenüber vom Weihnachtsregal Fertigsoßen einsortiert.

Der Mann mit der schwarzen Mütze hebt den Kopf, dreht sich aber nicht um.

«Hammakoanemea», murmelt die Verkäuferin nicht unfreundlich.

«Wie bitte?», frage ich irritiert.

Mit spitzem Gesicht und leicht pikiert erklärt sie mir in bemühtem Hochdeutsch für dumme Touristen, dass das Weihnachtsgebäck in ihrem Laden selbstverständlich längst Geschichte ist. «Kommen S' nächstes Jahr wieder, aber wenn S' noch an Moment woarten, dann kann i Eaner die Osterhaserln geb'n.»

Entgeistert starre ich sie an und lasse mir dann weiter erläutern, dass man am Heiligabend selbstverständlich keine Lebkuchen mehr kaufen kann. Das geht an Ostern, manchmal auch im Hochsommer, aber doch auf gar keinen Fall an Weihnachten, wenn man sie braucht.

Ich höre es rascheln vom Weihnachtsregal. Zwischen Lametta, kitschigen Plüschrentieren und einem Restbestand Glühwein, der offenbar auch am 24. Dezember weniger ein Problem ist als Lebkuchen, taucht der Kopf des Bemützten auf. Selbst sein attraktives Dreitagebart-mit-Grübchen-Gesicht kann nicht über die Tatsache hinwegtäuschen, dass er etwas hinter seinem Rücken vor mir versteckt.

«Was ist das?», frage ich und strecke die Hand aus.

«Nichts», sagt er, während ich umständlich versuche, an ihm vorbei einen Blick auf das Päckchen zu erhaschen, das verheißungsvoll knistert.

«Moment mal, das ist doch … eine Packung Lebkuchen, und zwar mit Schokoüberzug – genau die, die ich brauche!» Ich sage es so bestimmt, dass gar kein Zweifel daran entstehen kann, dass ich ein Recht auf diese letzte Packung Lebkuchen habe.

«Ich habe sie zuerst gefunden!», sagt er mit der trotzigen Überheblichkeit eines kleinen Jungen. Dabei ist er etwa in meinem Alter. Groß, mit strammen Wadeln, wie Oma Hilde sagen würde, und mit einem Grinsen, das George Jackson auch nicht besser könnte. Er trägt schwere Boots, die vom Schnee ganz nass sind, und eine dunkle Skihose.

Ich räuspere mich. «Es wäre wahnsinnig nett, wenn Sie mir diese Packung überlassen würden! Es ist praktisch überlebensnotwendig, dass ich heute noch Lebkuchen kaufe.»

«Morgen gibt's a koane mehr», tönt die Verkäuferin bedauernd.

Er zuckt mit den Schultern. «Das würde ich sehr gerne, aber ich brauche diese Packung selbst unbedingt.»

«Warum?», platze ich heraus.

«Darum!», erwidert er.

«Aber das geht nicht! Ich muss Liebkuchenparfüm machen!»

Er runzelt die Stirn, und eine helle Locke löst sich aus seiner Mütze. Fast erschrecke ich bei dem Anblick, so ähnlich sieht diese Locke meinen eigenen.

«Was ist denn bitte Liebkuchenparfüm?»

«Lebkuchenparfait», korrigiere ich cool, als hätte ich nie etwas anderes gesagt.

Er zuckt wieder mit den Schultern. «Braucht kein Mensch, so ein Zeugs.»

«Doch, Saskia!», poltere ich empört, wie immer, wenn es um meine Cousine geht. Auch wenn er sie gar nicht kennt.

«Und du bist Saskias Privatköchin?»

Ich zögere. Genau genommen ist Lebkuchenparfait das Einzige, was ich zustande bringe. Ich kann überhaupt nicht kochen, geschweige denn backen. Aber das werde ich ihm bestimmt nicht auf die Nase binden.

«Ich bin Lehrerin, keine Köchin», sage ich eine Spur zu entschieden. Es klingt fast patzig.

«Ski oder Snowboard?», fragt er mit Blick auf die überteuerte puderrosafarbene Skijacke, die mir Kira schon bei unserer Abreise als vorgezogenes Weihnachtsgeschenk überreicht hat.

«Englisch und Geschichte», antworte ich.

«Ah, Mist», sagt er ironisch, «ich hätte zu gerne ein paar Nachhilfestunden auf der Piste genommen.»

«Tut mir leid, Unterstufe unterrichte ich nicht», kontere ich.

Noch immer hält er die lebensrettende letzte Packung Lebkuchen fest in den Händen. Sieht nicht so aus, als würde er sie mir kampflos überlassen. Er verzieht den Mund, und gerade als ich denke, dass daraus ein Lächeln wird, mustert er mich abschätzig und sagt: «Lehrerin, ja, das passt.»

«Was soll das denn heißen?»

«Na ja, diese Verbissenheit, man könnte fast sagen Besessenheit … ein paar Lebkuchen wegen.»

Ich beschließe, darauf nicht einzugehen, deute mit dem Zeigefinger auf die Packung und sage stattdessen: «Manchmal sind da Würmer drin.»

Jetzt breitet sich doch ein Grinsen auf seinem Gesicht aus.

«Ja!», rufe ich. «Weil sie schon so lange da stehen – genau genommen seit Ostern –, und der Zucker lockt die Viecher einfach magisch an. Ich würde sie zurückstellen.»

«Netter Versuch. Wie dem auch sei, ich war zuerst da!» Und zu meinem grenzenlosen Entsetzen reißt er die Plastikverpackung auf. «Ist doch okay, oder, wenn ich nachher bezahle?», wendet er sich an die Verkäuferin, die gleichmütig mit den Schultern zuckt. Dann nimmt er sich einen der Lebkuchen heraus und beißt herzhaft hinein.

«Das ist doch …», fange ich an.

Mit großmütiger Geste fasst er noch einmal in die Packung, klemmt sich einen weiteren Lebkuchen zwischen Daumen und Zeigefinger und bietet ihn mir an. «Einen könnte ich entbehren!»

«Pah!», mache ich.

«Roman», sagt er, steckt den Lebkuchen zurück und will mir jetzt wirklich die Hand reichen. «Und du?»

Ich mache auf dem Absatz kehrt – etwas ungelenk, was an den klobigen Snowboots liegt – und marschiere in Richtung Kasse. Hinter mir höre ich ihn lachen und spüre, wie mir das Blut in die Wangen schießt.

❋ ❋ ❋

Den ganzen Weg zurück zu unserem Ferienhaus ärgere ich mich. Ich stapfe durch den Schnee, der sich inzwischen wieder zentimeterdick auf den Gehwegen und Straßen ausgebreitet hat, weil endlich auch der Letzte aufgegeben hat, etwas gegen die weißen Massen tun zu wollen.

Ich bin wütend. Wegen der Lebkuchen und wegen Roman, dem Dieb.

«Wer holt Holz?», dröhnt Onkel Lothar gerade, als ich endlich durch die Eingangstür trete und mir in der plötzlichen Wärme der Wohnung so vorkomme, als wäre ich tagelang in einem Schneesturm unterwegs im Gebirge gewesen.

«Ah, Tara, du bist noch angezogen», sagt er.

«Die Bude hat eine Zentralheizung», murre ich, während ich die Tür hinter mir schließe und mich von meinen klammen Klamotten befreie. «Wir brauchen kein Holz.»

«Wer weiß, wie lange noch, bei dem Wetter», orakelt Mama und streckt die Arme nach den Zwiebeln. Ich würde ihr gerne erklären, dass die Gasleitung unterirdisch liegt und vom Schnee ziemlich unbeeindruckt sein dürfte, aber ich weiß, es wäre sinnlos.

«Na gut, na gut, ich mach's ja», sage ich, ziehe meine Jacke wieder an, drücke Mama die Einkäufe in die Hand und nehme den Weidenkorb für das Holz entgegen. Dann stapfe ich missmutig ums Haus herum, den Berg nach oben, zu einer der flachen Hütten, die aussehen, als würden sie unter der Last des Schnees gebückt am Hang hocken, und in denen die Holzvorräte für die Ferienhäuser lagern. Es ist unglaublich anstrengend und kräftezehrend, und als ich oben angekommen bin, fühle ich mich völlig erschöpft. So erschöpft, dass ich erst auf den zweiten Blick realisiere, dass sich jemand an unserem gut gefüllten Holzabteil mit dem niedlichen handgeschriebenen Schild «Ferienhaus 28» zu schaffen macht. Jemand, der mir bekannt vorkommt.

Schwarze Mütze, Dreitagebart, die Grübchen sind hinter einem Schal verborgen, aber ich habe ihn längst identifiziert. Der Lebkuchendieb aka Roman.

«Was machst du denn da?», schreie ich. Erfreut beobachte ich, dass er heftig zusammenzuckt und herumfährt.

«Voll erwischt, du Fisch, zappelst am Haken», rutscht es mir heraus, und ich möchte mir am liebsten auf die Zunge beißen. Kiras und meine alte Angewohnheit, in passenden Situationen Songtexte zu zitieren, hat sich vom Unterbewusstsein in die Realität gestohlen, und der ertappte Dieb fängt laut zu lachen an.

«Doch du hast keine Schuld, dafür muss das Lied haften», antwortet er mit einer Textzeile aus dem gleichen Lied der Beginner und sieht mich herausfordernd an.

Für einen Moment bin ich sprachlos. Ich bin noch nie einem Mann begegnet, der diese Witze versteht, geschweige denn darauf passend antwortet. Mir wird warm. Und dann fällt mir wieder ein, dass er gerade schon wieder etwas wegnimmt, das mir gehört.

«Was willst du mit unserem Holz?», frage ich misstrauisch.

«Heizen», antwortet er. «Mir ist kalt.»

«Dann heiz doch mit Lebkuchen ...», kontere ich und breche gleich wieder ab, um dem Ganzen nicht sofort die Ernsthaftigkeit zu nehmen.

Er reibt sich den Bauch. «Hält leider nicht lange an.»

«Du hast schon die ganze Packung gegessen?», frage ich. «In der kurzen Zeit?» Dabei ist das auch egal. Für Saskias Liebkuchenparfüm sehe ich ohnehin schwarz.

«Ja, sie waren ziemlich lecker, aber jetzt liegen sie mir schwer im Magen. Schlechtes Gewissen», erklärt er und verzieht das Gesicht.

«Reichlich spät – Saskia wird bestimmt sehr traurig sein heute Abend.»

«Das tut mir leid», sagt er, und es klingt fast ehrlich.

«Was soll's», erwidere ich. «George wird es schon richten. George richtet es immer.»

Er nickt, auch wenn er so aussieht, als verstünde er nichts. Wie denn auch.

«Das ist unser Holzabteil – Ferienhaus 28», stelle ich noch einmal klar und deute auf das Schild an der Tür. Nicht, dass er morgen noch anfängt, uns den Strom abzuzapfen.

Dann gehe ich an ihm vorbei und sammle einige Scheite, die

ich in den Korb lege. Vielleicht übertreibe ich es ein wenig, denn als ich den Korb anhebe, ist er so schwer, dass ich ihn kaum tragen kann. Kurz denke ich daran, ihn abzustellen und wieder auszuräumen, aber das lässt mein Stolz unter keinen Umständen zu.

«Mein Abteil ist leider leer», erklärt er. «Die haben wohl vergessen, Holz aufzufüllen. Da dachte ich ...»

«Ja, da dachtest du, klaue ich ihr erst die Lebkuchen und dann noch das Brennholz. Ziemlich viel kriminelle Energie für die Weihnachtszeit. Schlecht fürs Karma», schimpfe ich zwischen zusammengebissenen Zähnen. «Außerdem gibt es hier Zentralheizung!»,

«Aber wie lange noch», sagt er und deutet gen Himmel.

Ich muss wider meinen Willen lachen. «Du würdest dich gut mit meiner Mutter verstehen», rutscht es mir heraus. «Was machst du überhaupt hier?»

«Urlaub – mit meinen zwei Brüdern und ihren Familien. Ich bin der einzige Single, man könnte auch sagen, der Prügelknabe. Ich werde zum Holzholen, Schneeräumen, Lebkuchenstehlen und Babysitten genötigt.»

«Kenne ich», erkläre ich und verziehe das Gesicht zu einem gequälten Lächeln. Auch, weil der Korb unfassbar schwer in meinen Armen hängt.

«Darf ich dir helfen?», bietet er an.

«Nein, ich bin eine emanzipierte, selbstständige Frau, und du lässt besser die Finger von unserem Brennholz!»

Eine emanzipierte, selbstständige Frau, die sich ihrer Emanzipation wegen wahrscheinlich beide Arme brechen und sich wahnsinnig darüber ärgern wird, nicht weiter mit ihm sprechen zu können. Aber ich werde mir nicht von ihm das Holz nachtragen lassen. Um zu allem Überfluss die neugierigen Nasen meiner Familie sich an der Fensterscheibe platt drücken zu sehen.

«Also, tschüs dann», sage ich.

«Bis bald», erwidert er.

Den Korb in den Armen, mache ich mich an den Abstieg zu unserem Ferienhaus und habe Probleme, mich auf den Beinen zu halten. Der Berg ist verdammt rutschig. Wieso ist hier überhaupt alles hügelig und bergig? Wo ich doch am Strand liegen sollte … Ich schlucke einmal schwer und ein zweites Mal schon ein bisschen leichter, denn von oben glaube ich, die dreisteste Person weit und breit leise lachen zu hören. Und ich könnte schwören, dass er näselnd singt: «Ihr wollt ein Liebeslied. Ihr kriegt ein liebes Lied. Ein Lied, das ihr liebt …»

Am Nachmittag hat es endlich aufgehört zu schneien, und ich fahre Gondel mit Saskia. Nicht, weil sie auf den Berg will, sondern weil sie wie George im Video von *Last Christmas* Gondel fahren möchte. Immerhin kann ich ihr zumindest die Skier ausreden, die sie sich über die Schulter legen will. Also fahren wir hoch und wieder runter, um dann wieder hoch und runter zu fahren. Der Ausblick ist gigantisch. Weil der Himmel sich aufgeklart hat, können wir weit übers Tal hinwegsehen. Auf den See, der umgeben ist von verschneiten Tannen, auf die Passstraße, die sich nördlich des Tals wie auf Zickzackkurs durch die Gebirgswälder zieht, hinunter auf die Häuser und eine alte, längst ausrangierte Lok, die aussieht, als hätte man sie aus einem Weihnachtsmärchen direkt hierher gezaubert. Saskia freut sich riesig, redet ununterbrochen vom Liebkuchenparfüm und dem weißen Zucker auf den Bergen. Ich dagegen muss bestimmt nur deswegen ständig an Roman denken und habe dabei so ein seltsames Gefühl im Magen. Eines, das man eigentlich nur bekommt, wenn man viel zu viel Lebkuchen isst.

Als wir das vierte Mal nach unten fahren, meine ich einen Moment lang, ihn gesehen zu haben, und als wir das fünfte Mal hochfahren, bin ich mir fast sicher, dass es Roman ist, der von der Piste aus amüsiert zu mir hochguckt. Aber das kann auch einfach daran liegen, dass Saskia allen Menschen begeistert winkt, die unter uns im Schnee wie kleine Playmobilmännchen wirken.

Nach der sechsten Gondelfahrt, als uns die Mitarbeiter der Bahn schon irritierte Blicke zuwerfen, kann ich sie davon überzeugen, nur noch einmal abzufahren und dann nach Hause zu gehen, um den Weihnachtsbaum zu schmücken.

Saskia möchte unten noch ein bisschen der Gondel zuschauen, und weil sie dafür ja durchaus schon alt genug ist, erlaube ich ihr, noch eine Weile auf einer Bank sitzen zu bleiben, während ich schon vor gehe. Nicht ohne ihr das Versprechen abzunehmen, nach Hause zu laufen, sobald der große Zeiger der Uhr an der Bahnanlage das nächste Mal auf der Sechs steht.

❀ ❄ ❀

«Wir haben zu viel Deko für diesen Krüppel von einem Baum», schimpft mein Vater eine Stunde später im Ferienhaus lauthals, während Tante Ella die Äste unbeirrt weiter mit grässlich bemalten Schneekugeln schmückt, die meine Mutter wieder abhängt, um ihre klassischen, silbernen Glanzkugeln zu befestigen. Saskia ist inzwischen auch wieder zu Hause und sitzt neben mir auf dem Sofa.

«Wir könnten dich bei *Bauer sucht Frau* anmelden», schlägt Onkel Lothar vor und sieht mich nachdenklich an.

«Ich habe keinen Hof!», erwidere ich genervt und stecke mir einen frisch gebackenen Windbeutel in den Mund. Nicht ohne an Kilian zu denken, der mir Genuss an Windbeuteln eigentlich für immer hätte verderben sollen, weil er sich wie ein waschechter Windbeutel verhalten hat – was Oma nicht müde wird zu betonen.

«Ach was, wir holen den alten Traktor aus der Garage und setzen ein bisschen Holz vorm Haus auf», sagt Papa. «Wenn du willst, kaufe ich ein paar Hühner. Damit gehst du als Bäuerin durch.»

«Von mir aus, solange du nicht beim Dschungelcamp mitmachst», seufzt Mama, als wäre *Bauer sucht Frau* mit ihrer Zustimmung beschlossene Sache.

«Tara hat schon einen Freund», erklärt Saskia und zupft an ihrer Jacke herum, bis sie einen kleinen gefalteten Zettel in der Hand hält. «Da», sagt sie. «Soll ich dir geben. Von Roman.»

Sie spricht den Namen mit Betonung auf der zweiten Silbe aus und zieht das A in die Länge, sodass es klingt, als spräche sie von einem Buch. Nicht vom Lebkuchendieb.

«Wie kommst du denn dazu?»

«Hat er mir gegeben, als ich auf der Bank gesessen hab. Aber ich hab ihm gleich gesagt, dass ich ihn nicht heirate. Und du auch nicht. Dass wir beide George Jackson wollen und uns noch nicht geeinigt haben.»

Sofort fängt meine Familie an, wie irre durcheinanderzureden. *So schnell, Tara … Meine Güte, Kind, wie du das machst. Du bist ja ein richtiger Männermagnet … Jaja, ich sag's ja immer, am schnellsten lernt man jemandem im Urlaub kennen … Siehste mal, und du wolltest zu Hause sitzen und RTL gucken … Da gehen sie immer in Castingshows und ins Internet, um sich einen Partner zu suchen, dabei ist es doch so einfach …*

Ich schüttele den Kopf, kann mir das Grinsen aber nicht ganz verkneifen. Typisch für meine Familie, so zu tun, als wäre es der einzige Sinn meines Daseins, den nächsten Kerl anzuschleppen. Und sich selbst noch zu diesem fragwürdigen Erfolg zu gratulieren. Ohne dass sie auch nur irgendwas dazu beigetragen hätten.

Ich falte den Zettel auseinander. Ein bisschen nervös schon, zugegeben. Roman schreibt: *Ich denke, wir sind quitt. Ich: Lebkuchen und Holz. Du: Mein Herz. Treffen wir uns oben an der Hütte, Abteil Ferienhaus 28 – 18:30 Uhr?*

«Pff», mache ich, merke aber, wie mir die Hitze schon wieder den Hals hochkriecht. Bevor ich reagieren kann, hat mir Kira den Zettel schon aus der Hand gerissen und liest ihn laut vor.

«Da gehst du hin», sagt Oma Hilde bestimmt, nachdem Tante Ella und Mama in «Oooohs» und «Aaaaahs» vergangen sind. «Doch Kind, das muss sein», erklärt sie, wie früher, wenn sie mich zum Beichten in die Kirche geschickt hat.

«Aber doch nicht allein!», widerspricht Mama. «Wir kennen den Kerl ja nicht. Es könnte ein Verrückter sein!»

Der Einwand bringt mich zum Lachen. Verrückter als meine Familie wohl nicht, das ist kaum möglich.

«Saskia könnte doch mitkommen», schlägt Onkel Lothar vor. «Als Anstandsdame!»

Und dann fangen sie alle wieder an, durcheinanderzureden, bis Kiras Baby mit den Patschehändchen die untersten Kugeln des zu kleinen Weihnachtsbaums erwischt und zwei von Tante Ellas heiß geliebten handbemalten Glöckchen – die mit dem schrecklichen Rosenmotiv – auf dem Boden in tausend Scherben zerspringen.

«Ich mach dir die Haare, wenn du willst!», flüstert Saskia, die das Flechten für sich entdeckt hat, gönnerhaft.

«Lieb von dir», antworte ich.

«Aber sie wird doch eine Mütze tragen!», wirft Tante Ella ein.

«Baby it's cold outside», singt Kira amüsiert.

Ich schüttele verzweifelt den Kopf. Selbst wenn man kein Windbeutel ist, muss man denken, dass diese Familie einen an der Waffel hat. Ein wenig tut der Gedanken an Kilian weh. Und vielleicht gibt das den Ausschlag, dann kurz vor halb sieben tatsächlich das Haus zu verlassen. Natürlich nicht ohne eine Menge guter Ratschläge (*Man bekommt nur eine Chance für den ersten guten Eindruck* – Oma Hilde, *Es gibt Kondome mit Wärmeeffekt, falls es da oben ein wenig zu frisch werden sollte* – Kiras Ehemann, auch aufgrund solcher Aussagen nicht namentlich zu benennen).

❦ ❋ ❦

Dicht und dick hat sich die weiße Pracht wie eine Gewichtsdecke auf die Landschaft gelegt. Der Mond strahlt scheinwerfergleich auf die Wiesen im Winterschlaf. Es ist so hell und schön, dass es kaum auszuhalten ist. Jeder Schritt im Neuschnee kommt mir wie Blasphemie vor. Viel zu prächtig ist der Anblick, um ihn mit simplen Fußtritten zu zerstören.

Roman sitzt mit seiner schwarzen Mütze, in einer hellen Jacke und mit lang ausgestreckten Beinen an einem zu einem Tisch umfunktionierten Holzstamm, auf den er ein blau-weiß gemustertes Tischtuch gelegt hat. Irgendwie hat er es geschafft, eine Lichterkette am First des Heuschobers zu befestigen. Ich bin ehrlich gerührt. Zwei Becher mit dampfender Flüssigkeit stehen auf dem Tischchen und ein Teller mit genau zwei Lebkuchen. Ein breites Grinsen zieht sich von einem meiner Mundwinkel bis zum anderen.

«Hi», sage ich.

«Hi», antwortet er, geht auf mich zu und zuckt in letzter Sekunde davor zurück, mich zu umarmen. Wir geben uns steif die Hand, was sich wirklich seltsam anfühlt. Nicht nur, weil ich Handschuhe trage.

«Ist es für George okay, dass du hier bist?», fragt er schelmisch und bricht damit das Eis.

Ich setze mich ihm gegenüber auf einen der zwei weiteren, etwas niedrigeren Holzstämme, die als Stühle dienen. «Denke schon.»

«Was ist das?», will Roman wissen und streckt die Hand nach meinen Haaren unter der beigen Strickmütze aus, um kurz vor einem der kunstvoll geflochtenen Minizöpfchen innezuhalten.

«Das ist eine Frisur, die Saskia mir verpasst hat.»

«Bezaubernd», sagt er und grinst. «Also, wie kommt es, dass George sich nicht zwischen dir und Saskia entscheiden kann? Nicht, dass die Entscheidung leicht wäre», fügt er hinzu. «Oder ich neugierig.»

Ich seufze. «Genau genommen war es Kilian, der Windbeutel, der sich nicht entscheiden konnte.»

«Windbeutel mochte ich noch nie, viel zu süß.»

Ich muss lächeln. «Ja, mir ist Parfait auch lieber, aber das fällt dieses Jahr ja flach.»

Er lacht jetzt auch und deutet auf den Teller. «Bedien dich.»

«Wir hätten heute geheiratet», platze ich heraus. «Kilian und ich.»

«An Heiligabend?»

«Ja ... auf einer Insel in der Karibik. Und um mich abzulenken, hat meine Familie dieses Gegenprogramm gebucht. Keiner von ihnen kann Ski fahren, und an Weihnachten nicht zu Hause zu sein, ist für gewöhnlich undenkbar. Aber um Tara, das arme

Häschen, auf andere Gedanken zu bringen, sind sie mit mir hierhergefahren.»

«Tara also.»

«Ja, Tara.»

«Schön», sagt er und sieht mir in die Augen. «Tolle Geschichte, wenn auch ein bisschen traurig, aber sehr lieb von deiner Familie.»

«Erzähl mir was von dir!», ermuntere ich ihn, während er mir den Becher mit Glühwein reicht.

«Okay. Ich verbringe seit meinem achten Lebensjahr jedes Weihnachten hier. Anfangs mit meinen Eltern, jetzt mit meinen Brüdern. Dieses Jahr hatte ich eigentlich vor, mit meiner Freundin Ramona nach Kuba zu fliegen, aber sie hat mich vor ein paar Monaten abserviert, weil sie sich in ihren zwanzig Jahre älteren Chef verliebt hat.»

«Deine Freundin hieß Ramona?» Ich runzle die Stirn. «Roman und Ramona. Das musste ja schiefgehen.»

«Ich hatte etwas mehr Mitleid erwartet», beschwert er sich.

«Und ich hatte mehr so etwas wie «Ich bin Roman aus Heidelberg und arbeite als Zahnarzt» erwartet.»

Wir grinsen uns an.

«Bei Kilian war es übrigens die zehn Jahre jüngere Assistentin», sage ich, und als ich es ausspreche, tut es zum ersten Mal nicht mehr weh.

Vielleicht auch, weil Roman sofort lästert: «Wow, das klingt, als hätte seine Neue gerade frisch die Grundschule hinter sich gebracht. Was für ein Idiot.»

Roman kommt aus Rothenburg, nicht aus Heidelberg. Und er ist kein Zahnarzt, sondern Bauzeichner und Hobbylandwirt. Onkel Lothar wird sich freuen und seine Idee mit *Bauer sucht Frau* feiern. Ich kann förmlich hören, wie er sagt: *Du hättest ihn spätestens in der Sendung kennengelernt. Die Erfolgsquote ist gigantisch.* Auch wenn unser gemeinsames Schicksal als Verlassene uns mehr als genug Gesprächsstoff geben dürfte, haben wir beide gar keine Lust mehr, der Vergangenheit nachzuhängen, weshalb wir uns schnell in anderen, viel schöneren Themen verlieren. Wir sprechen darüber, wie wichtig uns beiden Familie ist, lachen über die Kuppelversuche seiner Brüder, die in den vergangenen Tagen nichts unversucht gelassen haben, ihn an die Frau zu bringen – von der eifrigen Hüttenkellnerin über die überschminkte Reinigungsfachkraft bis hin zur Snowboardlehrerin, die ihm fehlendes Talent fürs Boarden, aber einen knackigen Hintern attestiert hat –, und philosophieren darüber, dass so eine Schneedecke einem das Gefühl geben kann, darunter ganz neu anfangen zu können.

«Und dann war da dieses Mädchen mit den Locken – ich dachte, das kann nicht sein, die sehen ja genauso aus wie meine. Ein Mädchen, das so hartnäckig um die letzten Lebkuchen kämpft.» Er lächelt verschmitzt. «Ich war sofort beeindruckt.»

«Ich muss dir zwei wichtige Fragen stellen», sage ich und nicke, als er mir noch einen Glühwein anbietet. Auch wenn mir nicht nur das warme Getränk und die heimelige Atmosphäre des Schuppens langsam zu Kopf steigt.

«Leg los!»

«Was hältst du von Spieleabenden, und besitzt du einen Kanarienvogel?»

«Ich hasse Spieleabende, das ist für mich der Inbegriff von Nerdigkeit. Und nein, ich besitze keinen Kanarienvogel, weil meine Katze den wohl schon genüsslich verspeist hätte.»

Ich nicke ernst.

«Ist das jetzt gut oder schlecht?», hakt er nach und verzieht gespielt ängstlich das Gesicht.

«Hervorragende Antwort. Das Mädchen würde dir jetzt gerne einen Kuss stehlen», erklärt meine Stimme zu meinem eigenen Erschrecken eigenmächtig.

«Ich würde sagen, du hast noch etwas gut in Sachen Diebstahl», erwidert er leise.

Und dann rutscht er zu mir rüber und zieht die Handschuhe aus. Mit seinen warmen Händen streift er meine von den Fingern, und ich bin mir sicher, dass mir nie zuvor jemand ein Kleidungsstück so erotisch ausgezogen hat wie Roman, der Lebkuchendieb, jetzt meine Handschuhe. Ich spüre seinen Atem auf meinen Lippen, sehe in seine dunklen, braunen Augen, und dann ist da sein Mund, der süß und männlich zugleich schmeckt. Minzig herb und zuckrig. Und ja, da wartet definitiv ganz viel Frühling hinter dem langen Winter. Unsere Münder erkunden einander gierig, hungrig, und vielleicht sind wir beide ein klein wenig aus der Übung. Ich möchte nicht mehr aufhören, und ein Gedanke stiehlt sich in meinen Kopf: Wie gut, dass Kilian weg ist, sonst hätte ich nie wieder einen ersten Kuss erlebt. Schon gar nicht so einen wie diesen.

«Hmm hmmm», räuspert sich jemand hinter mir, und ich schrecke hoch. Roman auch. Mit einem hauchzarten Geräusch lösen sich unsere Münder voneinander.

«Tante Lore sagt, beim ersten Diät küsst man sich nicht!», empört sich Saskia, die neben uns aufgetaucht ist wie ein Geist.

«Saskia», keuche ich. Wie leer sich meine Lippen auf einmal anfühlen. Ich lecke darüber, als könnte ich Roman dadurch noch ein wenig länger spüren.

«Kommst du mit heim? Papa meinte, ich darf ein bisschen Mäuschen im Schnee spielen, aber ich traue mich nicht allein runter.»

«Gerade bist du mehr der Grinch als ein Mäuschen, Saskia»,

sage ich und lächle sie an. Roman lächelt auch, und allein dafür, für diesen Blick, bin ich ein winzig kleines bisschen verliebt.

Saskia wendet sich an Roman. «Wenn einer außer George Chancen bei mir haben soll, dann müsste der schon Lebkuchen dabeihaben», erklärt sie ernst. «Aber keine angebissenen», fügt sie hinzu und deutet in Richtung Teller.

«Ich hab verstanden», sagt Roman und nickt ihr zu.

«Sehen wir uns wieder?», fragt er, als ich aufstehe, um Saskia nach unten zu begleiten.

«Du hast sie gehört – wenn jemand außer George Jackson bei uns Chancen haben will, muss er Lebkuchen dabeihaben!» Ich zwinkere ihm zu, auch wenn ich ihn viel lieber noch einmal geküsst hätte.

Den ganzen Weg durch den Schnee nach unten muss ich mich zwingen, nicht zu springen wie ein Schneehase oder ein Reh, das zum ersten Mal in seinem Leben durch die weiße Pracht stäubt.

❀ ✳ ❀

«Wir haben uns Saskia zuliebe dieses Jahr für *Last Christmas* von *Wham* entschieden, und wir tanzen den Cha-Cha-Cha», kommandiert Tante Ella wenig später, als die weihnachtliche Charade bevorsteht. Andere Familien singen vor der Bescherung, wir tanzen. Saskia steckt in ihrem Lieblingsrock, einem pinken Albtraum von H&M, Tante Ella hat sich in ihr Glitzerkleid gequetscht, das leider schon seit fünf Jahren drei Nummern zu klein ist, und Mama trägt ein kleines Schwarzes, weswegen ihr Papa immer wieder auffällig an den Hintern fasst. Die Männer der Familie haben sich in bonbonfarbenen Weihnachtsstrick ohne jeglichen Chic geschmissen. Das besondere Detail an Kiras Outfit ist der große Breifleck auf ihrer Brust, und ich habe das Strandkleid, das ich mir aus Trotz mitgenommen hatte, gegen dunkelblaue Leggins und einen Pulli mit Schneeflocken getauscht. Zu sehr hat sich das hellgelbe Hängerchen wie ein Brautkleid angefühlt.

Wir gehen in Aufstellung. Ich tanze mit Onkel Lothar, Saskia mit Kiras Mann, Kira mit dem Baby und Oma Hilde, Tante Ella dirigiert, und Mama und Papa kleben aneinander wie Teenager kurz vor der ersten ungeschickten Kopulation.

Gerade als George lautstark das erste Mal «This year, to save me from tears» singt, klingelt es an der Tür.

«Wer stört denn jetzt?», empört sich Tante Ella.

«Der Grinch?», fragt Saskia.

«Vielleicht ist es Kilian, und er hat es sich anders überlegt!», wirft Mama hoffnungsvoll ein. Sie hat Kilian nicht verziehen, dass er mich verlassen hat, kann sich aber auch nicht ganz damit abfinden, dass er nicht ihr Schwiegersohn werden wird.

«Ich gehe!», rufe ich und tänzele in Richtung Tür. Ich öffne sie langsam und sehe erst einmal gar nichts, außer einer riesigen Keksdose mit Paisley-Muster, die so hässlich ist, dass selbst Tante Ellas Weihnachtsglöckchen dagegen wie Kunstwerke wirken.

«Entschuldige diese Ausgeburt an Hässlichkeit», sagt eine dunkle, inzwischen vertraute Stimme und tippt mit dem Finger gegen das Metall. Dann senkt sich die Dose, und dahinter taucht das Bart-mit-Grübchen-Gesicht auf. Roman. Mein Herz sprüht sofort Funken wie eine Wunderkerze. Er hebt den Deckel der Dose, und ein köstlicher Geruch weht mir entgegen. Eine Mischung aus Anis, Nelken und Sultaninen. Und tatsächlich, in der Dose befinden sich geschätzte drei Dutzend selbst gebackene Lebkuchen.

«Für das Liebkuchenparfüm», sagt er fast schon schüchtern und entschuldigend.

«Wow, hast du die selbst gebacken?»

Er zuckt mit den Achseln. «Mit ein bisschen Hilfe meiner Schwägerinnen.» Er deutet hinter sich. «Könnte sein, dass sie sich neugierig hinter den Tannen vor eurem Haus verstecken und beobachten, ob ich das hier richtig mache.»

Ich grinse, und dann lasse ich mich einfach in seine Arme fallen – mit Keksdose dazwischen.

«Ist es George?», ruft Saskia aus dem Wohnzimmer.

«Nein», krächze ich heiser über meine Schulter hinweg. «Roman. Aber er hat Lebkuchen mitgebracht.»

Und dann presse ich meine Lippen auf Romans Mund. Er schmeckt nach Zimt, nach Schneegestöber und ... Weihnachten.

Ich glaube, ich lasse mir das Rezept geben. Vorsichtshalber, für nächstes Jahr.

Taras
Lebkuchenparfait / Liebkuchenparfüm

... Windbeutel wolltet ihr ja keine, oder?

Zutaten

180 g Zucker
2 EL Vanillezucker
1–2 TL Lebkuchengewürz
4 große Eier
5 EL Milch
5 Lebkuchen mit Schokolade oder je nach Geschmack mit
Zuckerguss
400 ml Schlagsahne

Zubereitung

Zucker und Lebkuchengewürz gut mischen. Die Eier mit Milch und
der Gewürz-Zucker-Mischung cremig rühren. Die Masse in einem
heißen Wasserbad (Achtung: Das Wasser sollte nicht kochen) auf-
schlagen, bis sie sichtbar dicklich wird. Schüssel aus dem Wasserbad
nehmen und immer wieder rühren, bis alles abgekühlt ist.

Die Lebkuchen in kleine Würfel schneiden und eine Kuchenform
(am besten Kasten) mit Frischhaltefolie auskleiden. Als Nächstes
Sahne steif schlagen und unter die abgekühlte Eiermasse heben.
Dann die Lebkuchenstücke daruntermischen. Die Masse schließlich in die Form füllen, bei Bedarf glatt streichen. Das Parfait mit

einer Folie abdecken und am besten über Nacht, jedoch mindestens sechs Stunden, ins Gefrierfach stellen.

Vor dem Servieren kurz antauen lassen. Guten Appetit!

SANDRA LÜPKES

Aller Augen warten

Drei Tage nach Sünnerklaas 1923

Als sie Cord im Frühling vor dem Altar versprochen hatte, ihm überallhin zu folgen, war Johanna nie in den Sinn gekommen, es könnte eine Insel sein. Als Pfarrfrau einer Fünfzig-Seelen-Gemeinde im Harz wäre sie zufrieden gewesen und fromm. Ebenso in einer zugigen Stadtpastorei mit Straßenlärm zu nachtschlafender Zeit. Doch ihre neue Heimat reizte Johannas Demut bis an die Schmerzgrenze. Die Insel, auf der Cord seine langersehnte erste Pfarrstelle angetreten hatte, lag am äußersten Zipfel des Landes, war windig und karg, nur einmal am Tag fuhr ein Schiff, zumindest in den Sommermonaten, wenn die zahlenden Gäste das Eiland bevölkerten. Doch Cord und Johanna waren im gottverlassenen November vom Festland übergesetzt. Da wurde die Verbindung mit dem Rest der Welt gekappt, und man war der Gunst von Frachtkapitän Freese ausgeliefert, der unter Deck zwischen Säcken und Kartons ein bisschen Platz für Passagiere freiräumte, wenn es denn unbedingt sein musste.

Johannas Zunge war längst wund und geschwollen, so oft biss sie sich am Tag darauf, um nicht zu jammern.

Cord hingegen war selig. Das Loch im Reetdach des geduckten Backsteinhäuschens im Dünental fand er romantisch. «So können wir nachts des Schöpfers Sterne zählen!» Den sandigen Garten, von Kaninchen zerwühlt, bezeichnete er höchstens als

Herausforderung und zitierte das Hohelied: «Stehe auf, Nordwind, und komm, Südwind, und wehe durch meinen Garten, dass seine Würzen triefen!»

«Bislang bläst es die ganze Zeit aus Ost», hatte Johanna ausnahmsweise gekontert. Schließlich würde sie es sein, die dort ackern musste, sobald der eisige Winter vorüber war, während Cord im Arbeitszimmer mit sauberen Fingern in der Heiligen Schrift blätterte.

Die Schönfärberei ihres geliebten Gatten gipfelte jedoch regelmäßig darin, die «offenen Herzen der Insulaner» zu preisen, obwohl die überwältigende Mehrheit am Sonntagmorgen das herbe Bier dem Messwein vorzog und lieber bei Wübbels am Stammtisch saß als auf der Kirchenbank. «Spätestens an Heiligabend kommen sie in den Gottesdienst.» Da war sich Cord sicher. «Und wenn sie mich dort erst haben predigen hören, erscheinen sie jeden Sonntag, das verspreche ich dir – und unserem Herrgott!»

Sprach Cord wirklich von denselben Menschen, die Johanna im winzigen Laden in der Friesenstraße den letzten Krümel Schinken, den ausgefransten Strunk Grünkohl vor der Nase wegkauften? Obwohl sie doch unübersehbar schwanger war und ihre Augenringe davon zeugten, wie nötig sie zu Kräften kommen musste. «Sei milde, Liebste», versuchte Cord sie stets zu trösten. «Das ist die Wirtschaftskrise. Überall in der Welt ist die Nahrung knapp, nicht nur hier auf der Insel. Sei geduldig und vertraue auf Psalm 145.»

Johanna war bibelfest genug, um zu verstehen, was er meinte: *Aller Augen warten auf dich, Herr, und du gebest ihnen ihre Speise zur rechten Zeit.* Doch wann, oh Himmel, war die rechte Zeit? Spätestens ja wohl an Heiligabend. Oder doch erst Neujahr? Sie wünschte, das Papier der Bibel wäre essbar wie die Oblaten beim

Abendmahl. Dann würde ihr dicker, runder Leib endlich mit dem Knurren aufhören.

Doch heute, drei Tage nach Sünnerklaas – wie der Nikolaus im hohen Norden genannt wurde –, waren Johannas Taschen gefüllt mit Milch, Zucker, Weißmehl, Butter, Wurst, Äpfeln, Nüssen … ach, einfach mit den herrlichsten Dingen, auf die sie lange hatte verzichten müssen. Ebbe und Flut lagen so günstig, dass Kapitän Freese am frühen Morgen zum Festland gefahren war und erst jetzt, am Abend, wieder zurückkehrte. Johanna hatte die Gelegenheit für einen Reisetag genutzt und saß nun völlig erschöpft auf der Holzpalette im dämmrigen Bauch des Frachtschiffs, eingeklemmt wie ein gepökelter Hering im Fass. Und das ausgerechnet neben Wübbels, dem Inselwirt, dessen Wintermantel nach nassem Schaf roch.

Die Bullaugen, durch die sie von ihrem Sitzplatz aus in die dunkle Nacht starren konnte, beschlugen von den Ausdünstungen der vielfältigen Fracht, denn Kapitän Freese hatte neben den beiden Passagieren auch eine Kiste geladen, aus der es aufgeregt gackerte. Und weiter vorne im Verschlag warteten vier neugierige Ferkel darauf, vom Domänenbauer im Inselwesten gemästet zu werden.

Als wäre die Luft nicht schon dick genug, steckte Wübbels sich nun eine Zigarre an, wohl um Konversation genauso zu vermeiden wie den Blickkontakt. Vielleicht – nein, ganz sicher – hatte er schlimme Dinge auf dem Kerbholz und sorgte sich, eine Pfarrfrau könne in seine verlorene Seele blicken.

Doch selbst wenn sie diese Gabe besäße, Johanna wäre dazu viel zu müde. Den lieben langen Tag war sie trotz Winterkälte im Küstenstädtchen unterwegs gewesen, hatte sich ausnahmsweise Bohnenkaffee und Sahnetorte gegönnt, hatte Windeln gekauft und weiche Wolle für Strampelanzug und Babyjäckchen. Sie hatte sogar einen Frauenarzt aufgesucht, der gottlob bestätigte, dass alles in bester Ordnung sei und sie vielleicht sogar mit einem Christkind rechnen könne. Beinahe wäre Johanna am Abend das Schiff vor der Nase weggefahren, denn die Schlange vor dem Lebensmittelladen hatte bis zum Deich gereicht. Doch dann winkte der Verkäufer die Hochschwangere vor, und Johanna konnte knapp vor der Abfahrt den letzten Rest des Monatsgehalts in Lebensmittel investieren, die hier deutlich günstiger waren als auf der Insel und hoffentlich bis zu den Feiertagen reichten. Nie zuvor hat ihr ein Tütchen Neujahrskuchen solche Freude bereitet wie jetzt, da das Aroma von Anis und Kardamom durch die Ritzen der Einkaufstasche drang und mit dem Muff von Wübbels Winterkleidung und seinem Zigarrenqualm konkurrierte. Cord war ein bescheidener Mann, doch die knusprig-süßen Waffelröllchen, die es nur hier im Norden gab, liebte er über alles, und Johanna konnte es kaum erwarten, ihn gleich damit zu beglücken.

Eine Stunde waren sie inzwischen auf dem Wattenmeer unterwegs und hatten bereits das Seegatt zwischen den Inseln passiert. Ohne nennenswertes Geschaukel, denn der seit Tagen vorherrschende frostige Ostwind sorgte für spiegelglatte See. Außerdem war Nipptide. «Sonne und Mond stehen im rechten Winkel zueinander, da läuft nicht so viel Wasser auf wie sonst», hatte Kapitän Freese erklärt, als Johanna anfangs beunruhigt gefragt hatte, warum der Meeresgrund an den Planken scheuerte. «Das ist völlig normal, Frau Pastor! Setzen Sie sich einfach wieder unten hin und halten sich gut fest, manchmal kommt so eine Untiefe ganz plötzlich, dann ruckelt es tüchtig an Bord.»

Aber noch war alles ruhig geblieben. Johanna gähnte. Das sonore Wummern der Schiffsmotoren lullte sie ein, und sie kämpfte gegen die Müdigkeit, indem sie sich ausmalte, was sie alles kochen würde die nächsten Tage. Bratkartoffeln. Linsensuppe. Den Rotkohl könnte sie Weihnachten zubereiten, mit Äpfeln und Schmalz, Nelken und … Mit einem Mal wurde ihr der Kopf schwer, sie dämmerte weg und kippte seitlich gegen Wübbels fleischige Schulter, die weich war wie ein Kissen. Nicht lang, bestimmt nicht, schon schreckte sie wieder hoch. «Entschuldigung!»

Wübbels brummte nur und zog an seiner Zigarre. Er war wirklich kein Mann, an dessen Schulter eine Pfarrfrau sich ausruhen sollte. Ein grobschlächtiger, einsilbiger Junggeselle. Die geplatzten Äderchen im Gesicht verrieten seine Affinität zum Schnaps. Davon abgesehen, verkaufte er unter seinem Tresen angeblich Fotografien von Frauen in Unterwäsche.

Erst jetzt fiel Johanna auf, wie still es war. Nicht nur das Vieh schwieg, sondern auch die Motoren. «Was ist passiert?»

«Stecken geblieben.»

«Nein!» Johanna richtete sich auf, strich die Röcke glatt und kletterte die schmale Stiege nach oben ins Ruderhaus. Der Kapitän fläzte sich hinter dem Steuer, seine Beine ruhten auf dem Tisch, in dem Kompass, Echolot und das altersschwache Funkgerät eingebaut waren. Statt konzentriert in die Nacht hinauszuschauen auf der Suche nach dem Wasserweg, der das Schiff zu den Lichtern am Horizont führte, hatte er die Mütze tief ins Gesicht gezogen.

«Bitte, Kapitän Freese, fahren Sie weiter! Mein Mann steht sicher schon wartend am Hafen.»

Er rührte sich kaum. «Der weiß Bescheid und wärmt sich bestimmt längst wieder zu Hause am Kaminofen.»

«Wieso?»

«Hab es an die Insel durchgefunkt: Vor morgen früh wird das nichts.»

«Aber ...»

Nun richtete der Kapitän sich ein wenig auf. «Tut mir leid. Wir sitzen zu tief im Schlick und müssen die nächste Flut abwarten.»

«Himmel! Wie konnte das passieren?»

«Ich hab's Ihnen doch erklärt, Frau Pastor: Ostwind, Nipptide, außerdem sind wir mit ordentlich Schmackes auf die Sandbank gerauscht.»

«Davon habe ich überhaupt nichts bemerkt.»

«Na, Sie waren ja auch tief und fest eingeschlafen ...» Das Grinsen, das der Kapitän bislang mit Mühe unterdrückt hatte, brach sich nun doch Bahn. «... in den Armen von ...»

Johanna hätte schreien mögen, um genau zu sein: sogar fluchen! Sie kannte durchaus ein paar Wörter, bei denen es Cord die Sprache verschlagen hätte. Stattdessen tauchte sie, still und leise wie immer, zurück in die Luke.

Wübbels hatte seine Zigarre inzwischen aufgeraucht. Dafür öffnete er nun den Verschluss einer Flasche, hob das Bier an die Lippen und trank mit großen Schlucken. Den Blick auf seine raue Hand gerichtet, als studiere er die schwarzen Ränder seiner Fingernägel.

Johanna verzichtete darauf, sich wieder neben ihn zu quetschen. Dann lieber eine Bettstatt hinten bei den Ferkeln – oder die ganze Nacht stehen. Sie lehnte sich gegen die Stiege.

«Ist nur Bier da», sagte Wübbels.

«Schon gut.»

«Sonst hätte ich was abgegeben.»

«Sehr nett.»

«Soll ja schädlich sein, wenn man ...» Er legte sich die Pranke auf den Bauch, der mit Johannas durchaus Ähnlichkeiten aufwies.

«Ich trinke nie», behauptete Johanna.

Dann schwiegen sie wieder. Hörten das Knirschen der Bordwände, das Gluckern des ablaufenden Meerwassers und manchmal ein Tier, das im Stroh raschelte. Zweimal musste Wübbels rülpsen, entschuldigte sich aber direkt.

Cord, so wusste Johanna, hätte schon längst einen Choral angestimmt. *Es kommt ein Schiff geladen* würde passen, sowohl für den Advent als auch für die äußeren Umstände. Oder er spräche ein Gebet: *Christ Kyrie, komm zu uns auf die See.*

Nun, besser nicht, dachte Johanna, für den wäre gar kein Platz hier unten.

«Warum lächeln Sie?», fragte Wübbels.

«Ich lächele nicht.»

«Nie?»

«Und heute erst recht nicht.»

Ihre Beine wurden allmählich schwer, und die Füße schwollen in den dicken Stiefeln an. Alle naselang verlagerte sie das Gewicht mal auf die linke, mal auf die rechte Seite, und sie begann sich zu ärgern, dass Wübbels nicht im Entferntesten auf den Gedanken kam, wenigstens für eine kurze Zeit seinen Platz zu räumen.

Die aus dem Mantel gekramte Taschenuhr verriet, dass es noch vor Mitternacht war. Um diese Zeit gingen Cord und sie für gewöhnlich zu Bett, das Johanna zuvor mit zwei kupfernen Flaschen angewärmt hatte. Dann lagen sie nebeneinander und schauten durch den Spalt in den Himmel. Wenn es regnete, spannten sie einen Schirm auf und hängten ihn über die Matratze. Cord las noch einmal den Psalm des Tages vor, sie sprachen gemeinsam das Vaterunser, und dann, kurz vor dem Einschlafen, schob Johanna ihr rechtes Bein zu ihm hinüber und verschränkte ihren kleinen Zeh mit seinem. Es hatte etwas Akrobatisches und kitzelte wunderschön …

«Sie lächeln ja schon wieder!»

«Und Sie trinken bereits das dritte Bier!»

Johanna rechnete. Der Kapitän hatte gesagt, man müsse bis zum nächsten Hochwasser warten. Bis dahin vergingen noch ungefähr sieben Stunden. Das letzte Mal gegessen und getrunken hatte sie im Café im Küstenstädtchen. Und der Frauenarzt hatte ihr geraten, gerade in den letzten Tagen der Schwangerschaft weder Durst noch Hunger zu leiden.

«Würden Sie mal in meiner großen Tasche nachschauen, ob Sie etwas Milch finden?»

Wübbels tat es ohne ein Wort, kramte und wühlte und reichte ihr wenig später die Flasche, in die der Lebensmittelhändler vorhin einen Liter frisch abgefüllt hatte. Sie trank ohne Manieren und merkte, wie nötig diese Stärkung war. Eigentlich hatte sie Cord versprochen, morgen Milchsuppe mit Klunkern zu kochen, seine Leibspeise. «Ahhh!» Nun würde es dafür nicht mehr reichen.

Wübbels schaute sie entgeistert an.

«Gut, Sie haben mich tatsächlich erwischt: Ich lächle!»

«Na also!» Er nahm die nur noch halb volle Milchflasche entgegen, um sie wieder in der Tasche zu verstauen.

Zu Johannas Verwunderung zog er anschließend die Wolle heraus. Die drei verschiedenen Farben waren etwas nachlässig in Zeitungspapier eingeschlagen und zwischen den anderen Einkäufen verstaut gewesen. «Soll ich?», fragte er und hielt seine beiden angewinkelten Arme ein Stück auseinander, damit Johanna verstand, was er meinte. «Wir haben doch sowieso zu viel Zeit. Und wenn das Garn noch länger zwischen Ihrem Kuddelmuddel rumfliegt, kriegen Sie es nie wieder entknotet.»

«Gern.» Mehr brachte Johanna nicht heraus.

Wübbels schob sich die Ärmel seiner fleckigen Jacke nach

oben, legte den grün gefärbten Strang über die nackten Handgelenke und zog ihn etwas straffer. Dabei bemerkte Johanna das blassblaue Kreuz auf der Haut, dann wurde es von der Wolle verdeckt. Wübbels reichte ihr das lose Garnende. «Kann losgehen.»

Johanna begann mit dem Wickeln, rollte den flauschigen Faden zu einem immer größer werdenden Knäuel. Normalerweise musste sie bei dieser Tätigkeit eine Stuhllehne zur Hilfe nehmen, denn Cord fehlten Geduld und Feingefühl, lediglich als Garnhalter zu fungieren. Wübbels jedoch sorgte mit erstaunlich geschmeidigen Bewegungen dafür, dass sich nichts verhedderte und die edle Wolle weder den staubigen Boden noch die splitterigen Holzwände berührte.

«Schön weich», sagte Wübbels.

«Fürs Kind.»

«Dachte ich mir.»

Die ersten hundert Gramm waren schnell gewickelt. Jetzt holte Wübbels das blaue Garn hervor. «Gefällt mir noch besser.»

«Ich werde vielleicht ein Streifenmuster stricken.»

«Hübsch», sagte er. «Sollen wir mal tauschen? Sie setzen sich und halten, ich stehe und wickle? Funktioniert ja immer besser, wenn der Wickler 'n Stück größer ist.»

«Stimmt!»

Dieses Mal bemerkte Wübbels den Blick, den Johanna auf die großflächige Tätowierung warf.

«Ein Kreuz?»

«Eine Erinnerung.»

Er wickelte nicht so gleichmäßig wie Johanna, doch sie verkniff sich einen klugen Ratschlag, denn am Ende war es unwichtig, ob das Knäuel rund wie ein Globus war oder oval wie das Ei des Kolumbus.

«Wenn Sie lächeln, sehen Sie aus wie Pauline», stellte Wübbels fest.

Wer immer das auch war, Johanna lächelte weiter.

«Sie hat übrigens auch gestrickt. Daher kenne ich das mit der Wolle. Hat mich immer dazu verdonnert, ihr zu helfen.»

Johanna ging in Gedanken sämtliche Insulanerinnen durch, mit denen sie bereits gesprochen hatte. Der Name Pauline war ihr dabei nie begegnet. Das musste nichts heißen, denn die Menschen, die sonntags bei Wübbels in der Kneipe hockten, waren dieselben, die ihr und Cord bei den Antrittsbesuchen in der Gemeinde die Tür vor der Nase zugeknallt hatten.

«Sie ist tot», sagte Wübbels. Und Johanna war sicher, sein Ärmel rutschte nicht ganz aus Versehen wieder nach oben. Dort, wo beim Kruzifix in der Kirche INRI geschrieben war, stand bei ihm PAULINE.

«Ihre Frau?», traute Johanna sich zu fragen, bemerkte aber gleich, dass unverhohlene Neugierde ein Fehler gewesen war. Denn Wübbels' Miene nahm den versteinerten Ausdruck an, der ihm bereits tiefe Kerben in die Haut gefräst hatte, zwischen den Augenbrauen, beidseitig der Nasenflügel zu den Mundwinkeln verlaufend und in waagerechter Wellenform auf der Stirn.

Was würde Cord jetzt tun? Welche Bibelstelle auswählen und rezitieren? *Selig sind die Toten? Alles Fleisch ist wie Gras und alle Herrlichkeit wie des Grases Blumen?*

«Schön wär's gewesen», verriet Wübbels, als Johanna schon nicht mehr mit einer Antwort gerechnet hatte. «Aber der alte Pfaffe wollte nicht.»

«Der Vorgänger meines Mannes?»

Wübbels nickte. «Rassenschande», sagte er. «Dabei war eh klar, dass Pauline viel zu krank war, um je Kinder mit mir zu haben.»

Ihr fiel kein einziger Spruch der Heiligen Schrift ein, den man daraufhin hätte erwidern können, beim besten Willen nicht. Und das erschreckte Johanna.

«Seitdem mache ich sonntags früh meine Kneipe auf.»

«Verstehe ich.»

«Tut mir leid, dass Ihr Mann das jetzt ausbaden muss.»

Sie nickte. «Da ich nun weiß, woran es liegt, wird einiges leichter.»

«Gut.»

Auch das blaue Garn war nun aufgewickelt. Doch statt das letzte, das Gelbe aus der Tasche zu fischen, zog Johanna die Tüte mit den Neujahrskuchen hervor und bot Wübbels etwas davon an. Cord hätte nur ein einzelnes Waffelröllchen genommen und sich einen ganzen Abend daran ergötzt, hätte erst den verzierten Rand rundherum angeknabbert und schließlich kleine Stücke aus der Mitte herausgebrochen.

Wübbels hingegen schob sich alles auf einmal in den Mund und kaute. «Lecker!» Dann griff er ein zweites und ein drittes Mal in die Tüte, bis diese leer war.

«Wollen Sie sich wieder neben mich setzen?», fragte sie.

Wübbels öffnete erst noch ein Bier und steckte sich eine Zigarre an. Dann nahm er Platz und klopfte auf seine fleischige Schulter. «Können Sie gern wieder benutzen, wenn Ihnen danach ist.»

❀ ❊ ❀

Cord stieg die knarzenden Stufen hinauf zur Kanzel und schlug dort in aller Seelenruhe die Bibel auf an der Stelle, über die er heute predigen würde. Lukas 2, Vers eins bis zwanzig: *Es begab sich aber zu der Zeit* ... Dabei strich er sich unbewusst über das Kinn, als trüge er den langen Bart eines weisen Mannes.

Jeden Sonntag handhabe er es so, und auch bei seiner allerersten Christmesse, auf die Cord all die Wochen hingefiebert hatte, zelebrierte er die letzten Minuten, bevor die Gemeinde kam. Wenn sie denn kam.

Johanna zündete währenddessen die Kerzen am Weihnachtsbaum an, prüfte noch einmal die Krippenfiguren rund um den Altar auf ihre Vollständigkeit, legte die Gesangsbücher in den Holzbänken aus und klemmte die Zahlen an die Tafel, damit die Gemeinde wusste, welche Lieder und wie viele Strophen gesungen wurden. Es fiel ihr schwer, denn der Bauch war seit ihrem Reisetag noch weiter gewachsen, und in regelmäßigen Abständen zog ihr ein Schmerz den Rücken entlang, der zwar noch leise war wie ein Streicheln, jedoch verriet, dass die Prognose des Frauenarztes richtig war und sie mit einem Christkind rechnen musste. Doch sie wollte Cord damit nicht belasten, der heutige Gottesdienst bedeutete ihm so viel, und diese Stunde würde sie noch durchhalten.

Als alles bereit war, lief Johanna zum Kircheneingang und legte den Hebel um, sodass die Glocke zu läuten begann. Es gab nur eine, denn der Turm war schmal und nicht besonders hoch, doch ihr Bimmeln schallte über die ganze Insel und war nicht zu überhören. Jeder, der trotzdem fernblieb, tat es aus Überzeugung. Tat es, weil es auf dem Kirchhof dieser Insel keinen Grabstein gab, auf dem der Name Pauline Wübbels eingraviert war.

Cord nickte ihr von der Kanzel aus zu. Auch wenn sich heute wieder nur die beiden vordersten Bänke füllen würden, für ihn war es ein Fest. Er würde predigen von der Geburt des Herrn, von der Schönheit der Welt und vom Segen, auf dieser Insel zu leben. Wenn die Menschen in diesem Jahr nicht kamen, dann eben im nächsten. Irgendwann einmal wäre seine Kirche voll, da war er sicher.

Johanna schob den Riegel hoch und öffnete die Tür.

Ostfriesische
Neujahrskuchen

Zum Backen benötigt man ein traditionelles ostfriesisches Neujahrs-kucheneisen, alternativ ein Gerät für Eishörnchen. Ein normales Waffeleisen ist nicht geeignet.

Zutaten für etwa 50 Neujahrskuchen

250 g Kandiszucker braun

500 ml Wasser

170 g Butter

2 Eier

300 g Mehl

1 TL Kardamom

1 TL Zimt

1 TL Anissamen

1 Prise Salz

Zubereitung

Den Kandis in heißem Wasser auflösen und kalt stellen. Butter und Eier mit Handmixer schaumig rühren, dann abgekühltes Zucker-wasser und Mehl löffelweise dazugeben und mit dem Handmixer weiter zu einer Masse verrühren, am Ende die Gewürze dazugeben. Die Mischung sollte mindestens 12 Stunden im Kühlschrank ruhen, danach wieder auf Zimmertemperatur bringen und erneut verrühren. Der Teig sollte dann flüssig sein (ähnlich wie Crêpes-Teig), ist er zu dick, etwas Wasser dazugeben.

Das Neujahrskucheneisen möglichst heiß stellen, einen Esslöffel Teig in die Mitte der Fläche geben und auf die ganze Fläche hauchdünn verteilen, dann den Deckel herunterklappen. Wenn die Waffeln gut sind, das heißt, wenn sie eine karamellbraune Färbung haben, mit einer Gabel aus dem Waffeleisen heben (Vorsicht, sehr heiß!) und zusammenrollen. (Tipp: zum Beispiel um den Stiel eines Kochlöffels.)

Wenn die Waffeln abgekühlt sind, vorsichtig in eine Keksdose stapeln. Neujahrskuchen werden natürlich eigentlich erst nach Silvester gegessen, aber wer hält sich schon daran, wenn sie so köstlich sind …

MICAELA A. GABRIEL

Das Reichstags-Baby

Berlin, Dezember 1944

Wie es sich auch zeigte, das Wetter schien für Emmy Faber stets das falsche zu sein. Die grauen Tage mit Schneefall waren zwar sicherer für die Stadtbewohner, weil die Wolken die feindlichen Bomber meist am Boden hielten. Aber die Straßen, rutschig vom angetauten und später wieder zugefrorenen Eis, erwiesen sich für eine Frau im späten achten Monat als fast unpassierbar. Schien hingegen die Sonne, drohte Luftalarm durch die auf Sicht fliegenden feindlichen Maschinen. Am schlimmsten war es jedoch, wenn es so bitterkalt war wie heute, weil Emmy keinen passenden Wintermantel für ihren Bauchumfang besaß.

Natürlich wäre es sowohl bequemer als auch sicherer gewesen, in dem Haus in Friedenau zu bleiben, in dem Emmy zur Untermiete wohnte, und notfalls Schutz im Keller zu suchen. Heute hatte sie aber die Straßenbahn nach Mitte genommen, um von ihrer Freundin Helga eine Tasche mit Stramplern abzuholen, aus denen Helgas Baby längst herausgewachsen war. Die junge Mutter wollte morgen nach Mecklenburg zu ihren Eltern fahren und würde dort wahrscheinlich erst einmal unterkommen, deshalb war die Übergabe der Sachen so dringend. Für Emmy stellte die Neugeborenengarderobe Geschenk und Notwendigkeit in einem dar, denn gute Kleidung bekam man schon eine Weile nicht mehr. Jedenfalls hatte sie sich mit Helga verquatscht, schließlich war Heiligabend, und sie waren beide alleine. Deshalb befand sie sich jetzt erst recht spät auf dem Heimweg.

Die Tram war nicht ganz so überfüllt wie sonst. Dennoch versuchte Emmy, sich so schmal zu machen wie eben möglich. Eine alte Frau hatte ihr einen Sitzplatz angeboten, doch sie lehnte ab, weil die andere den Sitz wohl dringender benötigte. Emmy hielt sich wacker auf den Beinen. Die meiste Zeit presste sie die Nase gegen die verrußte Scheibe und blickte auf der Suche nach Hoffnung über die Trümmer am Straßenrand. Hier, an den Fenstern, stand es sich besser als mitten in der Menge, die Tasche hatte sie zwischen ihre Füße geklemmt auf dem Boden abgestellt. Glücklicherweise war der Schienenverkehr in Betrieb, zu Fuß hätte sie den weiten Weg nach Hause kaum bewältigen können. Dafür nahm sie in Kauf, dass das Gedränge im wahrsten Sinne des Wortes atemberaubend war. Erstaunlicherweise schafften es viele Passanten, die an den Haltestellen warteten, auch noch mit Paketen und Päckchen zuzusteigen, und ein Mann trug sogar einen kleinen Tannenbaum im Arm. Die allgemeine Stimmung war friedlich, kaum jemand pöbelte am Tag vor Weihnachten.

Ein Filmplakat, das Emmy im Vorüberfahren zufällig entdeckte, ließ ihr Herz höherschlagen. Auf einer riesigen Fotografie versanken Hertha Feiler und Hans Söhnker in den Anblick einer Engelsskulptur, darunter stand in geschwungener Schrift «Der Engel mit dem Saitenspiel» und viel kleiner: «Regie Heinz Rühmann». Emmy wusste, dass der Spielfilm vor ein paar Tagen uraufgeführt worden war, sie schwärmte für den Filmstar Hans Söhnker und las alles über ihn, was sie in der Zeitschrift «Illustrierter Film-Kurier» finden konnte. Wäre sie nicht hochschwanger, würde sie sofort ins Kino gehen, nicht nur, weil die Lichtspielhäuser die einzigen Vergnügungsstätten waren, die noch geöffnet hatten. Theater und Revuen waren ebenso geschlossen wie die Tanzcafés.

Im Parkett sitzend und den Helden auf der Leinwand anschmachtend, könnte sie vergessen, in welch schwieriger Lage sie sich befand – eine unverheiratete, werdende junge Mutter ohne Aussicht auf eine Ehe oder finanzielle Unterstützung. Ihr Verlobter war im Sommer in Frankreich gefallen, und bislang hatte sie sich als Buchhalterin ganz gut durchgeschlagen, aber wie sollte es werden, wenn ihr Baby erst geboren wäre? Dafür hatte sie noch keine befriedigende Lösung gefunden. Das Kind dem Führer zu schenken oder für eine Adoption freizugeben, kam für sie nicht infrage. Unter keinen Umständen. Es zu behalten, war der Beweis ihrer großen Liebe, bedeutete Erinnerung und Erbe, Zuversicht und Leben. Sie beide würden es schon irgendwie schaffen durchzukommen, auch wenn die Zeiten nicht die besten waren. Auf jede graue Stunde folgte wieder Helligkeit, davon war Emmy überzeugt.

In der Straßenbahn roch es nach feuchter Wolle und menschlichen Ausdünstungen, beides schlug Emmy auf den Magen. Doch plötzlich stieg ihr ein harziger Duft in die Nase, der sie an den Wald erinnerte und tröstliche Erinnerungen weckte. Für einen Moment schloss sie die Augen, atmete tief durch und genoss den Gedanken an die Weihnachtsferien ihrer Kindheit, die sie bei ihrer Oma in Schlesien verbracht hatte, mit Zimtplätzchen und Mohnklößen und einem riesigen Tannenbaum. Der Baum war frisch geschlagen herangeschafft worden und reichte bis unter die Decke des Wohnzimmers, er erfüllte den Raum mit demselben intensiven Aroma, wie es ihr jetzt in der Tram in die Nase stieg.

Ein Rucken brachte Emmy in die Gegenwart zurück, als der Schaffner an der nächsten Haltestelle bremste und sie ihr

Gleichgewicht verlor. Wäre es nicht so eng gewesen, wäre sie womöglich gefallen.

«Aussteigen!», forderte der Schaffner die glücklichen unter den Fahrgästen auf, die ihr Ziel bereits erreicht hatten. Und wenig später fügte er an die Wartenden an der Haltestelle gerichtet hinzu: «Alles einsteigen!»

Als wäre noch Platz für alle!, fuhr es Emmy durch den Kopf.

In diesem Moment begannen die Sirenen zu heulen. Lauter als jedes friedliche Angelusläuten schrillte es aus den Lautsprechern am Straßenrand. Anspannung machte sich unter den Fahrgästen breit, die ersten bewegten sich in Richtung der Türen, wollten wieder aussteigen, drängten und schoben, während die anderen doch gerade dabei waren zuzusteigen. Emmy zählte im Geist die Sekunden des Alarms, dann die der Pause und schließlich die Wiederholung der Töne. Fliegeralarm!

«Aussteigen!», befahl der Schaffner. «Alle raus!»

Unwillkürlich legte Emmy ihre Hände auf ihren Bauch, als könne sie ihr ungeborenes Kind so vor Lärm und Gedränge schützen. Sie wusste, dass auch sie den Zug verlassen musste. Nicht auszudenken, wenn sie in dem Getümmel mitgerissen und womöglich hinfallen würde. Sie lehnte sich entschieden gegen die Trambahnwand, presste die Lippen aufeinander und betete, dass ihrem Baby nichts geschah. Vielleicht konnte sie einfach hier warten und über kurz oder lang nach Hause fahren. Es handelte sich offenbar um einen Voralarm – die kurzen Intervalle der Luftschutzsirenen ließen darauf schließen –, und manchmal drehten die Flugzeuge der Royal Air Force und der amerikanischen Luftwaffe unverrichteter Dinge wieder ab. Zudem fühlte sie sich an ihrem Fensterplatz seltsam sicher und bedeutend wohler als in einem öffentlichen Bunker, einer U-Bahn-Station oder in einem unbekannten dunklen Keller mit lauter fremden Menschen. Davor fürchtete sie sich fast mehr als vor den Angriffen der Alliierten.

«Was machen Sie denn noch hier?»

Sie sah nur einen Tannenbaum und eine rote Wollmütze, die über der Spitze leuchtete. Von dem Gesicht, zu dem die Männerstimme gehörte, war nichts zu erkennen. Es schien, als spräche die Tanne zu ihr. Aber wie antwortete man einem Weihnachtsbaum?

«Ich habe Angst vor zu großem Gedränge», gab sie zögernd zu.

«Sie sollten vor etwas ganz anderem Angst haben. Hören Sie denn nicht den Alarm? Sie müssen sich in Sicherheit bringen. Sich und Ihr Baby.»

Die Hände noch immer auf ihrem Bauch, erwiderte sie: «Ich weiß nicht, wohin.» Einen Atemzug später wurde ihr bewusst, wie lächerlich das klang. Zwar kannte sie sich in der Dorotheenstraße und im Regierungsviertel tatsächlich nicht so gut aus, aber eigentlich brauchte sie nur dem Strom der anderen Leute folgen.

«Trotzdem …», protestierte der Weihnachtsbaum mit der roten Mütze.

Weiter kam er nicht, da Emmy einen kleinen Schrei ausstieß. Der starke Schmerz, der durch ihren Unterleib fuhr, kam so überraschend, dass sie sich nicht dagegen wappnen konnte. Es war wie ein Grollen, ganz anders als die kräftigen Fußtritte, die das Baby ihr sonst regelmäßig versetzte. Unwillkürlich knickten ihre Knie ein, sie fasste nach einem Haltegriff.

Im nächsten Moment war alles vorbei, nur ihr Atem ging noch immer keuchend.

«Geht es Ihnen nicht gut?», fragte der Weihnachtsbaum besorgt.

«Mein Baby», keuchte sie. «Ich glaube, es ist so weit.» Die Worte waren über ihre Lippen, bevor sie darüber nachgedacht hatte, wie in einem Selbstgespräch. Lieber Gott, dachte sie, lass das einen Irrtum sein!

«Aussteigen!», bellte erneut der Schaffner.

Während Emmy um Worte rang, durchfuhr sie wieder dieser ungewohnt starke Schmerz. Sie klammerte sich an den Haltegriff, um nicht dem Impuls nachzugeben, in die Knie zu sinken und sich zusammenzurollen.

«Sehen Sie nicht, dass die Frau ein Kind bekommt?», fuhr der Weihnachtsbaum den Schaffner an.

«Und wat soll ick da machen?»

«Sie ...», der Weihnachtsbaum unterbrach sich, dann tauchte hinter den Zweigen ein Arm in einem dunklen Mantel auf. Eine Hand, die in einem Lederhandschuh steckte, berührte sanft Emmys Schulter. «Kommen Sie rasch, ich bringe Sie zu einem Arzt.»

«Pah!», machte der Schaffner. «Wo wollen Se den denn hier in der Jejend finden?»

«Im Reichstag», erwiderte der Weihnachtsbaum.

Emmy kam nicht mehr dazu, sich zu wundern. Wieder durchfuhr sie der Schmerz. Es fiel ihr unendlich schwer, einen Fuß vor den anderen zu setzen. Doch sie musste die Straßenbahn unbedingt verlassen, die Sirenentöne veränderten sich, ein langer Alarm deutete auf das Ende der Vorwarnstufe und die unmittelbare Gefahr hin. Also folgte sie dem Weihnachtsbaum auf schwankenden Beinen. Kurz ging ihr durch den Kopf, dass sie einem Mann vertraute, dem sie nicht einmal ins Gesicht gesehen hatte. Aber seine Stimme klang angenehm fürsorglich, wie die des Pfarrers, der die Gottesdienste in ihrer Kindheit in Schlesien gelesen hatte. Warum er sie in das schon seit ihrer

Kindheit nicht mehr benutzte und seinerzeit ausgebrannte ehemalige Parlamentsgebäude führte, wusste sie zwar nicht, aber irgendwie kam seine Hilfe vom Himmel, und sie hatte ohnehin keine andere Wahl.

Als sie ausstieg, schlug Emmy eisige Kälte entgegen. Es schien ihr, als wären die Temperaturen noch frostiger geworden, seit sie in die Straßenbahn gestiegen war. Dazu war es merklich dunkler, und das winterliche Dämmerlicht verhinderte, dass sie den Mann genauer erkannte. In einem Arm hielt er noch immer das Bäumchen, den anderen bot er ihr an, und sie stützte sich dankbar darauf, weil sie sich zunehmend schwächer fühlte. So gingen sie Seite an Seite, während die auf den Türmen des Reichstagsgebäudes stationierten Flakscheinwerfer den Himmel abtasteten und hin und wieder schmale Lichtstreifen auf das Gelände warfen.

Emmy biss jedes Mal die Zähne zusammen, wenn sich eine neue Wehe meldete. Sie versuchte, ruhig zu atmen, und stieß kleine Wolken aus. Der Fremde stützte sie, und sie fragte sich, wie lange sie unter dem Heulen des Alarms noch gehen musste. Mit jedem Schritt schien das Baby heftiger zuzutreten – und Emmy dachte, dass sie sich nicht mehr lange in aufrechter Haltung gegen das Grollen und Trampeln in ihrem Bauch stemmen könnte. Sie brauchte unbedingt einen Moment Pause von dem Schmerz und dem Höllenlärm.

Die mächtige, geschwärzte Fassade des Reichstagsgebäudes, an der sie entlanggingen, schien sich endlos auszudehnen, die zugemauerten Fenster wirkten wie die leeren Augenhöhlen eines Blinden. Kein anderer Passant befand sich in ihrer Nähe. Emmy schauderte.

Der Weihnachtsbaum schien es zu bemerken. «Wir sind gleich da», versicherte er, wobei er die Sirenen zu überschreien versuchte. «Nur noch ein paar Schritte, dann haben wir das Nordtor erreicht. Dahinter sind Sie in Sicherheit.» Mit Nachdruck zog er sie weiter.

Doch plötzlich blieb sie stehen. Ihre Tasche! Sie hatte die Tasche mit den Babysachen in der Straßenbahn stehen lassen! Ohne darüber nachzudenken, drehte sie um und wollte den Rückweg antreten.

«Was machen Sie denn?», brüllte der Weihnachtsbaum. «So kommen Sie doch …!»

«Meine Tasche», schrie sie zurück. «Ich habe meine Tasche vergessen …»

Das Donnergrollen der Flieger nahte und brachte sie wieder zu Verstand. Sie musste runter von der Straße, das war sie ihrem Baby schuldig. Sie musste akzeptieren, dass ihre Habseligkeiten entweder im Fundbüro landeten oder eine andere Abnehmerin fanden. Deshalb wehrte sie sich nicht, als sie der Weihnachtsbaum unverdrossen vorwärtsdrängte. Die Nadeln der Tanne stachen durch die Wolle ihrer gestrickten Handschuhe.

Vor ihnen öffnete sich ein feudales Eingangstor, dahinter empfing sie im ersten Moment Dunkelheit, und als sich Emmys Augen daran gewöhnten, ein schwaches gelbes Licht, offenbar eine Notbeleuchtung. Sie sah die schemenhaften Gestalten Uniformierter und von dem Feuer vor elf Jahren zerstörte Treppenhäuser und Galerien, die notdürftig mit Holzgerüsten abgestützt worden waren. Schatten huschten über die Mauerreste, verwandelten das Umfeld in ein Geisterhaus. Emmy erwartete schon, sich gleich in Spinnenweben zu verfangen. Doch nichts dergleichen geschah.

Stattdessen vernahm sie einen harschen Befehlston: «In den Keller! Schnell!»

Emmy wollte protestieren, aber ihre Stimme versagte ihr den

Dienst. Der Schmerz kam zurück und raubte ihr die Luft. Hilfe suchend blickte sie sich nach dem Weihnachtsbaum um.

Doch der war nicht mehr da.

Um sie her begann sich die seltsame Umgebung zu drehen. Sie fühlte sich wie in einer Geisterbahn, die im Kreis fuhr und immer schneller wurde. Ohne die Tanne fehlte ihr der Fixpunkt, der sie zur Ruhe brachte. Vor ihren Augen verschwammen die Konturen im Halbdunkel.

Der Soldat packte sie energisch am Arm und zerrte sie zu einer Treppe, die ins Untergeschoss führte.

«Nicht in den Keller», flüsterte Emmy. Tränen brannten in ihren Augen. Wie sollte sie erklären, dass sie sich vor der Enge, vor Dunkelheit und den dicht gedrängten fremden Menschen fürchtete? In einer vertrauten Umgebung war ihre Platzangst nicht so groß, aber hier …?

Ein Schrei entrang sich ihrer Kehle. Ob aus Verzweiflung oder wegen einer neuen Wehe, wusste sie selbst nicht.

«Nun machen Sie mal halblang», gab der Soldat zurück. «Hat Ihnen der Herr Pastor nicht gesagt, dass sich im Keller die Geburtenstation der Charité befindet?»

Die Wörter erreichten sie, vermischten sich mit dem Heulen, Grollen, Donnern und Zischen außerhalb der dicken Mauern. Sie glaubte, nicht richtig verstanden zu haben, die Begriffe passten nicht zusammen. In ihrem Kopf herrschte heilloses Durcheinander, ihr kam es vor, als klänge alles seltsam blechern und im nächsten Moment dumpf wie durch Watte. Schließlich gab ihr sonst recht praktisch veranlagter Verstand das Denken auf. Ohne weiteren Widerstand ergab sie sich dem Unvermeidlichen und folgte, wie in Trance, dem Soldaten. Dabei bemerkte sie kaum, wohin sie trat, stolperte einmal, doch er hielt sie fest, sodass sie nur ein wenig strauchelte. Der eingeschlagene Weg schien endlos und führte sie tiefer in das Geisterhaus, ihre Orientierung hatte sie längst verloren. Die Furcht, die ihren Nacken hinaufkroch, wurde durch die in immer kürzeren Abständen wiederkehrenden Schmerzen vertrieben. Sie biss ihre Lippen blutig, um nicht noch einmal laut aufzuschreien.

Sie hatte Dunkelheit im Keller erwartet – und trat in helles Licht. Statt beklommener Stille wehten ihr geschäftiges Scheppern und Rumpeln, gedämpfte Stimmen und das Geräusch von klappernden Absätzen auf dem Steinfußboden entgegen. Ein Baby schrie.

Eine Frau in Schwesterntracht eilte auf Emmy zu. «Ach, du lieber Himmel, wie kommen Sie denn hierher? Ich kenne Sie ja gar nicht. Wie heißen Sie?» Die Fragen prasselten auf sie ein, und sie fühlte sich nicht in der Lage, in derselben Geschwindigkeit zu antworten. Also schwieg sie.

«Pater Harnack hat sie gebracht», erklärte der Soldat. «Mit dem Weihnachtsbaum.»

Emmy fand die Formulierung etwas schief, es klang, als seien sie auf der Tanne an diesen geheimnisvollen Ort geritten. Und einen Pfarrer hatte sie auch nirgends gesehen.

Langsam begriff sie, dass sie sich in einer medizinischen Einrichtung befand. Die Regale mit Schachteln, in denen Medikamente, Verbandszeug und Windeln gelagert wurden, waren unübersehbar. Sie erspähte die Silhouetten von Bettgestellen hinter mit weißen Laken bezogenen Trennwänden, dazu weiteres Pflegepersonal. Alles wirkte wohlgeordnet wie auf einer Krankenhausstation.

Aber sie waren doch in das Reichstagsgebäude gegangen, daran erinnerte sie sich genau. Das passte alles nicht zusammen. War sie ohnmächtig geworden? Träumte sie? Sie fühlte sich wie in einem falschen Film, dachte an die Geisterhaus-Kulisse. Sie legte ihre Hände wieder auf den Bauch, um ihr Baby vor dem zu bewahren, was sie hier an Unerwartetem noch erleben würde.

Die nächste Wehe setzte ihr so zu, dass ihre Knie einknickten. Der Soldat und die Krankenschwester hielten sie geistesgegenwärtig fest, damit sie nicht hinfiel. Sie schrie auf. Der ungewöhnliche Keller versank in einem Nebel aus Schmerz. Emmy hörte die Stimmen, die auf sie einredeten, nahm wahr, dass sie auf eine Trage gelegt wurde. Letztlich war ihr jedoch in diesem Moment alles egal. Nur das Messer, das in ihrem Unterleib rumorte, sollte aufhören. Und ihr Kind sollte gesund zur Welt kommen. Dabei glaubte sie fast noch immer, gleich in ihrem Bett aufzuwachen, schweißüberströmt, hochschwanger und mit vagen Erinnerungen, was sie in ihrem Traum erlebt hatte. Wie das bei Albträumen eben so war …

Je mehr Zeit verstrich, desto stärker kam sich Emmy wie eine Zuschauerin vor, die eine andere Frau in den Geburtswehen beobachtete. Zeitweilig dachte sie, dass sie ihr eigener Engel sein könnte, falls sie bereits im Sterben lag. Und irgendwann fiel ihr ein, dass es Heiligabend war und sie ihr Baby womöglich in denselben Stunden gebären würde wie Maria das Jesuskind. Hatte die Muttergottes unter denselben Schmerzen gelitten? Wie brachten die Frauen in Bethlehem seinerzeit ihre Kinder zur Welt? Es war keine friedliche Zeit gewesen damals, genauso wenig wie heute. Emmy klammerte sich an diesen Gedanken an die Weihnachtsnacht vor rund zweitausend Jahren wie an den Haltegriff in der Straßenbahn.

Wieder schrie ein Baby. Doch diesmal war es nicht nur einfach das Greinen irgendeines Neugeborenen. Der Schrei berührte ihr Herz. Er machte irgendetwas mit ihrem Gehirn. Der Nebel lichtete sich, klar und deutlich nahm sie ihre Umgebung wahr:

Sie befand sich in einem Geburtsraum, der dem im Gertrauden-Krankenhaus nicht unähnlich war, wohin sie regelmäßig zur Kontrolle ging. Weiße Tücher schirmten ihr Lager ab, nur durch einen Spalt erkannte sie die Krankenschwester von vorhin, die sich gerade über einen Wäschekorb beugte. An einer Zinkwanne hantierte eine Frau, die wohl die Hebamme war. Sie wusch behutsam ein winziges rötliches Wesen.

Automatisch richtete sich Emmy auf. Sie wusste, dass es ihr Baby war. Ihr ganzes Glück. Ihre Hoffnung.

«Herzlichen Glückwunsch!» Die Krankenschwester war durch den Spalt hereingeschlüpft, neben Emmy getreten und drückte sie nun sanft zurück in eine liegende Position. «Sie haben ein gesundes Töchterchen bekommen.»

Keinen Jungen, dachte Emmy, keinen kleinen Christus.

«Christiane», sagte sie unvermittelt. «Ich möchte, dass sie Christiane heißt.»

«Wie passend! Die Kleine ist unser erstes Weihnachtsbaby», plauderte die Pflegerin munter. «Achtzig Kinder sind hier im Keller unter dem alten Reichstag schon zur Welt gekommen – aber noch keines an Heiligabend …»

Die Beschreibung klang nicht nach einem Ort, der Emmy vertraut war. «Wo bin ich?», stellte sie endlich die Frage, die sie schon seit Stunden umtrieb. Sie dachte an das Geisterhaus. Ihre Erinnerung war sicher ein Teil ihres Albtraums während der schlimmen Wehen.

«Das müssen Sie doch wissen! Sie sind zu Fuß hier angekommen!»

Stumm schüttelte Emmy den Kopf.

«Sie befinden sich in der Geburtenstation der Charité. Als die Luftangriffe stärker wurden, hat man uns hierher verlegt. Nachts nehmen wir auch schwangere Patientinnen auf, die nicht unmittelbar vor der Geburt stehen, aber eine sichere Umgebung brauchen. Eine reine Vorsichtsmaßnahme. Die werdenden Mütter, die bereits in den Wehen liegen, werden jeden Abend mit einem Sonderbus von der Klinik hierhergefahren. Ein Findelkind wie Sie hatten wir allerdings noch nicht. Pater Harnack hat Sie im Fliegeralarm aufgelesen und mitgenommen ... Erinnern Sie sich nicht?»

«Der Weihnachtsbaum», entfuhr es Emmy.

«Wie bitte?»

«Da war ein Mann, der eine kleine Tanne bei sich trug. Er sah aus wie der Weihnachtsmann, weil er eine rote Zipfelmütze auf dem Kopf hatte.»

Die Schwester lachte. «Ja. Das ist Pater Leonard Harnack. Den Baum hat er aufgetrieben, um uns hier unten einen festlichen Heiligen Abend zu bescheren. Der Pater ist die gute Seele des Reichstagsgebäudes. Ich glaube, er hegt irgendwelche Erinnerungen an diesen Ort. Aber ich weiß nichts Genaues. Muss ich ja auch nicht.»

«Natürlich nicht», murmelte Emmy, obwohl sie gerne noch mehr über den Menschen erfahren hätte, den sie den «Weihnachtsbaum» nannte. Ihren Retter. Nicht auszudenken, was geschehen wäre, wenn sie dem Strom der anderen Fahrgäste und Passanten in irgendeinen x-beliebigen Keller gefolgt wäre.

Nun trat auch die Hebamme an Emmys Lager, ein Bündel aus weißen Mulltüchern im Arm. «Sehen Sie nur, was für eine hübsche kleine Tochter Sie haben!»

«Meine Christiane.» Emmy drückte ihr Baby an sich. Ein unendliches Glücksgefühl schien ihre Brust zu sprengen. Für einen kurzen Moment fragte sie sich, ob es erlaubt war, ein Neugeborenes zu küssen. Ihr Zeigefinger glitt vorsichtig über die Konturen des zarten Gesichts. Dabei öffnete sich der Mund des kleinen Mädchens, es gähnte. Emmy lächelte und presste ihre Lippen auf die Stirn unter dem Mützchen.

In diesem Moment fiel ihr die Tasche ein, die sie in der Straßenbahn bei sich gehabt hatte. All die schönen Kindersachen waren futsch. Und mit diesem Verlust traf sie die Erkenntnis mit brutaler Wucht, dass sie eine Mutter ohne Ehemann und Aussichten war. Ihre Eltern waren schon lange tot, es gab keine Familie, die sich um sie und das Kind würde kümmern können. Unwillkürlich rann eine Träne über ihre Wange.

«Sie brauchen jetzt Ruhe», entschied die Hebamme. Sie nahm Emmy das Baby ab. «Schlafen Sie sich aus, für die Kleine wird gesorgt. Sie bekommen sie später wieder.»

Emmy gab ihr Baby nur ungern her, aber sie fühlte sich zu schwach, um sich gegen die resolute Hebamme zu wehren. Ihr Protest blieb ihr im Halse stecken, ihre Lider waren tatsächlich schwer …

Es kam ihr vor, als wäre sie nur einen kurzen Moment eingenickt. Offenbar hatte sie im Schlaf geweint, ihre Wangen waren feucht. Während sie sich noch darüber wunderte, wurde ihr wieder klar, wie trübe ihre Zukunft aussah. Sie fühlte sich wie erschlagen. Nicht von der Geburt, sondern von den Umständen. Ihre Hand fiel herab – und berührte einen festen Stoff. Emmy richtete sich auf.

Neben ihrem Bett stand die Tasche, die sie in der Straßenbahn vergessen hatte! Als sie sich vorbeugte, sah sie, dass der Verschluss geöffnet war. Auf den ersten Blick schien die Tasche so gut mit Säuglingskleidung gefüllt wie zuvor, gestohlen worden war also nichts. Auf den Sachen lag jedoch etwas: ein kurzer Tannenzweig, um den eine rosafarbene Schleife gebunden war.

Auf den zweiten Blick nahm sie hinter der Tasche zwei Beine in schwarzen Hosen wahr, die sich näherten und an ihrem Bett stehen blieben. Sie hob ihren Blick – und sah einen grauhaarigen Mann in einem weißen Hemd unter dem schwarzen Sakko, an dessen Revers ein kleines silbernes Kreuz aufblitzte. Obwohl er die rote Mütze abgelegt hatte, wusste sie sofort, um wen es sich handelte.

«Der Weihnachtsbaum …» Sie presste ihre Hand auf den Mund. «Entschuldigen Sie, Herr Pfarrer, das ist mir so herausgerutscht.»

Er schmunzelte. «Sie haben ja wohl nicht sehr viel mehr von mir gesehen gestern. Wir sind einander zur rechten Zeit begegnet, Frau …?!»

«Fräulein Faber», unterbrach sie und senkte die Lider. «Emmy Faber.»

Er ignorierte ihren Familienstand. «Ich wollte nur sagen, dass es Gottes Fügung war, die Sie mir in die Arme getrieben hat, als ich gerade auf dem Weg in die Geburtenstation war. So ist Ihnen und Ihrem kleinen Mädel nichts passiert. Es gab übrigens bald nach dem Alarm Entwarnung. Und Ihre Tasche habe ich zum Glück auch wiederbekommen.»

«Das ist ein großes Geschenk. Ich habe nämlich sonst nichts.»

«Ich bin geübt darin, verlorene Gepäckstücke von jungen Damen aufzutreiben. Vor langer Zeit ist mir das schon einmal gelungen.» Er lächelte versonnen.

Was sollte sie dazu sagen? Eine alte Geschichte schien ihn zu bewegen, doch die hatte wohl nichts mit ihr zu tun. Sie flüchtete sich in ein Dankeschön: «Wie soll ich mich für Ihre große Hilfe erkenntlich zeigen? Ein schlichtes Danke scheint mir nicht auszureichen.»

«Doch, doch, das genügt schon. Erzählen Sie mir lieber etwas von sich. Was werden Sie tun, wenn Sie nach Hause dürfen? Haben Sie Familie?»

Sie schluckte die Tränen hinunter, die sie plötzlich zu überwältigen drohten. Du lieber Himmel, sie war doch sonst nicht so nah am Wasser gebaut. Bisher hatte sie alles gut geschafft, und das würde ihr auch weiterhin gelingen, auch wenn sie nun für zwei sorgen musste. Es ging ja gar nicht anders. Mit feuchten Augen sah sie zu Leonard Harnack auf. «Ich bin alleine. Aber das macht nichts.»

«Niemand sollte an Weihnachten alleine sein», erwiderte er.

«Im Moment bin ich ja noch hier. Sind *wir* noch hier», korrigierte sie sich rasch, «meine Christiane und ich.»

Er beugte sich zu ihr hinunter, senkte seine Stimme: «Als Sie geschlafen haben, erzählte mir Schwester Auguste von Ihrem Familienstand, den sie wohl den Papieren entnommen hat, die sie in Ihrem Mantel fand. Daher hatte ich schon befürchtet, dass sich niemand um Sie kümmern wird. Wenn es Ihnen recht ist, würde ich gern eine alte Bekannte anrufen. Sie leitet ein Kinder- und Jugendheim im Havelland hinter Spandau. Dort lässt sich bestimmt ein Platz für ...»

«Ich gebe mein Kind nicht weg!»

«Das sollen Sie auch gar nicht», gab er ungeachtet der Verzweiflung in ihrer Stimme ruhig zurück. «In Finkenkrug können Sie mit Ihrem Baby zusammenleben. Ich bin sicher, Frau Maytrott freut sich über eine weitere helfende Hand auf dem Hof.»

Sie starrte ihn fassungslos an. In wenigen Sätzen hatte Pater Harnack die Lösung ihrer Probleme umrissen. Wie konnte sich alles nur so schnell fügen? Es war wie ein Wunder. Wieder empfand sie das magische Gefühl, das sie beim Betreten des Reichstagsgebäudes erfasst hatte. Womöglich war es gar kein Geisterhaus. Eher ein Ort, in dem das Gute trotz aller Zerstörungsversuche lebendig geblieben war. Und Leonard Harnack ...

«Sie sind wie ein Weihnachtsmann, der mir gleich mehrere

Geschenke gebracht hat», stellte Emmy fest. Sie strahlte ihn an, als wollte sie heller leuchten als die Lichter an der Tanne, die zwischen den Bettstätten ein Gefühl von Frieden und Harmonie vermittelte. Ein Gefühl von Weihnachten eben.

Schlesische
Mohnklöße

Rezept nach Oma Faber

Zutaten

200 g gemahlener Mohn (oder backfertiger Mohn)
¼ bis ½ l Milch
100 g Zucker
1 Pck. Vanillezucker
200 g Mandeln
1–2 EL Honig
100 g Rosinen
Rum oder Rumaroma, je nach Geschmack
3–4 Brötchen vom Vortag oder eine entsprechende Menge
Zwieback

Zubereitung

Den Boden eines Topfes mit Wasser bedecken, den Mohn hineingeben, die Milch hinzufügen und unter Rühren aufkochen, danach bei schwacher Hitze etwa 45 Minuten köcheln lassen. Achtgeben, dass nichts anbrennt. In der Zeit Zucker, Honig, Rosinen, Mandeln und gegebenenfalls den Rum hinzufügen, ständig weiterrühren. Die Masse sollte nicht zu fest werden. Nach etwa einer Dreiviertelstunde vom Herd nehmen und abkühlen lassen.

Den Boden einer Glasschüssel mit einer Portion der aufgeschnittenen Brötchen oder des zerkleinerten Zwiebacks bedecken, auf Wunsch etwas Milch darüberträufeln. Dann eine Schicht Mohnmasse darauflöffeln und anschließend abwechselnd die Brötchen und die Mohnmasse hineingeben. Den Abschluss bildet der Mohn. Als Dekoration eignen sich Mandelsplitter und Rosinen.

Anmerkung der Autorin: Ich staple Brötchen und Mohnmasse gerne in dekorative Portionsgläser, aus denen der Nachtisch jeweils gelöffelt werden kann. Das sieht hübscher aus als das Gemisch in einer großen Schale. Wenn es schnell gehen muss, tut es auch durchaus eine backfertige Mohnmischung, dann nach Gebrauchsanweisung vorgehen.

Die Schale oder die Gläser mit einem Teller oder Folie abdecken und 24 Stunden in den Kühlschrank stellen. Am nächsten Tag eine Vanillesauce oder Schlagsahne zubereiten, falls gewünscht, bei mir in der Familie wurden die Mohnklöße aber pur gegessen.

LENA WOLF

Nikolaus 2.0 – oder: *Glauben* versetzt Berge

$\mathcal{E}$s ist wie verhext», jammert mein Vater, als er mich am Nachmittag auf der Veranda aufsucht. Ich hatte mich gerade für eine kurze Pause zurückgezogen, weil mich ein Anflug bleierner Müdigkeit überkam. Jetzt schrecke ich von meinem Sekundenschlaf auf.

Papa schlurft näher. Mit hängenden Schultern und einem Gesicht, so lang wie meine Aufgabenliste, die ich seit dem Vormittag vor mir herschiebe. «Überall bin ich gewesen», schimpft er, «in jedem Sylter Supermarkt. Von Hörnum bis rauf nach List habe ich sämtliche Läden abgeklappert – nirgendwo gab es noch Mandarinen zu kaufen.»

Mühsam rappele ich mich auf. Seit heute Morgen habe ich die wunderbare Gewissheit, dass ich schwanger bin. Das Kind war nicht geplant, noch nicht. Aber da mein Freund Tom und ich beide Familienmenschen sind und wir im Geiste durchaus schon ein paar Überlegungen in Richtung Nachwuchs angestellt haben, freuen wir uns nun wie verrückt. Vorerst allerdings im Stillen, denn ein wenig möchten wir die frohe Kunde noch für uns behalten. Unser kleines, feines Geheimnis. Vielleicht lüften wir es dann zu Weihnachten.

Doch so euphorisch mir im ersten Moment angesichts der großartigen Neuigkeit zumute war, so kraftlos und erschöpft fühle ich mich in diesem Augenblick. Dabei waren Morgenübelkeit und Müdigkeit ja überhaupt nur die Gründe, warum ich heimlich einen Test durchgeführt habe. Und nun versuche ich nach Kräften, mir nichts anmerken zu lassen, was mir aber nicht ganz so leichtfällt, wie ich dachte. Die hormonelle Achterbahnfahrt hat mich fest im Griff. Heute Morgen fing ich aus heiterem Himmel an zu weinen, weil zwei Eichhörnchen im Schnee um eine Erdnuss kämpften. Ständig schwanke ich zwischen extremer Empfindsamkeit und dem Bedürfnis, alles, was mir zu anstrengend erscheint, wegzuschieben.

«Ach Mensch», sage ich halbherzig und kämpfe gegen das Gähnen an.

Aber Papa ist ohnehin mit seinen eigenen Sorgen beschäftigt. Seufzend zieht er sich einen der antiken Holzstühle heran, die ich im letzten Jahr auf einem Flohmarkt in Wenningstedt erstanden und mit etwas Schmirgelpapier und weißer Lasur wieder flottgemacht habe. Nun haben sie auf der Veranda des Karsenhofs ihr neues Zuhause gefunden und passen sich perfekt ein in ihr historisches Umfeld.

Der Karsenhof befindet sich in Morsum, dem östlichsten Dorf von Sylt. Er liegt quasi mitten im Nichts, ein paradiesisches Kleinod, umgeben von Feldern, Wiesen und den Ausläufern eines schmalen Waldstücks. Zum Wasser ist es auch nicht weit, und jetzt im Winter kann man hier sogar verhalten das Meer hören.

Seit dem späten neunzehnten Jahrhundert ist das Gut im Besitz der Matthiesens, der Familie von Tom. Seine Oma Neni ist die derzeitige Hausherrin, hat mit ihren 83 Jahren die Bewirtschaftung aber inzwischen aufgegeben und baut nur noch Gemüse für den Eigenbedarf an. Außerdem hält sie Hühner und beherbergt diverse Not leidende Tiere, die andere ungefragt in ihre Obhut geben. Tom hat mit der Landwirtschaft nur insofern etwas am Hut, als dass er als Tierarzt arbeitet und manchmal bei den Ziegen und Lamas aushilft. Allerdings hat er sich eigentlich auf Kleintiere spezialisiert. Bis vor Kurzem praktizierte er noch in einer Praxis in Berlin, als ihm jedoch bewusst wurde, dass seine Großmutter kräftemäßig an ihr Limit geriet, schaute er regelmäßig auf Sylt nach dem Rechten. Im letzten Sommer ist er dann ganz zurückgekehrt.

Meine Schwester Ina lebt schon länger auf dem Karsenhof, genauer gesagt seit sie vor ein paar Jahren hier gestrandet ist. Sie unterstützt Neni nach Kräften, und die zwei ungleichen Frauen sind inzwischen beste Freundinnen. Ein Wunder, denn Ina ist ganz schön … *speziell.* Bei ihr wurde als Jugendliche eine ausgeprägte Hochbegabung festgestellt, und sie kommt nicht mit jedermann klar. Wenn Ina nicht gerade schlaue Theorien im Chat austauscht, ist meine Schwester am liebsten für sich. Dann kümmert sie sich um die Tiere oder kocht. Denn Kochen ist ihre große Leidenschaft. Es entspannt sie. Im Keller des Karsenhofs stapeln sich darum Gläser mit Eingekochtem und Eingelegtem.

Als Ina und ich klein waren, hatte niemand eine Ahnung, was mit ihr los war. Ihre Schulnoten waren miserabel, sie galt als cholerisch und aufsässig. Niemals wären unsere Eltern oder die Lehrer auf die Idee gekommen, sie könnte sich langweilen. Ständig geriet Ina vor allem mit unserer Mutter aneinander, sodass sie mit 16 von zu Hause ausriss. Jahrelang bemühten sich meine Eltern, Ina zu finden, doch sie blieb verschwunden. Erst im vorletzten Jahr fasste Ina sich ein Herz und nahm Kontakt zu unserem Vater auf. Er war überglücklich und sehnte sich danach, wenigstens den Rest seiner Familie wieder zu vereinen, nachdem unsere Mutter bereits gestorben war. Gemeinsam mit mir reiste er nach Sylt, und es wurde ein ereignisreicher, aufregender

Sommer, der mit vielen Tränen, aber schlussendlich mit einer großen Aussöhnung einherging. Und mit einem Liebesschwur, genau genommen sogar zweien. Denn nicht nur sind Tom und ich seit einem halben Jahr ein Paar, auch mein Vater hat hier sein neues Glück gefunden. Seit dem Unfalltod meiner Mutter vor fünfzehn Jahren schien er sich nicht neu binden zu wollen. Bis ihm im letzten Sommer Henriette über den Weg lief. Die temperamentvolle Rheinländerin eroberte Papas Herz im Sturm. Und nun tingelt er mit seiner Flamme entweder im Wohnmobil durch Europa oder geht in Morsum auf dem Campingplatz vor Anker. Einzig in den Wintermonaten, also von November bis Februar, wenn es auf Sylt stürmisch und bitterkalt ist, flüchten sich die zwei auf den Karsenhof. Dann überlasse ich ihnen mein Zimmer und mache es mir im Erdgeschoss bei Tom gemütlich. Zurzeit klappert Henriette allerdings ihre Freundinnen in Süddeutschland ab, um gemeinsam Weihnachtseinkäufe zu tätigen. Ein Mädelstrip, bei dem Papa stören würde, was er zähneknirschend akzeptiert hat.

Außer den beiden gehört zu unserer kleinen Patchworkfamilie noch Inas Tochter Mimi, die an unserem Vater, ihrem neu gewonnenen Opa, einen Narren gefressen hat.

Ächzend lässt Papa sich neben mir am Tisch nieder. Kurz gleitet sein Blick nach draußen. Von der verglasten Veranda hat man zu jeder Tageszeit einen traumhaften Ausblick in den Garten, der gegenwärtig mit einer feinen, weißen Schneedecke bestäubt ist. Etliche Vögel scharen sich um eine Futterstelle, und im Apfelbaum vollführt ein Eichhörnchen seine Kapriolen. Doch der Schnee, der heute Morgen noch ganz jungfräulich in der Wintersonne glitzerte, zeugt noch von weiteren Spuren. Allen voran erkenne ich die dicken Pfotenabdrücke von Rocky, dem betagten Hofhund, der gerade noch genügend Energie aufbringt, um einmal das Grundstück zu umrunden. Daneben liegt der samtfüßige Trampelpfad einer Streunerkatze.

«Warum nur habe ich mich nicht eher auf die Suche gemacht?» Mein Vater kann sich nicht beruhigen. Fragend schaut er zu mir, und in seinen Augen registriere ich die Anspannung, unter der er offenbar steht.

Mit inzwischen 74 Jahren wirkt Papa an normalen Tagen immer noch fit und rüstig, heute jedoch haben sich tiefe Sorgenfalten in seine Stirn gegraben. Darüber klebt ein dünner Schweißfilm, der im Dämmerlicht des Nachmittags mit der Weihnachtsdekoration auf der Veranda um die Wette glänzt.

«Das ist ja nun kein Weltuntergang», versuche ich, ihm Trost zu spenden, merke aber selbst, wie banal meine Worte in seinen Ohren klingen müssen.

Es ist nämlich so: Es gibt in unserer Familie ein spezielles Nikolausritual, das nun, durch das Fehlen der Mandarinen, zu scheitern droht. Nicht nur stellen bei uns die Kinder am Vorabend des 6. Dezembers einen Schuh vor die Tür, damit dieser über Nacht, still und heimlich, vom Nikolaus mit Naschkram und Nüssen befüllt wird, auch zelebriert man bei uns noch einen zweiten und beinahe wichtigeren Teil des Brauchs. Und zwar ist es üblich, auch dem Nikolaus eine Kleinigkeit zu kredenzen. Immerhin hat sich der arme Mann durch Wind und Wetter geschlagen, um unsere Stiefel zu befüllen. Was läge da näher, als ihm Dank zu zollen? Papas Überlieferungen zufolge wird der bärtige alte Mann bei seiner Plackerei von einem Eselchen unterstützt, und auch das gilt es zu stärken, schließlich müssen die beiden überall auf der Welt gleichzeitig die Kinder beschenken. Und Esel gelten ja gemeinhin als störrisch und eher langsam. Den Nikolaus und sein Packtier für die Strapazen zu belohnen, hat daher oberste Priorität und ist in den Augen meines Vaters nicht verhandelbar. Ein kleiner ausgewogener Imbiss soll für das Team bereitstehen. Idealerweise aus Mandarinen (wegen der Vitamine und der Ballaststoffe – O-Ton Papa). Dazu ein Tütchen selbst gebackener Kekse (um durch den Zucker an schnell verwertbare Energie zu gelangen, und weil selbst Gemachtes nun mal ein Zeichen der Wertschätzung ist). Zudem wird Wasser offeriert, und der Esel bekommt ein Schüsselchen mit blütenzarten Haferflocken.

Früher haben meine Schwester und ich diesem Tag entgegengefiebert, doch eine mythische Figur wie der Nikolaus konnte gegen Inas Intellekt nicht allzu lange bestehen. Und je mehr sie auf Provokationskurs ging, umso vehementer hielten meine Eltern und ich an dem Brauch fest. So habe ich zu Papas großer Freude noch sehr anhaltend und mit Feuereifer am Vortag des 6. Dezembers Kekse gebacken und mir die Nase am Fenster platt gedrückt, um einen Blick auf das Eselchen zu erhaschen. Und ein wenig auch, um Ina damit das Gegenteil beweisen zu können.

Als meine Schwester auszog, war ich 14 und bezüglich des Nikolauses mittlerweile von meinen Mitschülern desillusioniert worden. Ich stellte keine Schuhe mehr vor die Tür, aber mit dem magischen Datum fiel zu Hause weiterhin der Startschuss für die Weihnachtsbäckerei. Und Papa sorgte stets dafür, dass wir Mandarinen im Haus hatten.

Dieser Brauch hat so vieles überstanden, was in meiner Familie über die Jahre geschehen ist, Gutes wie Schlechtes, dennoch hatte ich ihn fast vergessen.

Meine Schwester Ina und ich sind inzwischen beide über dreißig, darum ist das Thema Nikolaus in unseren Köpfen nicht mehr allzu präsent. Aber ich schätze, dass Papa die Tradition nun für seine Enkelin Mimi aufleben lassen möchte. Und es scheint ihm ein sehr wichtiges Anliegen zu sein.

«Weißt du, Papa», taste ich mich sanft vor, denn er ist in mancherlei Hinsicht etwas dünnhäutig. Man muss genau abwägen, ob das, was man sagen möchte, auch *wirklich* wichtig ist. Und falls ja, bestäubt man die Worte am besten dick mit Puderzucker, ehe man sie ihm, locker fluffig und in einem Nebensatz verschachtelt, zuspielt. «Ich bin mir nicht sicher, inwieweit Mimi überhaupt vom Nikolaus weiß. Möglicherweise benötigen wir darum gar keine Mandarinen, sondern –»

«Doch, die brauchen wir, Ella!», unterbricht er mich.

«Aber …» Ich gerate ins Stocken. Papa ist so voller Vorfreude, ich bringe es nicht übers Herz, seine Illusionen zu zerstören. Andererseits ist niemandem damit geholfen, wenn er morgen den ganzen Tag Trübsal bläst, weil Mimi ähnlich rational reagiert wie damals Ina.

Bis letzten Sommer haben Papa und ich nichts von Mimis Existenz gewusst, erst als wir auf den Karsenhof reisten, machten wir ihre Bekanntschaft. Und schnell stellte sich heraus, dass Mimi wie ihre Mutter ebenfalls hochbegabt ist.

«Du … kennst doch Ina», setze ich noch einmal an. «Sie wird ihrer Tochter garantiert keine Märchen erzählt haben. Abgesehen davon geht Mimi bereits in die dritte Klasse …» Der Rest des Satzes – nämlich: «Nie und nimmer glaubt sie an den Nikolaus.» – will mir nicht über die Lippen kommen. Er ist außerdem nicht *wirklich* wichtig. Mein Vater verfügt über feine Antennen, er wird ganz sicher von selbst darauf stoßen.

«Oh, mach dir wegen Mimi keine Sorgen», winkt er mit großer Geste ab. «Sie hat mir sehr interessiert zugehört, als ich ihr von dem Brauch berichtet habe, und war sofort Feuer und Flamme. Wenn sie nachher aus der Schule kommt, will sie gleich die Kekse backen.»

Überrascht schaue ich ihn an. «Oh, okay …» Ich bin einigermaßen perplex. Offenbar habe ich mich getäuscht. Na, umso besser. Es ist ein so schönes, friedliches Ritual, das meinetwegen gerne weiter existieren darf. Unauffällig streiche ich mir über den Bauch. Meinem Kind soll Papa später auch die Legende vom Nikolaus erzählen.

«Aber Mimi wird am Boden zerstört sein, wenn sie erfährt, dass es keine Mandarinen gibt! Hoffentlich weint sie nicht, sie fühlt sich doch immer für alles verantwortlich.»

Herrje, da hat er recht. Mimi ist nämlich nicht nur hochbegabt, sondern auch noch hochsensibel, und man muss Sorge tragen, dass sie unter dieser Last nicht zerbricht. Es wird folglich eine Lösung benötigt, und zwar schnell.

«Weißt du, Papa», improvisiere ich, «die Zeiten haben sich inzwischen geändert, ein wenig Modernisierung tut der Geschichte garantiert keinen Abbruch. Stell dem Nikolaus doch statt der Mandarinen ein Glas von Inas Weihnachtspesto hin. Das mit den gebrannten Mandeln. Aus europäischem Anbau. Nikolaus 2.0 sozusagen. Mimi wird das sicher verstehen.» Aufmunternd lächele ich meinen Vater an. Hoffentlich kann er mit dem Vorschlag etwas anfangen, denn mehr Geistesblitze würden mir heute garantiert nicht kommen. Und ich wüsste auch nicht, was gegen die Idee spräche. Ina ist eine geniale Köchin, und Papa kann sich guten Gewissens auf diesen Modernisierungsvorschlag einlassen.

Doch offenbar spricht in den Augen meines Vaters einiges dagegen, denn Schweigen breitet sich aus. Ich werfe einen verstohlenen Blick auf die Uhr, draußen wartet haufenweise Arbeit auf mich. Alle Tiere, von den Hühnern über die Ziegen und Esel bis hin zu den zwei Lamas, wollen noch gefüttert werden, von dem steinalten Hund sowie diversen streunenden Katzen will ich gar nicht anfangen. Außerdem schneit es inzwischen ununterbrochen, und ich sollte die Wege freiräumen und streuen, damit niemand zu Fall kommt. Ich unterdrücke ein Gähnen. Allein der Gedanke an den Kraftakt lässt mich tiefer in den Sitz rutschen. Skeptisch schiele ich zu meinem Vater.

Ich will es mal so sagen: Papa ist durchaus ein moderner Mensch. Seit Mamas Tod belegt er die unterschiedlichsten Seminare an der Volkshochschule. Er interessiert sich fürs Tanzen im selben Maß wie fürs Bogenschießen, hört in seiner Freizeit Bee Gees und hat mich im vorletzten Sommer sogar genötigt, mit ihm nach Fair Isle zu reisen, um dort den gleichnamigen und offenbar weltberühmten schottischen Pullover zu stricken. Aber wenn es um das Nikolaus-Ritual geht, scheint mein Vater nicht vom bewährten Kurs abweichen zu wollen.

«Fängst du jetzt auch noch von Modernisierungen an?», knurrt er. «Gestern, als ich mit Mimi übers Backen gesprochen habe, verlangte sie nach einem veganen Ei-Ersatz, für den Fall, dass der Nikolaus keine tierischen Produkte zu sich nimmt. Ist das zu fassen?»

«Na ja ...», schaffe ich gerade noch hervorzubringen, ehe mein Vater sich weiter echauffiert.

«Und als deine Schwester kurz dazu trat, hat sie doch tatsächlich eine von diesen Geschlechter-Debatten angezettelt.» Er rollt mit den Augen. «Es geht mir hier nun wirklich nicht um den Nikolaus an sich», sagt er mit Resignation in der Stimme. «Mir persönlich ist schon klar, dass es den nicht gibt. Jedenfalls nicht in Menschengestalt.» Er atmet tief ein. «Aber kann man Mimi nicht mittels eines überlieferten Brauchs ein paar gute alte Werte nahebringen? Ihr aufzeigen, dass nicht jede Weisheit in Lehrbüchern zu finden ist, schwarz auf weiß. Sondern dass wir unsere Sinne und Herzen offenhalten müssen. Dass es wichtig ist, nicht den Glauben zu verlieren, weil der nämlich manchmal sogar Berge versetzen kann.» Sein Blick wird eindringlich.

«Anhand dieser wunderbaren, vorweihnachtlichen Geschichte vom Nikolaus kann Mimi lernen, sich dankbar zu zeigen. Dinge wertzuschätzen und Glück zurückzugeben.» Er reckt das Kinn. «Muss denn heutzutage ständig alles reformiert werden? Warum darf der Nikolaus kein Mann mehr sein? Ich meine, eine derart schwere Arbeit eine Frau erledigen zu lassen, ist nun wirklich unflätig und stillos!»

Angestrengt presse ich meine Lippen aufeinander, um nicht zu lachen. So ist er nun mal, mein Vater. Kavalier durch und durch. Tief im Inneren ist ihm vermutlich klar, dass seine Argumentation gleich an mehreren Stellen hinkt und dass er sich glücklich schätzen kann, wenn Ina nur übers Gendern diskutieren wollte und ihm nicht eine Grundsatzdiskussion über Sagen und Märchen aufgezwungen hat. Oder über die *guten alten Werte*, die Ina nun mal mit anderen Maßstäben misst. Oder darüber, dass Kekse mit Weißmehl und einem Zuckergehalt, mit dem man Häuser verfugen könnte, nicht mehr als das Nonplusultra einer ausgewogenen Ernährung gelten, ebenso wie Flug-Obst aufgrund der verheerenden Ökobilanz zu Recht im Verruf steht. Ich schätze, dass in Papas Nikolaus-Proviant-Körbchen allenfalls die Haferflocken wirklich nahrhaft und klimafreundlich sind – sofern sie nicht aus China importiert wurden. Aber ich sehe den Kummer in den Augen meines Vaters und verstehe natürlich, worauf er im Grunde hinauswill.

«Na gut», räuspere ich mich. «Gehen wir also noch mal die Fakten durch: Es gibt keine Mandarinen, darum müssen wir nach einem adäquaten Ersatz suchen. Nicht zu modern, aber gleichermaßen gesund.»

Erneut schaue ich kurz auf die Uhr und kann nicht glauben, dass ich inzwischen bereits eine halbe Stunde über den Nikolaus diskutiere.

«Es fehlt also eine gesunde Gabe mit viel Vitamin C.» Ich versuche, mich noch einmal auf das Thema zu konzentrieren. Da steht plötzlich Mimi im Raum. Sie muss direkt von draußen kommen sein, denn ihre Wangen sind knallrot vor Kälte, und ihre himmelblaue Pudelmütze ist von einer dünnen Schneeschicht bestäubt.

«Waaaas?», ruft sie und klingt in meinen Ohren irgendwie überdreht. So kenne ich die Kleine gar nicht. Mimi kommt nach ihrer Mutter und hält gern ausschweifende Monologe über Themen, die Kinder ihres Alters normalerweise nicht unbedingt interessieren, ansonsten ist sie aber eher ein introvertiertes Kind. «Wir haben keine Mandarinen für den Nikolaus?» Ihre Stimme kiekst, und sie wirft mit einer theatralischen Geste die Arme in die Luft.

Wie es scheint, hat mein Vater ordentlich auf die Tube gedrückt, als er von dem Nikolausbrauch erzählt hat.

«Alles ist gut», versuche ich rasch, sie zu beruhigen. Mimi soll sich bloß nicht erst in die Thematik hineinsteigern. Sie ist dicht am Wasser gebaut. Ein weinendes Kind würde heute meine Kräfte übersteigen. «Sicher wäre der Nikolaus allein mit den Keksen völlig zufrieden», quassele ich drauflos. «Dein Opa findet aber, dass man ihm außerdem noch etwas Gesundes zur Stärkung bieten sollte.»

«Mandarinen mit viel Vitamin C», fügt mein Vater an.

Mimi schaut von mir zu Papa, dann kurz zur Decke und zu guter Letzt wieder zurück zu mir. Einen Moment fürchte ich, ihr könnten nun doch noch die Tränen kommen, aber stattdessen sagt sie besonnen: «Vitamin C ist ja nicht nur in Zitrusfrüchten.» Sie hopst auf ihren Opa zu, drückt ihm einen Kuss auf die Wange und schulmeistert: «Es gibt viiiel Besseres als Mandarinen.»

Mit diesen Worten rauscht sie nach nebenan in die Küche, wir hören es klappern und poltern, und kurz darauf steht Mimi erneut vor uns. Mit einem dicken Brokkoli im Arm, den sie nun mit würdevoller Geste meinem Vater unter die Nase hält.

«Das Grünzeug hier ist viel nahrhafter. Und es schmeckt super!» Wie zum Beweis rupft sie ein winziges Röschen ab und steckt es sich in den Mund. Kauend erklärt sie: «Alle Vitamine sind da drinnen, auch Calcium und –»

«Perfekt!», falle ich ihr ins Wort. Zum einen weiß ich nur zu gut, wie lange Mimi sich mit Erklärungen aufhalten kann, wenn sie erst mal in Schwung kommt. Zum anderen möchte ich vermeiden, dass mein Vater Bedenken äußert. Denn natürlich hegt er welche, das lese ich in seinen Augen. «Ein gebührender Mandarinen-Ersatz für den Nikolaus!», lobe ich die Kleine. Wenn wir hier und heute zu einem befriedigenden Ergebnis kommen wollen, ist es Zeit für Kompromisse.

«Und wie soll er das Kraut essen?», will Papa wissen und begutachtet leicht angewidert den grünen Strunk. Ein riesiges Fragezeichen schwebt über seinem Kopf.

«Das ist kein *Kraut*, sondern eine mit dem Blumenkohl verwandte Gemüsepflanze, die …» Mimi will gerade tief Luft holen, da grätsche ich in ihren Monolog.

«Na, er isst ihn selbstverständlich roh!», sage ich im Brustton der Überzeugung, als sei es die normalste Sache der Welt. Und mit gespielter Begeisterung zupfe ich mir ebenfalls ein Röschen ab, schiebe es mir zwischen die Zähne und kaue darauf herum.

Kann man machen. Muss aber nicht sein.

«Siehst du!», strahlt Mimi ihren Opa an. «Dann backen wir jetzt die Kekse. Ich hab auch Chia-Samen gekauft für das vegane Ei.»

Mein Vater rauft sich die Haare.

«Und ich gehe endlich raus und versorge die Tiere», versuche ich, der Situation zu entfliehen, ehe er Zeit hat, nach Widerworten zu suchen. «Wenn ihr mit eurem Vorhaben fertig seid, sammeln wir gemeinsam die Schuhe ein und stellen sie dem Nikolaus zusammen mit den Gaben vors Haus. Einverstanden?»

Mimi breitet die Arme aus und dreht sich aufgeregt im Kreis. Die bevorstehende Aktion verdient ihr Lieblingswort: «Das wird wundersuperschön, Tante Ella», trällert sie. «Der Nikolaus kann kommen!»

❀ ✳ ❀

Am Abend liege ich vollkommen erledigt auf der kleinen Couch in Toms Zimmer, das immer dann zu *unserem* Zimmer wird, wenn Papa zu Gast ist. Ohnehin schlafen wir beinahe täglich hier im Erdgeschoss, haben aber jeder unseren Rückzugsort.

«Ich wusste gar nicht, dass dein Vater so gerne backt», sagt Tom schmunzelnd, als er seinen Laptop zuklappt. Er sitzt rechts von mir an einem antiken Sekretär und dreht sich jetzt zu mir um. «Es riecht fantastisch! Wann bekommen wir denn eine Kostprobe von den Keksen zu essen?»

«Vermutlich gar nicht. Sie sind nicht für uns gedacht, sondern für den Nikolaus und liegen schon im Strandkorb für ihn bereit.»

Ich muss lachen, als ich sehe, wie Toms Brauen vor Überraschung in die Höhe schnellen. Seine dunklen Augen blitzen mich dabei vergnügt über den Rand der Lesebrille an. Toms Mutter ist Nenis Tochter, sein Vater ein gebürtiger Portugiese. Beide wohnen in Berlin, sind aber die meiste Zeit des Jahres für Ärzte ohne Grenzen im Einsatz. Äußerlich kommt Tom eher nach seinem Papa, von ihm hat er das südländische Aussehen und die schwarzen Haare. Mein erster Eindruck, als ich ihn kennenlernte, war, dass er so gut nach Sylt passt wie ein Mops auf den Mond. Inzwischen liebe ich seinen Drei- bis Siebentagebart und das knisternde Geräusch, wenn er sich, wie jetzt, belustigt darüber streicht.

«Du weißt doch, dass Papa zahlreiche Hobbys pflegt.» Ich setze mich auf. «Nun hat er eben die Weihnachtsbäckerei für sich entdeckt. Ich bin gespannt, was das neue Jahr für Interessen bringt.»

Toms Gesichtsausdruck wird auf einmal ganz besinnlich. «Das vergangene Jahr hat uns jedenfalls allen viel Glück gebracht», sagt er gedankenverloren und sucht meinen Blick. «Vor allem mir.»

Obwohl wir mittlerweile ein halbes Jahr zusammen sind, uns tagtäglich sehen und seit Neuestem obendrein Eltern werden, wird mir immer noch ganz heiß vor Verlegenheit, wenn er diesen romantischen Tonfall anschlägt und mich dabei so intensiv anguckt.

«Das geht mir ganz genauso», sage ich. Als Papa und ich letztes Jahr auf den Karsenhof kamen, um Ina zu treffen, steckte mein Leben gerade in einer Sackgasse. «Und jetzt», ich mache eine raumgreifende Geste und deute zum Abschluss auf meinen Bauch, «sogar das hier. Niemals hätte ich mir träumen lassen, Teil einer so wunderbaren und verrückten Großfamilie zu sein.»

«Das hat sich wohl niemand von uns ausgemalt. Auch Mimi mit ihrer grenzenlosen Fantasie nicht. Sie versichert mir mindestens einmal am Tag, wie *wundersuperschön* sie es findet, dass wir nun eine WG sind.»

«Und mit diesem Gefühl steht sie nicht allein da», erkläre ich lachend.

Wie fast täglich haben wir auch heute alle gemeinsam zu Abend gegessen. Als sich Ina, Tom und Neni im Anschluss zurückzogen, bin ich Papa und Mimi noch in der Küche zur Hand gegangen, um die Überreste vom Back-Abenteuer zu beseitigen. Bis wir dann anschließend mit dem Teil begannen, auf den vor allem Mimi schon seit Stunden hinfieberte. Wir suchten von jedem Familienmitglied jeweils einen Schuh aus, wienerten kurz drüber und trugen die Ansammlung nach draußen.

Sobald die dunkle Jahreszeit anbricht, dekoriert Neni die Kiesauffahrt zum Karsenhof mit Windlichtern, die allabendlich angezündet werden. Auch vorhin flackerten die Kerzen in der Dunkelheit und wiesen uns den Weg zum Ziel: dem Ende der Auffahrt, wo ein nostalgischer, leicht ramponierter Strandkorb, unser sogenannter *Gemüsekorb*, steht. Hier bieten wir vieles von dem, was meine Schwester einkocht und einlegt, zum Verkauf an. Ina ist in dieser Hinsicht nämlich nur schwer zu bremsen, manchmal verbringt sie ganze Nächte in der Küche, um eine Idee für ein neues Pesto oder Chutney auszuprobieren. Nichts geht beispielsweise über ihr Lebkuchen-Chutney!

Doch selbst zu siebt schaffen wir es nicht, all ihre Leckereien zu verzehren, und so entstand im vergangenen Sommer die Idee dieses etwas ungewöhnlichen Verkaufsstands. Jetzt im Winter gibt es bei Minusgraden im *Gemüsekorb* nichts zu kaufen. Er steht zurzeit leer, wird aber von Neni festlich geschmückt.

Nachdem wir also die Schuhe nach Größen sortiert und ordentlich am Strandkorb aufgereiht hatten, begannen wir, den Nikolaus-Imbiss zusammenzustellen.

Die Kekse wurden erst liebevoll in ein kleines besticktes Jute-säckchen gefüllt und dieses anschließend mit einem Schleifchen versehen. Haferflocken und Wasser für den Esel kamen jeweils in Mimis Lieblingsmüslischälchen, ebenso der Brokkoli. Und für das Getränk des fleißigen Nikolaus wählten wir das schönste Trinkglas, das sich auf dem Hof auftreiben ließ.

Papa und Mimi waren dermaßen aufgekratzt, dass ich mich von ihrer Stimmung mitreißen ließ und zwischendurch sogar ins Schwitzen geriet, obwohl draußen eine für Dezember nicht ungewöhnlich strenge und eisige Kälte herrschte. Es schneite aber nicht mehr, und die Nacht war sternenklar. Als könne man bis in den hintersten Winkel des Universums sehen.

Das ist noch so ein Phänomen auf Sylt: dieser unbeschreibliche Himmel. Egal zu welcher Tages- oder Nachtzeit man nach oben blickt, stets empfindet man Demut vor der überwältigenden Weite des Alls. Und jetzt, zur Weihnachtszeit, beschleicht mich das Gefühl, jemand habe noch ein paar funkelnde Sterne zusätzlich ans Firmament gezaubert.

Beinahe eine halbe Stunde benötigten wir, bis alles für unseren Geschmack perfekt angerichtet war. Dann brachte Papa Mimi ins Bett, und ich legte mich zum Ausruhen auf die Couch.

Tom steht auf und kommt zu mir rüber. Er will sich für einen Kuss zu mir beugen, da klopft es an der Zimmertür. Augenblicklich fahren wir wie zwei ertappte Teenager auseinander und müssen spontan über diese törichte Reaktion lachen.

«Herein!», rufen wir wie aus einem Mund.

Die Tür geht auf, und mein Vater tippelt auf leisen Sohlen über die Schwelle. Wie schon vorhin trägt er seinen dicken, selbst gestrickten Pulli und darüber eine Daunenjacke. Jetzt hat er zusätzlich eine Pudelmütze und eine Grubenlampe auf dem Kopf.

«Ella», wispert er, «bist du bereit?» Er nestelt an der Leuchte auf seiner Stirn. «Mimi war von der vielen Aufregung vollkommen erschöpft. Sie schläft, und wir können somit beginnen.» Er reibt sich die Hände.

Tom neben mir richtet sich auf. «Was habt ihr vor?» Er sieht besorgt zwischen Papa und mir hin und her. «Noch dazu um diese Uhrzeit.»

Mein Vater, der von meinem Zustand keine Ahnung hat, setzt seine Unschuldsmiene auf. «Nichts.» Dann presst er die Lippen aufeinander, als wolle er sich selbst daran hindern, ein Sterbenswörtchen von unserem Vorhaben auszuplaudern.

«Aha», meint Tom und beäugt Papa kritisch. «Und um *nichts* zu tun, benötigst du eine Grubenlampe?»

Mein Vater schweigt weiter beharrlich.

«Wohl ein Familiengeheimnis?», versucht es Tom weiter und lässt seinen forschenden Blick erneut zu mir wandern. Aber Papa zuliebe schweige ich und zucke nur vielsagend mit den Schultern.

Als Tom einsieht, dass er keine Erklärung bekommen wird, drückt er mir einen schnellen Kuss auf die Stirn und flüstert: «Pass auf dich auf, Ella.» An Papa gewandt, sagt er laut: «Was auch immer ihr vorhabt, ich hoffe, es hat nichts mit Haselnussschnaps zu tun.» Er zwinkert meinem Vater vielsagend zu.

Papa hat uns im Sommer einen gehörigen Schrecken eingejagt, weil er spätnachts betrunken und laut lallend nach Hause kam. Der Vorfall wird uns allen ewig im Gedächtnis bleiben, nicht zuletzt, weil an jenem Abend Haselnussschnaps eine große Rolle gespielt hat.

Statt einer Antwort schneidet Papa eine Grimasse, was Tom jedoch nicht sehen kann, da er sich gerade wieder an seinen Schreibtisch setzt. Er dreht sich aber noch einmal zu mir um und schaut kopfschüttelnd dabei zu, wie ich in meine Skisocken und die Daunenjacke schlüpfe.

Anschließend gehe ich in die Hocke und ziehe aus den Tiefen des Bettkastens einen Stoffbeutel hervor, der randvoll mit Süßigkeiten und Nüssen befüllt ist. In diesem Versteck lagert er schon seit ein paar Tagen. Mit Schwung werfe ich mir den Sack über die Schulter und hake mich bei meinem Vater unter.

«Sei unbesorgt, Tom», flötet Papa zum Abschied. «Wir essen nur ein wenig Brokkoli.»

❀ ❊ ❀

«Psst!», mahnt mich mein Vater, als wir vor dem Haus über die Treppe Richtung Kiesweg stapfen. Unter unserem Gewicht knirscht lautstark der Schnee, und ich habe das Gefühl, man kann unsere Schritte bis nach Keitum hören.

Vorhin waren wir zu dritt und haben miteinander herumgealbert, sodass das Geräusch nicht auffiel. Doch nun herrscht absolute Stille, und sogar die Wellen, die man im kargen Winter weit entfernt anrollen hört, scheinen Pause zu machen.

Papa schaltet das Licht seiner Grubenlampe ein, und wie zwei Einbrecher nehmen wir Kurs auf den Strandkorb. Dort angekommen, verteilen wir in allen Schuhen Süßigkeiten und Nüsse, danach lässt mein Vater sich mit einem wohlwollenden Grunzen im Innern des Möbels nieder.

«Zum Essen würde ich mich gern setzen.»

Irritiert sehe ich ihn an. «Du kannst doch nicht allen Ernstes schon den Naschkram aus deinem Schuh vertilgen wollen?»

Doch statt einer Antwort klopft mein Vater auf den Platz zu seiner Linken, und ich quetsche mich folgsam mit meiner dicken Jacke neben ihn. Wir können uns kaum rühren, so eng sitzen wir beieinander. Ein paar Verrenkungen vollführt mein Vater dennoch, dann hält er mir die Schüssel mit den Haferflocken vor die Nase. «Hier», sagt er, «guten Appetit.» Er selbst schnappt sich das Säckchen mit den Keksen. «Oder möchtest du zuerst den Brokkoli knabbern?»

Noch während ich ihn mit offenem Mund anstarre und um Fassung ringe, öffnet er das Jutesäckchen, angelt nach einem Keks und stopft ihn sich genüsslich in den Mund. Kauend erklärt er: «Egal was du isst, sieh zu, dass du genügend Krümel hinterlässt. Deine Mutter und ich haben früher auch immer darauf geachtet, ordentlich Spuren zu hinterlassen. Sollte ja echt aussehen. Als sei der Nikolaus leibhaftig vorbeigekommen.» Aufmunternd lächelt er mir zu. «Fang an!»

Das kann kaum sein Ernst sein! Nach Papas nächstem Griff in den Keksbeutel entreiße ich ihm das Säckchen. «Du lässt mich nicht ernsthaft allein die Körner und den Brokkoli essen?», erhebe ich meine Stimme.

Papa zuckt mit den Schultern. «Du hast auf dem grünen Kraut bestanden, ich wollte Mandarinen.» Er nutzt den Überraschungseffekt, um sich die Kekse zurückzuerobern.

«Also, ich habe auf gar nichts *bestanden*», entgegne ich pikiert. «Außerdem war es Mimis Idee.» Mit Schwung schnappe ich mir erneut das Jutesäckchen. Dieses Mal schaffe ich es sogar, einen Keks zu erhaschen. «Und zu deiner Erinnerung: Diese Kekse sind vegan. Neumodischer Kram – und somit eigentlich nichts für dich.» Ich reiche ihm stattdessen das Schälchen von meinem Schoß. «Widme du dich doch den Haferflocken. Jahrhundertealte Rezeptur, dazu ein Glas Wasser – ganz dein Ding.» Genüsslich schiebe ich mir den Keks in den Mund.

Papa jault. Und nach langem Hin und Her, genau genommen, nachdem alle Kekse aufgegessen sind, einigen wir uns darauf, den Rest gerecht zu teilen. Erst knabbern wir uns tapfer durch das inzwischen eiskalte, rohe Gemüse und futtern anschließend auch noch die trockenen Haferflocken. Es ist ja zum Glück nicht die kernige Variante. Mit dem Wasser spülen wir die aufquellende Masse herunter. Meine Schwangerschaft kommt mir dabei sehr zugute. Ich könnte alles in mich hineinstopfen, bin mir aber nicht sicher, wie viel roher Brokkoli in meinem Zustand wirklich bekömmlich ist.

Wir krümeln ausgiebig, lassen ansonsten aber keine Reste übrig, schließlich wollen wir einen pädagogisch bedeutenden Gedanken transportieren, nämlich dass Essen wertvoll und ein Geschenk ist.

Als ich mich nach dem letzten Bissen meinem Vater zuwende und sich unsere Blicke treffen, steht in seinen Augen eine große Freude über unsere gelungene Aktion. Es ist ein so wohltuender, inniger Moment, dass ich endlich begreife, warum mein Vater an diesem Brauch hängt.

Eine Weile sitzen wir noch in stummem Einvernehmen im Strandkorb, kuscheln uns aneinander und betrachten die flackernden Kerzen entlang des verschneiten Kieswegs. Ich merke, wie sehr ich dieses Fleckchen Erde auch im Winter mag.

Am Nachmittag hatte ich mir den Luxus eines Spaziergangs gegönnt. Ich musste kurz mit mir und dem Gedanken an das Baby allein sein. Und am Meer herumzustreifen, der Brandung zu lauschen und die Wellen anrollen zu sehen – das ist für mich das Größte. Es gibt gerade in dieser kalten Jahreszeit kaum etwas Schöneres und Entspannenderes. Seit ich vor sechs Monaten zum ersten Mal in meinem Leben nach Sylt kam, bin ich schockverliebt. Diese Insel hat so viele Facetten, niemals hätte ich mir vorstellen können, wie abwechslungsreich die Natur sich hier präsentiert. Und von den langen Stränden, die man in den Wintermonaten fast für sich hat, kann ich nicht genug bekommen.

«Nun sag schon, Ella», holt mein Vater mich aus meinen Gedanken, «bist du nicht erleichtert, dass wir nicht das Glas mit Mandelpesto leeren mussten?»

Ich boxe ihn liebevoll in die Seite. Obwohl mich zurzeit die seltsamsten Gelüste heimsuchen, stelle ich mir das pure Öl-Mandel-Gemisch in der Tat herausfordernd vor. «Ja, du hast recht. Außerdem: Der Brokkoli war gar nicht so übel.»

Ohne viele Worte brechen wir irgendwann auf.

Im finstern Flur des Karsenhofs sagen wir uns gute Nacht. Und während mein Vater in die obere Etage in sein Gästezimmer entschwindet, schleiche ich noch mal kurz in die Küche, um etwas zu trinken. Leise und im Halbdunkel, damit ich niemanden wecke, tapse ich zum Kühlschrank und will gerade die Tür öffnen, da sehe ich Mimi am Esstisch sitzen.

«Tante Ella?», flüstert sie und springt auf. «Das hat aber lange gedauert. Habt ihr die Sachen alle aufgegessen? Oder etwa weggeworfen?»

Ein wenig perplex stottere ich: «Wir … wir werfen doch keine Lebensmittel weg.» Dann führe ich mir die Situation bewusst vor Augen und füge pflichtschuldig hinzu: «Wovon redest du überhaupt?»

Doch statt einer Antwort prustet Mimi nun los: «Echt jetzt, Tante Ella? Du hast den gesamten Brokkoli gegessen?»

Ich knipse die schummrige Leuchte am Essplatz an, um etwas Zeit zu gewinnen. «Ähm … na ja, also …»

Die Kleine schenkt mir ein süßes Lächeln. «Das weiß doch jeder, dass es den Nikolaus nicht gibt», sagt sie. «Aber Opa hat sich so viel Mühe gegeben mit seiner Geschichte, ich wollte ihn nicht traurig machen.» Sie kommt zu mir und schmiegt sich in meine Arme. «Ich konnte ihm nicht sagen, dass ich an das Märchen nicht glaube.»

Ich muss vor Rührung schlucken. Oder weil ich neuerdings dicht am Wasser gebaut bin.

«Das war sehr klug und richtig von dir», sage ich. «Es hat Opa sehr viel Spaß gemacht, für dich den Nikolaus zu geben. Meinst du, dass du es schaffst, morgen auch noch mitzuspielen und ganz überrascht zu tun?»

Ehrlich gesagt, hege ich Zweifel, denn Mimis Vorstellung am Nachmittag, als sie mit kieksender Stimme und theatralischer Gestik über Mandarinen lamentierte, war etwas dick aufgetragen. Andererseits scheint dies meinem Vater nicht aufgefallen zu sein. Und mir geht es im Grunde ja auch jetzt erst auf.

Mimi nickt. «Na klar, schließlich besuche ich in der Schule doch den Theater-Kurs.»

«Wunderbar.» Vermutlich ein Anfängerkurs. Schmunzelnd gebe ich ihr einen Kuss auf die Stirn und will sie bei der Hand nehmen, ums sie ins Bett zu bringen, doch Mimi liegt noch mehr auf der Seele.

«Trotzdem hat Opa recht», sagt sie und sieht mich aus großen Augen an. «Mitunter muss man ganz fest an etwas glauben, dann wird es wahr.»

Ich lächele stumm in mich hinein, weil ich an Papas Worte denke: *Dass nicht immer alles in Lehrbüchern steht, sondern dass Glauben manchmal Berge versetzt.*

Sanft streichele ich Mimi über den Kopf. «Ja», sage ich vage, «manchmal hilft das.»

Mimi kichert. Der Kummer um ihren Opa scheint vergessen, denn plötzlich hat sich ein glückseliges Strahlen auf ihrem Gesicht breitgemacht.

Instinktiv frage ich: «Gibt es denn eine bestimmte Sache, an die du so fest geglaubt hast, dass sie wahr geworden ist?»

Mimi grinst inzwischen wie das berühmte Honigkuchenpferd. «Und ob!»

Vor Freude beginnt sie, im Kreis zu hüpfen, und ich will sie schon festhalten, damit sie mit ihrem Getrampel nicht das gesamte Haus aufweckt. Da reckt sie sich zu mir, um mir etwas ins Ohr zu flüstern.

«Ich habe mir eine Cousine gewünscht», sagt sie feierlich. «Oder einen Cousin. Und seitdem du auf dem Karsenhof bist, habe ich mit meinen Gedanken den Wunsch jeden Abend ins Universum geschickt. Und jetzt», sie beugt sich flink vor und küsst meinen Bauch, «bekommst du ein Baby! Ich habe gehört, wie du mit Tom darüber gesprochen hast.» Sie stößt einen tiefen, befriedigten Seufzer aus. «Opa hat recht: Glauben versetzt Berge.»

Ich nehme sie erneut in den Arm, um zu kaschieren, wie sehr ich mir das Lachen verbeiße. Auch wenn Mimi superschlau ist, nicht an Märchen glaubt und aus dem Stegreif einen Vortrag über Meeresplankton halten könnte – die Sache mit dem Kinderkriegen ist ihr zum Glück noch ein Rätsel. Und das darf in meinen Augen gern noch eine Weile so bleiben.

Inas
Lebkuchen-Chutney

Zutaten

*1 kg Pflaumen (möglich ist auch TK-Ware oder getrocknete
Pflaumen)*
2 rote Zwiebeln
2 cm frischer Ingwer
2 EL neutrales Pflanzenöl
200 g Zucker
200 g Weißweinessig
½ TL Zimt
2 TL Lebkuchengewürz
1 Prise scharfes Chilipulver
Salz & Pfeffer nach Geschmack

Zubereitung

Die Pflaumen entsteinen und halbieren, bzw. auftauen und abtropfen lassen. Zwiebel in kleine Stückchen schneiden, Ingwer schälen und entweder reiben oder in dünne Scheibchen schneiden.

Öl in einem Topf erhitzen, Zwiebel und Ingwer darin bei mittlerer Hitze glasig dünsten. Zucker und Essig unterrühren und aufkochen lassen. Danach die Pflaumen sowie alle Gewürze zufügen und alles 30 Min. köcheln lassen.

Gläser sterilisieren und bis zum Rand mit dem kochenden Chutney befüllen. Danach die Gläser fest verschließen und 10 Minuten auf den Kopf stellen. Zum Abkühlen wieder umdrehen. Angebrochene Gläschen im Kühlschrank aufbewahren.

LIV HELLAND

Stürmische *Weihnachten* im Inselkrankenhaus

*I*ch hatte mir den Heiligabend auch anders vorgestellt.» Mit dem Handy am Ohr richtete Greta sich in ihrem Krankenhausbett auf und versuchte, die Kopfkissen in ihrem Rücken zurechtzurücken. Ihr runder Babybauch war ihr im Weg, so wie inzwischen bei fast jeder Bewegung. «Aber Helena sagt, ich muss in der Klinik bleiben, bis sie weiß, ob mit dem Kind alles in Ordnung ist. Sie will nichts riskieren.»

«Das verstehe ich natürlich, und du musst unbedingt auf deine Gynäkologin hören», sagte ihre Mutter Heike am anderen Ende der Leitung. «Es ist nur so schade. Ein Weihnachten ohne dich und Mark, das kann ich mir gar nicht vorstellen ...»

«Wir wären heute Abend auch lieber bei euch, glaub mir», erwiderte Greta. «Aber wer ahnt denn, dass so etwas passiert?»

Sie ließ sich in die Kissen zurücksinken und dachte mit Schrecken an ihren Zusammenbruch eben in der Notaufnahme. Eigentlich hatte sie nur schnell ein paar kleine Weihnachtsgeschenke für die Kolleginnen und Kollegen abgeben wollen, die an Weihnachten Dienst hatten. Aber dann war ihr ganz plötzlich schwindelig geworden, und nun lag sie hier, ausgerechnet auf der Station der Hansen-Klinik, auf der sie noch bis zum Beginn ihres Mutterschutzes selbst als Krankenschwester gearbeitet hatte. Und wie es aussah, würde sie auch erst mal hierbleiben müssen.

«Ist Mark denn wenigstens bei dir?», erkundigte sich ihre Mutter. «Wie ich ihn kenne, weicht er dir bestimmt nicht eine Sekunde von der Seite.»

Greta musste lächeln, als sie an ihren Mann dachte. Mark war Chefarzt der chirurgischen Abteilung der Klinik und normalerweise durch kaum etwas aus der Ruhe zu bringen. Aber wenn es um sie und das Baby ging, dann verlor er alle professionelle Distanz. Es rührte Greta, wie sehr er um ihrer beider Wohlergehen besorgt war, und eigentlich hätte er auch jetzt ganz sicher hier bei ihr gesessen. Es gab da nur ein Problem.

«Mark ist gar nicht auf der Insel», erklärte sie. «Er ist heute Morgen nach Hamburg gefahren, um seinen Vater abzuholen. Herberts Auto musste ganz plötzlich in die Werkstatt, deshalb hätte er nicht kommen können. Aber das geht doch nicht, dass er Weihnachten allein verbringt! Also habe ich Mark überredet, sich auf den Weg zu ihm zu machen. Und die beiden wären vermutlich auch längst zurück, wenn das Wetter nicht gerade so verrückt spielen würde.» Besorgt blickte sie zum Fenster. Der Schneefall, der am Mittag eingesetzt hatte, war während der letzten Stunde immer heftiger geworden. Dicht an dicht regneten die Flocken jetzt vom Himmel, und der eisige Wind drückte die dicke weiße Schicht auf dem Fensterbrett gegen die Scheibe.

«Oje! Hoffentlich klappt es noch mit der Überfahrt», meinte Heike. «Wenn es so weiterschneit, dann wird bestimmt der Fährverkehr eingestellt.»

Greta schluckte. Sie wusste, dass ihre Mutter recht hatte. Bei Extremwetterlagen konnte es passieren, dass die Insel auf unbestimmte Zeit vom Festland abgeschnitten war. Daran waren sie als Insulaner gewöhnt. Aber gerade heute von ihrem Mann getrennt zu sein, das mochte sie sich gar nicht vorstellen.

«Mark kommt ganz sicher, er hat mir versprochen, dass er …

oh!» Überrascht legte Greta eine Hand auf ihren Bauch, weil sie plötzlich wieder dieses schmerzhafte Ziehen spürte. Es ging schnell vorbei, aber es war heftiger als beim letzten Mal.

«Alles in Ordnung, Schatz?», fragte Heike besorgt.

«Ja, alles gut», versicherte Greta ihr. «Dein Enkelkind ist heute nur ein bisschen lebhaft.»

Sehr lebhaft sogar, fügte sie im Stillen hinzu und runzelte die Stirn. Sie hatte das Gefühl, dass etwas nicht stimmte, doch sie wollte ihre Mutter nicht beunruhigen.

Heike schwieg einen Moment. «Weißt du was, ich komme in die Klinik», sagte sie entschlossen. «Wenigstens bis Mark zurück ist. Dann bist du nicht allein.»

«Unsinn, dafür ist das Wetter viel zu schlecht!», widersprach Greta sofort. «Und es ist auch nicht nötig. Ich bin hier bestens versorgt. Bitte, Mama, bleib zu Hause! Du musst dir wirklich keine Sorgen um mich machen!»

Heike seufzte. «Also gut. Aber du sagst sofort Bescheid, wenn du mich brauchst, hörst du?»

Greta versprach es und legte hastig auf, damit ihre Mutter nicht merkte, wie beklommen ihr zumute war. Wehmütig dachte sie an die kleine Pension ihrer Eltern, in der sie heute eigentlich mit ihrer Familie Weihnachten gefeiert hätte. Sie sah die festlich geschmückte gute Stube mit dem Weihnachtsbaum vor sich, unter dem jetzt sicher schon die Geschenke lagen und darauf warteten, nach dem Essen ausgepackt zu werden …

Ein Klopfen an der Tür riss Greta aus ihren Gedanken. Einen Moment später betrat eine junge Frau mit goldblonden Haaren das Zimmer.

«Anna!» Greta setzte sich auf und sah ihre Hebamme überrascht an. «Was machst du denn hier?»

«Helena hat mir geschrieben, dass du in der Notaufnahme

zusammengeklappt bist. Und da wollte ich lieber mal nach dir sehen.» Anna Stöwer schloss lächelnd die Tür hinter sich und hängte ihre nasse Jacke, auf der die Schneespuren langsam schmolzen, über die Lehne des Besucherstuhls. Dann kam sie zu Greta ans Bett.

«Das hättest du nicht tun müssen.» Greta deutete zum Fenster. «Das Wetter ist doch furchtbar.»

Anna winkte ab. «Das gehört zum Service, schließlich bist du meine Patientin», meinte sie und setzte sich auf die Bettkante. «Wie geht es dir denn?»

«Ganz gut», sagte Greta und lächelte. «Besser, jetzt, wo du da bist.»

Anna nahm ihre Hand, und Greta spürte, wie ihr gleich etwas leichter ums Herz wurde. Sie war froh, dass sie ihr Kind in dem kleinen Geburtshaus bekommen würde, das ihre Gynäkologin Helena von Holten auf der Insel betrieb. Dort war Anna als Hebamme angestellt und begleitete daher ihre Schwangerschaft. Anna war zwar erst Mitte zwanzig und damit etwas jünger als Greta, aber sie war gut in ihrem Job und gab ihr die Sicherheit, die ihr selbst oft fehlte, wenn es um ihr Baby ging. Außerdem mochte Greta sie gerne, und sie waren längst auch Freundinnen geworden. Und genau deswegen hatte sie jetzt ein schlechtes Gewissen.

«Wirklich, du hättest nicht kommen müssen», wiederholte sie. «Es ist doch schlimm genug, dass ich hier liegen muss und nicht bei meiner Familie sein kann. Das sollst du nicht auch noch verpassen.»

«Ach, das ist kein Problem», meinte Anna mit einem traurigen Lächeln. «Ich feiere doch sowieso nicht mit meiner Familie. Also habe ich alle Zeit der Welt.»

Natürlich, dachte Greta und schämte sich für ihre unbedachten Worte. Anna war in einer Sekte aufgewachsen, die sie erst vor gut einem Jahr verlassen hatte. Es war ein schwerer Schritt für sie gewesen, aus den strengen Strukturen auszubrechen, auch weil ihre Eltern und ihre Brüder deswegen den Kontakt zu ihr abgebrochen hatten. Das war der Preis für ihre Freiheit gewesen, und obwohl Anna ihn gerne zahlte, schmerzte sie die Trennung, das wusste Greta.

«Aber du hast Bent», versuchte sie Anna aufzumuntern.

Bent war der charmante blonde Däne, mit dem Anna zusammen war. Er arbeitete als Assistenzarzt in der Chirurgie und hatte lange als eingefleischter Junggeselle gegolten – bis Anna im Frühjahr auf die Insel gekommen war. Die beiden hatten sich Hals über Kopf ineinander verliebt und waren seitdem unzertrennlich.

Doch diesmal lächelte Anna nicht wie sonst, wenn jemand Bents Namen erwähnte. Tatsächlich wirkte sie so unglücklich, dass Greta überrascht die Stirn runzelte.

«Ihr feiert doch zusammen, oder nicht? Mark meinte, dass Bent über Weihnachten frei hat.»

«Ja, das stimmt. Aber er ist vorhin noch mal weggefahren und bis jetzt nicht zurück.» Anna senkte den Blick. «Wer weiß, ob er überhaupt wiederkommt.» Sie versuchte zu lächeln, aber Greta sah die Tränen, die in ihren Augen schimmerten.

«Habt ihr euch gestritten?», fragte sie behutsam.

Anna schüttelte den Kopf. «Nein, aber …», sie schluckte schwer. «Ich glaube, Bent will mich verlassen.»

«Was?» Greta hätte beinahe gelacht. «Wie kommst du denn darauf?»

Anna zögerte. «Ich habe ihn mit einer anderen Frau gesehen», sagte sie dann leise. «Er hatte mir erzählt, dass er Dienst hat, aber in Wirklichkeit saß er in unserem Lieblingscafé an der

Strandpromenade und hat sich mit einer dunkelhaarigen Frau unterhalten. Ich habe die beiden zufällig dort entdeckt, weil ich zu einem Termin in der Nähe unterwegs war. Die Frau war älter als ich, bestimmt schon vierzig, und sie sah toll aus. Schlank, lange Beine, superschick angezogen.»

Greta schwieg für einen Moment überrascht. «Hast du Bent darauf angesprochen?»

Anna nickte. «Ja, später, als er wieder zu Hause war. Er hat behauptet, es wäre etwas Berufliches gewesen. Aber das kann ich nicht glauben. Die Frau war ganz sicher keine Patientin von ihm, und hier im Krankenhaus arbeitet sie auch nicht. Die beiden haben gelacht und gescherzt, sie haben sich richtig gut verstanden.» Sie schloss für einen Moment die Augen. «Und er hat sich auch nicht nur einmal mit der Frau getroffen», fuhr sie fort. «Eine meiner Schwangeren hat die beiden auch noch mal drüben auf dem Festland zusammen gesehen. Sie hat mir die Frau exakt beschrieben, und es war hundertprotzig dieselbe. Und jetzt muss er ausgerechnet an Heiligabend zu einem dringenden ‹Termin› aufs Festland, über den er mir nichts Näheres erzählen wollte. Bestimmt ist er wieder mit der Frau verabredet.»

«Aber warum sollte Bent so etwas tun?», meinte Greta. «Er ist doch total verliebt in dich, das sieht jeder!»

Anna seufzte unglücklich. «Vielleicht reiche ich ihm nicht mehr», klagte sie. «Ich bin so unerfahren. Wahrscheinlich langweilt er sich mit mir.»

«Unsinn.» Greta schüttelte den Kopf. «Seit er dich kennt, hat Bent nur noch Augen für dich, Anna, wirklich. Ich kann mir nicht vorstellen, dass er wegen einer anderen Frau auf dem Festland ist. Wahrscheinlich will er dir nur noch schnell ein Geschenk besorgen.»

Annas Gesichtsausdruck blieb skeptisch.

«Es gibt ganz bestimmt eine logische Erklärung», beharrte Greta. «Bent würde doch nicht … Au, verdammt, nicht schon wieder.» Sie legte die Hand auf ihren Bauch, der erneut hart geworden war.

Besorgt runzelte Anna die Stirn. «Hattest du das schon öfter?»

Greta nickte. «Aber das sind keine Wehen, oder?»

«Es könnten welche sein.» Anna stand auf. «Ich hole schnell das CTG von unten, dann wissen wir mehr.»

Sie verließ das Zimmer und kehrte kurz darauf mit dem mobilen Wehenschreiber zurück, mit dem die Herztöne des Kindes überwacht, aber auch mögliche Kontraktionen der Gebärmutter aufgezeichnet werden konnten. Sobald die Messsonden an Gretas Bauch lagen, erfüllte ein regelmäßiges lautes Klopfen den Raum. Der Herzschlag des Kindes war zuerst ruhig, beschleunigte sich jedoch, als Greta spürte, wie das schmerzhafte Ziehen erneut ihren Körper durchfuhr.

«Das war ganz eindeutig eine Wehe», erklärte Anna. «Und sogar eine ziemlich kräftige.»

Entsetzt blickte Greta sie an. «Aber das kann nicht sein. Der Geburtstermin ist doch erst Mitte Januar.»

«Ich weiß.» Anna lächelte. «Aber wenn es jetzt schon losgeht, ist das auch in Ordnung.»

Greta schüttelte den Kopf. «Nein, das geht nicht. Ich wollte das Baby im Geburtshaus bekommen.»

Anna blickte aus dem Fenster. «Tut mir leid, bei dem Wetter werden wir dich nicht verlegen können», sagte sie. «Das kriegen wir aber hin, auch wenn die Klinik keinen Kreißsaal mehr hat. Das ist kein Problem.»

«Und was ist mit Mark?» Greta spürte, wie ihre Augen sich mit Tränen füllten. «Er will bei der Geburt dabei sein. Und er ist noch unterwegs.» Sie stöhnte, als eine weitere Wehe sie erfasste, die mindestens so stark war wie die zuvor.

Anna runzelte die Stirn. «Dann hoffen wir mal, dass er sich beeilt.»

❀ ⁎ ❀

«Verdammt, wieso hört das nicht auf!» Mark Ritter sah durch die Windschutzscheibe, auf der die Scheibenwischer hektisch von links nach rechts jagten, in das dichte Schneetreiben hinaus. «Ich hoffe bloß, dass wir die Fähre noch kriegen.»

«Es tut mir so leid, dass du mich abholen musstest», sagte sein Vater Herbert neben ihm. «Aber der Wagen ist noch in der Werkstatt, und ich konnte so schnell keinen Ersatz …»

«Schon gut», unterbrach Mark ihn. «Greta wollte ohnehin nicht, dass du selbst fährst. Sie sagt, das ist noch zu anstrengend für dich.»

«Ach was, es ist doch schon viel besser.» Sein Vater rieb sich über die Stelle, an der Mark ihm vor einigen Monaten den gebrochenen Oberschenkelhals gerichtet hatte. «Aber trotzdem sehr lieb von Greta.» Er lächelte seinen Sohn versonnen an. «Du hast eine tolle Frau, ich hoffe, das weißt du.»

Mark erwiderte sein Lächeln. Ja, das wusste er. Tatsächlich konnte er sich sein Leben ohne Greta gar nicht mehr vorstellen, und ihr etwas abzuschlagen, fiel ihm schwer. Nur deshalb hatte er sich heute Morgen von ihr überreden lassen, seinen Vater abzuholen. Er hatte während der gesamten Hinfahrt ein schlechtes Gefühl gehabt, und das hatte sich bestätigt, denn als er in Hamburg angekommen war, hatte Greta angerufen und ihm erzählt, dass sie in der Klinik lag. So schnell wie möglich waren sie wieder in Richtung Insel aufgebrochen, doch der

Schneefall legte den Verkehr lahm, und sie kamen nur sehr langsam voran, was Mark immer nervöser machte. Greta hatte ihm zwar versichert, dass es ihr und dem Baby gut ging, aber davon wollte er sich selbst überzeugen.

Endlich tauchten die Fähranlagen vor ihnen auf, und Mark sah die ungewöhnlich langen Autoschlangen. Einige Wagen kamen ihnen entgegen, die Fahrer hatten offenbar aufgegeben und fuhren wieder heim. Als es immer mehr wurden, stieg eine unheilvolle Ahnung in ihm auf. Dann sah er die rot blinkende Anzeigentafel an den Kassenhäusern.

«Verdammt, der Fährverkehr ist eingestellt!», sagte er und musste sich beherrschen, nicht auf das Lenkrad zu schlagen.

Sein Vater stöhnte. «Und was jetzt?»

«Wir erkundigen uns, ob es irgendeine andere Möglichkeit gibt, auf die Insel zu kommen», sagte Mark, fest entschlossen, noch nicht aufzugeben.

Sie ließen das Auto auf dem Parkplatz stehen und stapften durch den Schnee zu dem Haus direkt am Fähranleger, in dem neben einer Informationsstelle und einem Ticketschalter auch ein Café untergebracht war. Doch die Dame an der Information konnte Mark nicht helfen.

«Es geht weiter, sobald das Wetter sich bessert», erklärte sie. «Sie können sich rüber in das Café setzen. Wir haben heute länger auf, schließlich ist Weihnachten. Da wollen wir niemanden in die Kälte rausschicken.»

Mark bedankte sich bei ihr und ging mit seinem Vater rüber in den Café-Bereich, wo sich vor einer großen Fensterfront mit Blick auf den Hafen zahlreiche Tische befanden. An fast allen saßen Leute.

Herbert deutete auf einen Tisch, an dem sich ein großer Mann mit hellblonden Haaren mit einer dunkelhaarigen Frau unterhielt. «Sag mal, ist das nicht dein Assistenzarzt?», fragte er. «Was macht der denn hier am Heiligabend? Ist er nicht mehr mit der netten Hebamme zusammen, mit der er auf eurer Hochzeit war?»

«Doch, ist er», antwortete Mark genauso überrascht und betrachtete die Frau, die mit Bent am Tisch saß. Sie war sehr attraktiv und wäre früher exakt Bents Typ gewesen.

Als hätte er gespürt, dass sie ihn ansahen, wandte Bent sich plötzlich zu ihnen um. Ein erfreutes Lächeln erschien auf seinem Gesicht. Er sagte etwas zu der Frau, dann stand er auf und kam auf sie zu.

«Hej, seid ihr auch gestrandet?», fragte er, als er ihren Tisch erreichte. «Ich dachte, nur ich hätte so viel Pech!»

«Na, du scheinst dich ja immerhin schon getröstet zu haben.» Mark blickte zu der Frau hinüber, die noch am Tisch saß und gerade etwas in ihr Handy tippte. «Wer ist das denn?»

«Das ist … eine Bekannte», meinte Bent ausweichend.

Mark hob die Augenbrauen. «Hast du sie hier zufällig getroffen?»

«Nein, wir waren verabredet», sagte Bent knapp. «Wir mussten etwas besprechen, und jetzt leistet sie mir noch ein bisschen Gesellschaft, weil ich hier nicht wegkomme.»

«Aha.» Mark betrachtete seinen Assistenzarzt skeptisch. Er mochte Bent und fand, dass er sich zu seinem Vorteil verändert hatte, seit er mit Anna zusammen war. Die beiden hatten bis jetzt sehr glücklich gewirkt, aber vielleicht täuschte das? War Bent wieder zurückgefallen in alte Verhaltensmuster und traf sich mit anderen Frauen?

Das geht dich nichts an, dachte er und zog sein Handy heraus, das gerade in seiner Tasche angefangen hatte zu brummen. Als er sah, dass es Greta war, nahm er den Anruf sofort entgegen.

«Mark, das Baby kommt», sagte seine Frau aufgeregt, noch bevor er dazu kam, sie zu begrüßen. «Du musst herkommen. Ich … ich brauche dich.» Ihre Stimme klang gepresst, und er spürte, wie sein eigenes Herz wild zu schlagen begann.

«Die Fährverbindung ist eingestellt», sagte er, um einen ruhigen Ton bemüht. «Aber ich komme irgendwie zu dir, Greta. Ich … Hallo?»

Er hörte gedämpftes Stöhnen, als wäre Gretas Handy in die Kissen gerutscht. Dann eine andere Stimme. «Mark? Hier ist Anna.»

Er atmete erleichtert auf. Immerhin war die Hebamme bei Greta.

«Du musst dich beeilen, Mark. Es kann nicht mehr allzu lange dauern, bis das Kind da ist. Komm schnell, ja?» Sie beendete das Gespräch.

Mark ließ das Handy sinken. «Greta hat Wehen», sagte er. Ihm war plötzlich kalt, dann wieder heiß. «Ich muss sofort zu ihr!»

Erschrocken starrte sein Vater ihn an.

«*For satan*», fluchte Bent auf Dänisch, und Mark hätte gerne eingestimmt. Den Gedanken, während der Geburt nicht bei Greta sein zu können, hielt er kaum aus.

«Ich kann hier nicht rumsitzen», sagte er. «Es muss doch irgendeine Möglichkeit geben, rüber zur Insel zu kommen.»

Bent hielt inne. «Die gibt es vielleicht», sagte er und ging mit großen Schritten zurück zu dem Tisch, an dem die dunkelhaarige Frau auf ihn wartete. Er sprach kurz mit ihr, dann nickte sie, erhob sich und folgte ihm zurück zu Mark und Herbert.

«Guten Abend», sagte sie und reichte erst Marks Vater, dann Mark die Hand. «Ich bin Marie Benning von der Seenotrettung. Doktor Rebien hat mir erzählt, was bei Ihnen los ist. Und ich denke, ich kann da vielleicht etwas für Sie tun.»

«Ich nehme jede Hilfe, die ich kriegen kann», meinte Mark.

«Dann folgen Sie mir», sagte sie und ging in Richtung Ausgang.

❀ ❉ ❀

«Da kommt schon wieder eine.» Greta verzog das Gesicht und stöhnte laut auf, als erneut eine Wehe durch ihren Körper rollte.

«Versuch, dich zu entspannen», sagte Anna und strich ihr liebevoll über den Arm. «Dann ist es leichter für dich.»

«Ich kann nicht», jammerte Greta. «Ich will das Kind nicht ohne Mark bekommen. Er soll dabei sein.»

Anna hätte ihr gerne gesagt, dass sie sich nur noch ein bisschen gedulden musste, bis er kam. Aber er konnte es im Grunde nicht mehr schaffen. Es war schon weit über eine Stunde her, dass sie mit ihm telefoniert hatten, und noch gab es keine Neuigkeiten von der Fähre. Die Verbindung zur Insel war nach wie vor eingestellt, und die Wehen kamen inzwischen in so kurzen Abständen, dass es nach Annas Erfahrung nicht mehr lange dauern würde, bis das Kind da war.

Und Mark war nicht der Einzige, der nicht rechtzeitig eintreffen würde: Helena von Holten war ebenfalls nicht in der Klinik. Die Gynäkologin lebte mit ihrem Mann Niklas draußen im Marschland auf einem einsam gelegenen Hof und war dort hoffnungslos eingeschneit. Das war allerdings nicht tragisch, denn Anna erwartete keine Komplikationen und konnte das Kind auch allein auf die Welt holen. Dass Mark fehlte, war viel schlimmer. Anna spürte, dass Greta sich nicht richtig entspannen und auf die Geburt einlassen konnte.

«Wir schaffen das auch ohne ihn», versprach sie ihrer aufgelösten Freundin.

«Das müsst ihr gar nicht», sagte eine tiefe Stimme, und eine Sekunde später betrat Mark Helenas gynäkologischen Untersuchungsraum, den Anna kurzfristig zum Kreißsaal umfunktioniert hatte. Sein schwarzes Haar war nass vom Schnee, und weiße Flocken bedeckten die Schulterpartie seiner Jacke.

«Mark!» Greta streckte erleichtert die Hand nach ihm aus, und er war mit zwei Schritten bei ihr.

«Ich bin da, Liebling!» Er strich ihr über die Wange und sah sie so liebevoll an, dass Anna schlucken musste.

«Wie ist das möglich?», fragte Greta, der jetzt Tränen über die Wangen liefen. «Ich dachte, die Fähre ist ausgefallen.»

«Der Seenotrettungskreuzer hat mich hergebracht», erklärte Mark.

«Was?» Greta schüttelte den Kopf. «Und das geht so einfach?»

«Es geht, wenn man die richtigen Freunde hat», meinte Mark und nickte in Richtung Tür. Als Anna sich umdrehte, sah sie Bent, der am Türrahmen lehnte.

Auch sein Haar war nass, offenbar war er wie Mark durch den Schnee gelaufen. Als ihre Blicke sich trafen, lächelte er strahlend, und wie immer schlug Annas Herz schneller. Sie war noch genauso verliebt in ihn wie am ersten Tag und wollte spontan zu ihm laufen und ihn umarmen. Dann fiel ihr die Sache mit der dunkelhaarigen Frau wieder ein, und sie wandte sich rasch ab. Doch er war schon bei ihr und griff nach ihrem Arm.

«Kann ich dich kurz sprechen, Anna?»

Unschlüssig sah sie zu Greta, aber da Mark jetzt bei ihr war, folgte sie Bent in den Flur. Für ein paar Minuten konnte sie die beiden allein lassen.

«Du hast das mit dem Seenotrettungskreuzer arrangiert?» Immer noch verwirrt sah sie ihn an. «Aber wie? Was hast du denn mit denen zu tun? Und warum hast du mir nicht gesagt, was du auf dem Festland machst? Was wolltest du da denn an Heiligabend? Und wieso ...?»

Bent legte ihr einen Finger auf die Lippen. «Ich erkläre es dir, wenn du mich zu Wort kommen lässt.»

Sie schwieg, und er holte tief Luft. «Es hat etwas mit der Frage zu tun, die du mir letztens gestellt hast. Dazu, was ich tun werde, wenn meine Assistenzzeit im Inselkrankenhaus endet.»

Anna schluckte. Sie erinnerte sich noch gut daran, wie überrascht Bent sie angesehen hatte, als sie das wissen wollte. Er hatte nur vage geantwortet, dass er sich darüber noch Gedanken machen müsste, und es seitdem nicht mehr erwähnt. Und sie hatte sich nicht getraut, noch mal nachzufragen. Sie liebte ihren Job im Geburtshaus und das Leben auf der Insel, aber sie würde natürlich mit Bent mitgehen, wenn er irgendwo anders eine neue Stelle antrat. Nur, wollte er das überhaupt? Plötzlich hatte sie schreckliche Angst davor, was Bent als Nächstes sagen würde.

«Willst du mich verlassen?», fragte sie, um ihm zuvorzukommen. Tränen brannten plötzlich in ihren Augen. «Ist dir das alles zu viel mit uns?»

«Was?» Verwirrt sah Bent sie an. «Wie kommst du denn darauf?»

«Du warst mit dieser anderen Frau zusammen», sagte sie vorwurfsvoll. «Und du wolltest mir nicht sagen, was du mit ihr besprochen hast. Und dann musstest du ausgerechnet heute noch mal weg. An Weihnachten. Du hast dich wieder mit ihr getroffen, oder?» Ihre Sicht verschwamm, und Tränen lösten sich aus ihren Augen. «Deswegen hast du mich an Heiligabend allein gelassen.»

«Ja, ich war mit ihr verabredet», gestand Bent. «Aber doch nicht, weil ich ein Verhältnis mit ihr habe!» Er nahm Annas

Gesicht in seine Hände und wischte ihr mit den Daumen die Tränen von den Wangen. «Marie arbeitet bei der Seenotrettung, und wir haben über den Job gesprochen, den ich dort nach meiner Assistenzzeit antreten werde.»

Anna konnte es kaum fassen. «Du willst bei der Seenotrettung arbeiten?»

Er ließ sie wieder los und nickte. «Dann kann ich bleiben. Ich wäre zwar drüben am Festland stationiert, aber wir können weiter auf der Insel wohnen. Es gefällt dir doch im Geburtshaus, und ich möchte nicht, dass du die Stelle aufgeben musst.» Lächelnd zuckte er mit den Schultern. «Außerdem habe ich Lust auf neue Herausforderungen, und der Job bietet eine Menge davon. Das wäre genau das Richtige für mich.»

Anna schüttelte den Kopf. «Und warum hast du mir das nicht gesagt?»

«Weil ich dich damit überraschen wollte», erklärte er. «Es gab da noch ein paar Dinge zu besprechen, und ich wollte das Ganze erst unter Dach und Fach haben. Das ist ein Teil meines Weihnachtsgeschenks für dich.»

Anna war so erleichtert, dass ihre Knie ganz weich wurden. «Das ist … ich weiß gar nicht, was ich sagen soll.» Sie blinzelte, immer noch nicht ganz sicher, ob sie das glauben konnte. «Ich freu mich, Bent. Ich möchte wirklich gerne, dass alles so bleibt, wie es ist.»

«Ich auch», sagte Bent. «Bis auf eine Sache. Die möchte ich ändern.» Er holte ein kleines Kästchen aus seiner Tasche und legte es Anna in die Hand. «Hier, das gehört auch noch zu deinem Geschenk. Ich wollte es dir eigentlich erst heute Abend geben, aber irgendwie habe ich das Gefühl, dass jetzt der richtige Moment ist.»

Anna stieß einen überraschten Laut aus, als sie das Kästchen öffnete und ihr ein schmaler Ring entgegenstrahlte. Er war schlicht und aus Silber – oder Weißgold? Anna kannte sich da nicht aus –, mit einem hellen Stein darauf, der im Neonlicht des Flurs wild funkelte.

«Was bedeutet das?», fragte sie unsicher und blickte zu Bent auf.

«Was denkst du, was es bedeutet?» Sein Lächeln ließ ihren ganzen Körper kribbeln.

«Aber …» Fassungslos schüttelte sie den Kopf. «Bent, du hast doch gesagt, dass du Verlobungen spießig findest. Und dass du nicht an die Ehe glaubst.»

«Aber dir ist es wichtig, oder nicht?», fragte er und fuhr sich verlegen durch das nasse Haar. «Du hast es zwar nicht gesagt, aber ich habe es dir angesehen. Und ich liebe dich, Anna. Mehr als du ahnst. Ich will, dass du glücklich bist, dann bin ich es nämlich auch. Deshalb …» Er ging vor ihr auf ein Knie. «Deshalb möchte ich dich gerne heiraten. Wenn du mich willst?»

«Anna, schnell!» Mark erschien in der Tür zum Untersuchungszimmer. Als er Bent knien sah, stutzte er kurz. Dann wandte er sich wieder an Anna. «Ich glaube, das Kind kommt!»

Anna nickte und blickte wieder zu Bent.

«Und?», fragte er und klang zum ersten Mal ein bisschen unsicher.

Sie zog ihn auf die Füße, stellte sich auf Zehenspitzen und schlang die Arme um seinen Hals.

«Ja! Natürlich will ich dich», sagte sie strahlend und küsste ihn. Dann drückte sie ihm das Kästchen in die Hand. «Und den will ich auch, er ist wunderschön. Gib ihn mir gleich noch mal, ja? Ich muss erst …»

«Ja, ich weiß. Geh schon», meinte er lachend. «Hauptsache, bei unserer Hochzeit kommt dann kein Notfall dazwischen. Ich hätte nie gedacht, dass ich das mal sage, aber das ist mir wichtig.»

«Mir auch», sagte Anna aus vollem Herzen und eilte zurück in das Untersuchungszimmer.

❀ ❄ ❀

«Hier, bitte sehr, deine Tochter.» Anna legte Greta lächelnd das Neugeborene in den Arm. Die Kleine war inzwischen gewaschen und trug einen entzückenden bunt geringelten Strampler mit einer passenden Mütze.

Greta blickte in das schlafende Gesicht, noch ganz überwältigt von dem tiefen, hilflos machenden Gefühl der Liebe für dieses kleine Wesen. «Ist sie nicht wunderschön?» Sie blickte zu Mark auf, der bei ihr am Bett saß.

Er nickte. «Sie ist perfekt», sagte er, und sie sah, dass Tränen in seinen Augen schimmerten.

Sie war so unendlich froh darüber, dass er noch rechtzeitig gekommen war. So hatten sie diesen besonderen Augenblick der Geburt gemeinsam erleben können.

«Aber jetzt erzähl uns beiden doch noch mal, wie das mit dem Rettungskreuzer war», meinte sie. «Ist der wirklich extra deinetwegen ausgelaufen?»

Mark schüttelte den Kopf. «Nein, das Schiff sollte sowieso zur Insel fahren. Aber Bents Bekannte hat dafür gesorgt, dass wir mit an Bord durften. Ich konnte mein Glück kaum fassen, als wir abgelegt haben.» Er strich seiner Tochter vorsichtig über das Köpfchen. «Allein der Gedanke, dass ich sonst vielleicht nicht hätte dabei sein können …»

Greta lächelte und wollte etwas erwidern, als jemand an die Tür klopfte.

«Mama», sagte sie überrascht, als einen Augenblick später ihre Mutter das Stationszimmer betrat. Und sie war nicht allein, hinter ihr erschienen auch noch Gretas Vater, ihr Bruder Erik und seine Frau Leonie, die ihren kleinen Sohn auf dem Arm hielt.

«Was macht ihr denn hier?», fragte Greta. «Ich dachte, ihr sitzt zu Hause in der Pension um den Weihnachtsbaum und macht Bescherung.»

«Mama hatte nach Marks Anruf keine Ruhe mehr», erklärte Erik grinsend. «Und wir anderen wollen natürlich auch das jüngste Mitglied des Paulsen-Clans kennenlernen.»

«Na, dann kommt mal her und seht sie euch an», forderte Greta ihre Familie auf und präsentierte ihnen stolz das schlafende Baby.

«Na, hier ist ja was los!», sagte eine Frauenstimme, und Greta sah, dass nun endlich auch ihre Frauenärztin Helena von Holten gekommen war. Sie hatte ihren Mann Niklas dabei, der zurückhaltend im Türrahmen stehen blieb, während Helena zu Greta ans Bett trat. «Tut mir leid, dass ich jetzt erst kommen konnte», sagte sie. «Aber Anna hat das ja auch ohne mich ganz hervorragend hinbekommen.» Sie nickte zu der jungen Hebamme hinüber, die mit Bent am Fenster stand. Er hatte den Arm um sie gelegt, und beide strahlten. Irgendetwas muss in der Zwischenzeit passiert sein, dachte Greta und freute sich von Herzen, Anna wieder so glücklich zu sehen.

«Wie heißt die Kleine denn?», wollte Gretas Vater Asmus wissen. «Wisst ihr das schon?»

Greta und Mark sahen sich an. «Sie heißt Merle Marie», erklärte Greta. «Merle ist vom gälischen Namen Muriel abgeleitet und bedeutet strahlendes Meer, das fanden wir sehr passend für ein kleines Inselmädchen. Und Marie nach der Frau, die dafür gesorgt hat, dass Mark bei der Geburt dabei sein konnte.»

«Und weil sie an Heiligabend geboren ist», ergänzte Mark und schüttelte den Kopf. «Wobei ich hoffe, dass die nächsten Weihnachten etwas weniger dramatisch ablaufen werden.»

«Apropos Weihnachten», sagte Heike. «Ich habe das Weihnachtsessen und jede Menge selbst gebackene Plätzchen dabei. Und außerdem noch eine Kiste alkoholfreien Glühwein. Was haltet ihr davon, wenn wir unten im Wartezimmer eine kleine improvisierte Feier abhalten? Die Belegschaft des Inselkrankenhauses ist natürlich auch eingeladen.»

Die Idee fand großen Anklang, und alle verließen das Zimmer, bis Mark und Greta schließlich wieder allein waren.

«Geh ruhig mit den anderen», meinte Greta. «Du musst doch mit ihnen auf unsere kleine Merle anstoßen.»

«Ich kann mich aber noch nicht trennen», sagte er, ganz in den Anblick seiner Tochter versunken. «Weißt du, dass ich es ziemlich passend finde, dass die Kleine hier im Krankenhaus geboren ist? Hier hat es zwischen uns angefangen.»

«Und hier geht es auch hoffentlich noch eine ganze Weile weiter.» Greta strich ihrer Tochter liebevoll mit dem Finger über die Wange.

«Worauf du dich verlassen kannst.» Mark beugte sich vor und küsste sie, dann erhob er sich. An der Tür blieb er stehen. «Frohe Weihnachten, Schatz», sagte er und lächelte sie noch einmal an, bevor er das Zimmer verließ.

Heike Paulsens schnelle
nordfriesische Teestangen

Gretas Mutter Heike backt viel für die Gäste der Pension «Krabbe» und liebt Rezepte, die schnell gehen, falls Nachschub gebraucht wird. Ihre «Teestangen» sind ruckzuck fertig, lassen sich geschmacklich variieren und leicht verzieren. Zu Weihnachten zum Beispiel taucht Heike sie gerne zur Hälfte in grün oder rot gefärbten Zuckerguss. Pur eignen sie sich gut, um sie in Tee oder Kaffee zu dippen.

Zutaten

250 g Butter
150 g Puderzucker
1 Ei
300 g Weizenmehl
1 TL gemahlene Vanille oder Vanilleextrakt
Optional je nach Geschmack außerdem: ein Schuss Whisky-likör (Gretas Lieblingsvariante), Orangenlikör oder Rum-aroma

Zubereitung

Backofen auf 200 Grad vorheizen. Die (zimmerwarme) Butter und den Puderzucker verrühren, bis eine cremige Masse entstanden ist. Dann folgen das Ei und (falls gewünscht) der Likör bzw. das Rum-aroma. Anschließend noch das Mehl und die Vanille unterrühren, bis ein glatter, klebriger Teig entstanden ist.

Teig in einen Spritzbeutel mit Tülle füllen und auf dem eingefetteten oder mit Backpapier belegten Backblech etwa 5 cm lange

Streifen ziehen, möglichst nicht zu dicht nebeneinander, weil sie beim Backen auseinandergehen. Dann für 7 bis 10 Minuten in den Ofen, bis sie von unten leicht braun sind. Die Stangen sollen beim Rausnehmen noch weich sein. Nach dem Abkühlen eventuell noch verzieren und genießen.

TIPP: Wer es saftiger mag, kann die noch warmen «Teestangen» mit sehr flüssigem Zuckerguss bestreichen.

INES THORN

Freude schenken

$\mathcal{B}$itte in Goldpapier einpacken. Das muss doch nach was aussehen.»

«Natürlich», antwortete Christa, nahm das teure Goldpapier und wickelte darin ein rororo-Taschenbuch ein.

«Es ist für die Schwiegermutter, wissen Sie», erzählte die Kundin bereitwillig. «Gibt es noch was Billiges, das Sie mir in Goldpapier wickeln können?»

«Bücher sind immer wertvoll», antwortete Christa und hatte Mühe, ihr Lächeln im Gesicht zu behalten. So schlimm wie in diesem Jahr 1969 hatte sie das Weihnachtsgeschäft noch nie gefunden. Letzte Woche wollte eine Kundin Bücher, die insgesamt nicht mehr als ein Kilo wiegen durften, sonst müsse sie beim Versand zu viel dafür bezahlen. Ein Mann kaufte einen halben Meter Bücher mit grünem Rücken, mit denen seine Frau die neue Schrankwand füllen konnte, weil die eben gekauften Fenstervorhänge auch grün waren. Ein anderer Mann wollte für ein signiertes Buch weniger bezahlen, weil es ja schon benutzt worden sei, und so ging es immer weiter. Jeden Tag wunderte sich Christa ein bisschen mehr.

Die Kunden wollten wenig bezahlen, aber viel dafür bekommen. Das Beste. Christa machte das traurig. Schenken war für sie eine so schöne wie ernste Angelegenheit, über die sie selbst sich schon immer Monate im Voraus Gedanken machte. Nicht selten kam es vor, dass sie bereits im Mai das erste Weihnachtsgeschenk kaufte.

«Das Rätselheft hier, da ist eine Ecke umgeknickt. Können Sie mir das billiger überlassen?»

«Ja. Ich gebe Ihnen dreißig Prozent Nachlass.»

«Fünfzig Prozent wären mir lieber.»

«Tut mir leid, das geht nicht. Es ist ja nur die eine Ecke. Ansonsten ist das Heft einwandfrei.»

«Na gut. Aber das will ich auch in Goldpapier eingewickelt haben. Und mit roter Schleife drum.»

Christa nickte und versuchte, sich nicht zu ärgern. Aber es gelang ihr nicht. Was war nur mit den Leuten geschehen? Sie lebten im Wirtschaftswunderland. Keiner musste hungern, die Löhne stiegen beständig. Die Geschäfte waren voll. Es gab wirklich keinen Grund, geizig zu sein.

«Kann ich sonst noch etwas für Sie tun?», wollte Christa von der Kundin wissen.

«Nein, danke, das wäre dann alles.» Die Kundin packte ihre goldenen Geschenke in einen Nylonbeutel, bezahlte und rauschte mit hochzufriedener Miene hinaus.

Christa atmete auf, als es endlich 18 Uhr geworden war. Ihre Mitarbeiterin Gertie rollte das rote Geschenkband zusammen, während die andere Mitarbeiterin Lilly Frühling den Besen holte, um den Laden auszufegen.

«Habt ihr auch den Eindruck, dass sich das Schenken verändert hat?», wollte Christa wissen.

Lilly nickte auf der Stelle. «Früher, als ich ein Kind war, da habe ich mich über einen roten Apfel, ein paar Nüsse und ein paar selbst gestrickte Strümpfe gefreut. Mehr brauchte es auch gar nicht.»

«Früher, früher, da trugen die Vögel Gamaschen», spottete

Gertie liebevoll und legte kurz einen Arm um Lilly. Dann wandte sie sich an Christa. «Du hast recht, das Schenken hat sich verändert. Es geht kaum noch um die Geschenke, kaum noch darum, einem anderen eine Freude zu bereiten. Ich habe festgestellt, dass es zwei Sorten von Kunden gibt. Die einen, die versuchen, das Billigste möglichst teuer aussehen zu lassen, und die anderen, die teuer schenken, um zu zeigen, was sie sich leisten können.»

«Da ist was dran», bestätigte Lilly und bückte sich nach Kehrschaufel und Besen. Dann streckte sie den Rücken. «Ich bin vollkommen erledigt. Das Weihnachtsgeschäft ist anstrengend.»

«Das ist es», bestätigte Christa. «Und ich danke euch für euren Einsatz. Ihr seid die Besten.»

Gertie und Lilly machten sich auf den Heimweg, und Christa schloss den Laden ab. Sie würde mit dem Auto hinaus nach Kronberg fahren, wo sie mit ihrem Ehemann Jago, den beiden Kindern Viola und Henri und ihrer Schwiegermutter in einer großzügigen Villa lebte. Früher hatte sie mit ihrer Familie direkt über der Buchhandlung gewohnt, doch als ihr Schwiegervater Gideon von Prinz im letzten Sommer gestorben war, waren sie in den Taunus gezogen. Dort hatte jedes Kind ein eigenes Zimmer, Jago und sie Arbeitszimmer und dazu noch den großzügigen Garten und die vielen alten Bäume, die die Villa umstanden. Oft konnte Christa selbst kaum glauben, wie vornehm sie jetzt lebte. Und sie wusste jeden Tag, wie glücklich sie sich schätzen konnte.

Mit dem Auto war es keine halbe Stunde Fahrtzeit von der Buchhandlung zur Villa. Christa freute sich auf ihre Familie. Viola hatte heute Nachmittag Klavierunterricht gehabt, und ihre Schwiegermutter Edelgard war mit dem sechsjährigen Henri beim Kinderturnen gewesen. Sie war gespannt, ob Jago mit seinem neuen Roman weitergekommen war, und sie sehnte sich danach, die Füße hochzulegen und ein Glas Rotwein zu trinken. Doch als sie gerade ihr Auto aufschließen wollte, kam Gunda Schwalm, ihre beste Freundin, auf dem Trottoir herangeeilt. «Hast du noch ein wenig Zeit?», wollte Gunda wissen. «Wir könnten doch zusammen ein Glas Wein trinken gehen.»

Christa blickte auf ihre Uhr. Eine halbe Stunde Zeit hätte sie, dann musste sie aber los, wenn sie ihren Sohn noch vor der Bettzeit sehen wollte.

«Gut, auf ein Gläschen schaffe ich es noch!» Sie hakte sich bei Gunda ein, und nach einem kurzen Fußweg betraten sie gemeinsam das neue italienische Restaurant in der Berger Straße. Drinnen schlugen ihnen Musik und Stimmengewirr entgegen, dazu köstliche Düfte nach Knoblauch, Kräutern und frisch gebackenem Pizzateig, die mediterran und so gar nicht vorweihnachtlich waren. Die beiden Frauen fanden einen kleinen Tisch und widerstanden der Versuchung, sich noch Pasta oder eine andere Köstlichkeit zu gönnen. Stattdessen bestellten sie jede ein Glas Lambrusco.

«Hast du schon alle Weihnachtsgeschenke?», fragte Gunda, als sie angestoßen hatten.

«Noch nicht ganz, aber fast. Und du?»

Gunda seufzte. «Ach, so schwer wie in diesem Jahr ist es mir mit den Geschenken noch nie gefallen. Es gibt so viele Dinge, aber das Richtige zu finden, ist wirklich nicht leicht. Sag, nach welcher Art kaufst du Geschenke ein? Kaufst du etwas, was dir gefällt, oder etwas, von dem du weißt, dass es dem zu Beschenkenden gefällt, dir aber vielleicht nicht?»

Christa drehte ihr Glas. «Knifflige Frage. Am liebsten sind mir natürlich die Geschenke, die beides vereinen, aber das ist besonders schwer. Bei den Kindern ist es einfach. Sie schreiben

Wunschzettel. Aber soll ich der schwangeren Doro in diesem Jahr nur Sachen für das Baby schenken? Kleine Strampler und Windeln? Das ist doch eigentlich ungerecht, denn der zukünftige Vater bekommt sicher von niemandem einen Kinderstuhl oder Wickelunterlagen geschenkt.»

Gunda lachte. «Ich würde zu gern Heinz' Gesicht sehen, wenn er ein Päckchen mit Spucktüchern auspackt.»

«Siehst du! Niemand würde jemals einem Mann so etwas schenken, aber bei einer schwangeren Frau scheint es uns ganz natürlich. Deshalb werde ich der jungen Familie drei Geschenke machen: eins für Doro, eins für Heinz und eins für das Baby.»

«Gut gelöst. Was bekommt Heinz?»

«Tja, das ist mein Problem. Ich weiß es noch nicht. Alle erwarten ja, dass sie Bücher von mir bekommen, und glücklicherweise lesen auch alle gern. Aber ich möchte in diesem Jahr etwas ganz Besonderes für jeden finden. Doro bekommt die goldene Brosche meiner verstorbenen Großmutter. Ich weiß nicht, ob sie Broschen mag, aber ich möchte sie damit in der Familie willkommen heißen. Sie kann sie ja ändern lassen oder verkaufen.»

Gunda nickte, dann strahlte ein Lächeln über ihr Gesicht. «Weißt du, was mir einfällt, wenn ich an Heinz denke? Ein Apfelbaum. Es heißt doch, jeder Mann sollte ein Kind zeugen, ein Haus bauen und einen Apfelbaum pflanzen. Nun, sein Haus hat er im letzten Jahr umgebaut, ein Kind wird bald kommen, fehlt nur noch der Apfelbaum.»

Für einen Augenblick sah Christa ihre Freundin staunend an, dann schlug sie mit der flachen Hand leicht auf den Tisch. «Das ist es! Ein Apfelbaum! Ich habe zwar keine Ahnung, ob es in den Gärtnereien um diese Jahreszeit Apfelbäume gibt, und ich bin mir fast sicher, dass es nicht die richtige Jahreszeit zum Einpflanzen ist, aber dann bekommt Heinz einfach einen Korb mit wunderschönen rot glänzenden Äpfeln und die Aussicht auf einen Apfelbaum. Ich danke dir, Gunda.»

«Gern geschehen. Was hast du für Jago?»

«Noch nichts. Jago fehlt mir noch. Meine Schwiegermutter bekommt Karten für die Weihnachtsrevue am zweiten Weihnachtsfeiertag in der Alten Oper. Henri wird sich über sein erstes Fahrrad freuen, und für Viola habe ich ein abschließbares Tagebuch. Meine Mutter bekommt ebenfalls eine Karte zur Weihnachtsrevue. Gertie und Lilly erhalten Büttenbriefpapier und schwarze Patronenfüllfederhalter mit eingeprägtem Namen.» Plötzlich hielt sie erschrocken inne. «Was wünschst du dir eigentlich?»

Gunda lächelte. «Nichts. Ich habe alles, was ich brauche.»

«Uff», seufzte Christa auf. «Ich weiß nicht, wie oft ich diesen Satz schon gehört habe. Edelgard sagt ihn, Helene sagt ihn, Jago auch. Aber was soll das denn bedeuten? Sollte man diese Aussage wörtlich nehmen und die Betreffenden unter dem Weihnachtsbaum leer ausgehen lassen? Wen würde das mehr stören? Sie oder mich?»

«Wobei wir bei der Frage sind, was Geschenke eigentlich bedeuten, was sie ausdrücken.»

«Liebe ganz zuerst. Zuneigung. Achtung. Respekt.»

«Aha», erwiderte Gunda. «Und der mit dem teuersten Geschenk ist dir dann der Liebste?»

«Nein, um den Preis geht es nicht.»

«Worum dann?»

«Etwas zu finden, das den anderen besonders freut und das er sich womöglich selbst nicht gekauft hätte.»

«Dann hast du ja mit dem Briefpapier und den Karten für die Weihnachtsrevue voll ins Schwarze getroffen. Ich glaube nicht, dass sich deine Mutter Helene allein in die Alte Oper aufmachen würde, aber zusammen mit deiner Schwiegermutter wird es für die beiden älteren Damen sicher ein Vergnügen.»

«Der Geist der Weihnacht», sagte Christa unvermittelt. «Was ist das eigentlich?»

«Der Geist der Weihnacht liegt in der Geburt Jesu. Ein neues Leben beginnt. Die Hoffnung erblüht. Die Zukunft leuchtet rosig. Ehre sei Gott in der Höhe und Friede auf Erden und den Menschen ein Wohlgefallen.»

«Ich meinte es eigentlich nicht biblisch, sondern was ist für uns der Geist der Weihnacht?»

Gunda trank einen Schluck Wein und zog dann die Stirn in Falten. «Für die meisten sind es wohl die Geschenke. Die Familie. Und vielleicht noch das gute Essen. Und Schneeflocken vor dem Fenster für die Stimmung.»

Christa lachte. «Die Geschenke. Immer wieder die Geschenke. Weißt du, meine Geschenke sollen ausdrücken, dass ich mich ein bisschen selbst verschenke. Einen winzigen Teil von mir.»

«Du bist eine Träumerin», stellte Gunda fest, aber sie drückte Christas Hand.

Christa trank ihren Wein aus, erhob sich und zog ihren Mantel an. «Also, was fehlt dir zum Glück?», fragte sie.

«Du fragst schon wieder nach dem Geschenk?»

«Tja, ich kann wohl nicht anders.»

«Dann wünsche ich mir von dir ein Buch, das dein Leben beeinflusst hat.» Gunda legte ihr kurz eine Hand auf den Arm.

Christa lächelte, aber innerlich zuckte sie ein wenig zusammen. Das, was sich Gunda da wünschte, war groß. Es wäre ein Stück ihres Lebens, ein tiefer Blick in ihre Seele. Aber hatte sie nicht eben gesagt, sie wolle sich selbst verschenken?

❀ ❋ ❀

Am nächsten Tag hatte Christa frei. Sie eilte auf die Frankfurter Zeil, betrat ein Kaufhaus und schlenderte durch die Herrenabteilung. Weihnachtsmusik dröhnte ihr in die Ohren, sie wurde angerempelt, zur Seite geschoben, weggedrängt. Es schien, als wäre ganz Frankfurt auf den Beinen.

Sie blätterte durch einen Stapel Hemden, befühlte einen Strickpullover, kontrollierte, ob an einer Jacke auch alle Knöpfe gut angenäht waren. Hin und wieder gefiel ihr ein Stück, aber Kleidung war im Grunde nicht das, was sie für Jago wollte. Ihr Ehemann war der wichtigste Mann in ihrem Leben; er hatte etwas Besonderes verdient. Und Heinz kam gleich danach. Sie hatte ihn vor fast einem Vierteljahrhundert als sechsjähriges Wolfskind auf der Türschwelle gefunden, und seither gehörte er zur Familie. Auch er verdiente etwas wirklich sorgfältig Ausgesuchtes, und mit dem Apfelbaum hatte sie genau so etwas. Wenn sie doch auch für Jago ein so passendes Geschenk finden würde!

Unverrichteter Dinge verließ Christa das Kaufhaus und atmete kräftig durch. Dann blickte sie sich unschlüssig um. Was sollte sie nur schenken? Sie hatte Jago nach seinen Wünschen gefragt. Doch Jago «hatte schon alles». Alle hatten auch nach ihren Wünschen gefragt, und am liebsten hätte Christa auch gesagt, sie habe alles, was sie brauche. Aber natürlich gab es Dinge, die sie sich wünschte. Ein neues Parfüm vielleicht. Und ein Abonnement für das Theater. Und doch hoffte sie insgeheim auf eine Überraschung. Auf ein Geschenk, das sie heiß begehrte, von dessen Begehren sie aber nichts gewusst hatte. Ein Geschenk, das ausdrückte, worüber in ihrer Familie nur höchst selten gesprochen wurde: Gefühle.

Sie schlenderte die Zeil entlang, trank an einem Straßenstand einen heißen Glühwein und betrachtete die vielen Menschen, die hin und her hasteten und schwer an ihren Tüten und Beuteln schleppten. Es schien, als wüsste alle Welt, was es in diesem Jahr zu verschenken galt, nur sie nicht.

Und plötzlich wusste sie auch, was Jago von ihr bekommen könnte. Er war Journalist und Schriftsteller. Was passte da besser als eine Reiseschreibmaschine?

❀ ❄ ❀

Die restlichen Tage bis Weihnachten vergingen schnell. Die Buchhandlung war weiter gut besucht, das Geschäft lief erfreulich, und Christa kam an den meisten Tagen kaum zum Nachdenken. Am 24. Dezember hatte sie noch immer kein besonderes Geschenk für ihre Freundin Gunda gefunden.

Sie betrachtete die Regale in der Buchhandlung, suchte nach einem Schatz, aber Gunda kaufte das ganze Jahr über die Bücher, die sie gern haben wollte. Bücher waren in ihrer Familie, zu der sie Gunda zählte, Lebensmittel. Man kaufte sie wie Brot und Butter und wartete nicht auf eine besondere Gelegenheit. Doch Gunda hatte sich nicht irgendein Buch gewünscht, sondern eines, das Christas Leben verändert hatte.

Der Laden war auch am Heiligabend noch brechend voll. Männer und Frauen auf der Jagd nach den letzten Geschenken. Gertie war die ganze Zeit nur damit beschäftigt, die Bücher in Weihnachtspapier zu wickeln und mit roten Schleifen zu versehen, während Lilly an der Kasse stand und Christa die Kunden beriet. Ein Kochbuch für die Schwiegertochter, einen Roman für die Tante, ein Fußballbuch für den Sohn. Kurz nach dem Mittagsläuten verließ der letzte Kunde den Laden, und Gertie, Lilly und Christa atmeten auf. Christa öffnete eine kleine Flasche Sekt und stieß mit ihren beiden Mitarbeiterinnen an. Dann überreichte sie die Geschenke und dazu je einen Umschlag mit einem Geldschein darin. Von Lilly bekam sie ein paar selbst gestrickte Socken und von Gertie drei Gläser selbst gemachte Marmelade. Es war kurz nach eins, als sie die Kassenabrechnung fertig hatte. Plötzlich klopfte es heftig an der Tür. Christa blickte auf und sah einen jungen Mann mit verzweifeltem Hundeblick. Sie seufzte, dann öffnete sie die Tür.

«Ich … ich brauche ein Geschenk für meine Freundin», stieß er hervor. «Bitte helfen Sie mir.»

«Das fällt Ihnen ja reichlich spät ein», erwiderte Christa, ließ den Mann aber ein.

«Nein, nein, so ist es nicht», erklärte der Mann. «Ich suche schon seit Wochen nach dem passenden Geschenk. Meine Freundin ist etwas ganz Besonderes. Aber ich habe nichts gefunden, das diese Besonderheit ausdrückt.»

Christa nickte, weil sie den jungen Mann besser verstand, als er ahnte. «Was liest Ihre Freundin denn gern?», wollte sie wissen.

Der junge Mann schüttelte den Kopf. «Wissen Sie, was ihr größter Wunsch ist?»

Christa verneinte.

«Sie möchte einmal eine ganze Nacht in einer Buchhandlung eingeschlossen werden.»

«Wirklich?» Christa musste lächeln.

«Wie viel würde das kosten?»

Christa überlegte. Wie viel war ein Herzenswunsch wert? Sie betrachtete den jungen Mann. Sie hatte ihn schon ein paarmal im Buchladen gesehen, daran erinnerte sie sich jetzt, manchmal in Begleitung einer jungen, schüchtern wirkenden Frau. Und sie fasste einen Entschluss. Vielleicht einen unvernünftigen. Aber Christa hatte in ihrem Leben gelernt, auf ihr Bauchgefühl zu hören.

«Nichts.»

Der junge Mann ließ den Kopf hängen. «Das dachte ich mir schon. Niemand würde eine Fremde eine Nacht allein im Laden lassen.»

«Doch», erwiderte Christa. «Ich tue das. Meine Mutter wohnt direkt über dem Laden. Sie wäre da, wenn etwas ist. Überdies könnte ich mir gut vorstellen, dass Sie Ihre Freundin begleiten. Wann soll diese Nacht denn stattfinden?» Christa setzte sich und bot auch dem jungen Mann einen Stuhl an. «Eine ganze Nacht ist sehr lang. Ich würde vorschlagen, einen Picknickkorb zu packen und auch eine Flasche Wein nicht zu vergessen», schlug sie vor und wurde plötzlich aufgeregt. «Oh, das wird sicher wunderbar. Sie können sich gegenseitig Geschichten vorlesen und dabei Wein trinken.»

«Ja, das klingt wirklich wunderbar. Daran hatte ich nicht gedacht.» Der junge Mann holte einen Zettel aus seiner Tasche, notierte, was Christa ihm vorgeschlagen hatte, und Christa sah ihm dabei zu. Seine Wangen hatten sich gerötet, die hellen Augen funkelten. Plötzlich sprang der junge Mann auf und umarmte Christa unvermittelt. «Ich freue mich so», erklärte er. «Und ich bin Ihnen so dankbar. Meine Freundin wird diese Nacht sicherlich nie vergessen. Und ich auch nicht. Können wir nach Weihnachten herkommen und besprechen, wann es passieren soll?»

Christa lächelte. «Aber natürlich.»

Mit einem Mal spürte Christa den Geist der Weihnacht. Ja, hier war er. Der junge Mann hatte ihn mitgebracht. Sie stand kurz auf und ging durch die Buchhandlung, ließ ihren Blick an den Regalen entlangwandern, bis sie gefunden hatte, was sie suchte. Ein Buch, das ihr Leben beeinflusst hatte, das waren Gundas Worte gewesen. Sie zog den Band hervor und lächelte.

Es waren die Liebesgedichte von Bertolt Brecht. Die Gedichte, die ihr Onkel während der Nazizeit verkauft hatte und für die er ins Konzentrationslager gekommen war. Christa wusste nicht, wie oft sie schon darin gelesen hatte. Dieses Buch hatte ihr Leben verändert, hatte mit dafür gesorgt, dass sie die Buchhandlung ihres Onkels übernommen hatte, dass sie nun ein Leben für und mit Büchern führte. Sie liebte dieses Buch, weil es sie immer an ihren Onkel erinnerte, der verstorben war. Aber in den Gedichten von Brecht fand sie ihn wieder, war er bei ihr.

Und plötzlich war sie sich auch ganz sicher, was dieser Geist der Weihnacht wirklich war: Die Liebe.

Christas
Weihnachtskaffee

Zutaten

125 ml frischer Kaffee
1 TL Kakaopulver
30 ml Amaretto
1 Msp. Zimt, Muskat und Kardamom
Sahne
Vanille

Zubereitung

Amaretto in den heißen Kaffee geben, danach Zimt, Muskat, Vanille und Kardamom einrühren, Kakaopulver zufügen. Gut verrühren. Mit Schlagsahne krönen. Bei Bedarf noch Zucker hinzufügen.

Die Autorinnen

Inken Bartels, geboren 1974 in Eckernförde, hat viele Jahre freiberuflich für diverse Frauenzeitschriften gearbeitet und ist heute Ressortleiterin bei der *Für Sie* und der *Petra*. Mit ihrer Familie lebt sie in Hamburg. Zum Schreiben zieht sie sich gerne in ihr kleines Wochenendhäuschen an der Schlei zurück. Dort sind auch die beiden Romane «Der kleine Gasthof an der Schlei» und «Ein Sommer an der Schlei» entstanden.

Julie Caplin lebt im Südosten Englands, liebt Reisen und gutes Essen. Als PR-Agentin hat sie in diversen Großstädten gelebt und gearbeitet. Mittlerweile widmet sie sich ganz dem Schreiben. In der Romantic-Escapes-Reihe sind bereits sieben Bände erschienen, zuletzt die *Spiegel*-Bestseller «Der kleine Teeladen in Tokio», «Das kleine Chalet in der Schweiz» und «Das kleine Cottage in Irland». Die Romane sind auch unabhängig voneinander ein großes Lesevergnügen.

Rebekka Eder wurde 1988 in Kassel geboren. Schon während ihres Studiums der Theaterwissenschaft und Germanistik veröffentlichte sie ihre ersten Romane. Heute schreibt und lebt sie auf dem nordhessischen Land. Sie liebt nicht nur Pfeffernüsse, sondern auch Franzbrötchen: In ihrem Roman «Der Duft von Zimt» kämpft Josephine um *Thielemanns Backhus* – und erfindet dafür das berühmte Hamburger Gebäck.

Micaela A. Gabriel, in Hamburg geboren, wuchs in München und Lugano auf, wo sie ihre ersten Schreibversuche unternahm. Nach Sprachenstudium und Zeitungsvolontariat arbeitete sie als Redakteurin. Als Micaela Jary und Michelle Marly gelangen der in Berlin lebenden Autorin zahlreiche Bestseller. Der Reichstag steht auch im Mittelpunkt ihrer Reihe um die ersten Parlamentarierinnen – mutige Frauen zwischen Ambitionen und Liebe.

Miriam Georg, geboren 1987, ist die Autorin des Zweiteilers «Elbleuchten» und «Elbstürme». Beide Bände der hanseatischen Familiensaga schafften auf Anhieb den Einstieg auf die Bestsellerliste und wurden zum Überraschungserfolg des Jahres. Die Autorin hat einen Studienabschluss in Europäischer Literatur sowie einen Master mit dem Schwerpunkt Native American Literature. Wenn sie nicht gerade reist, lebt sie mit ihrer gehörlosen kleinen Hündin Rosali und ihrer Büchersammlung in Berlin-Neukölln.

Liv Helland liebte schon immer das Meer, deshalb spielten dort viele der Geschichten, die sie sich als Kind gerne ausdachte. Sie studierte deutsche und englische Literatur und arbeitete als Journalistin und Übersetzerin, bevor sie das Bücherschreiben für sich entdeckte. Da sie nicht nur ein großer Fan der Nordsee ist, sondern auch sehr gerne Krankenhausserien im Fernsehen schaut, lag es nahe, über eine Klinik auf einer friesischen Insel zu schreiben. Drei Bände der «Inselkrankenhaus»-Reihe sind bereits erschienen.

Katharina Herzog ist die deutsche Autorin für Liebesromane mit Fernweh-Garantie. Sie liebt es, ihre Leser:innen an Sehnsuchtsorte wie Amrum, die Amalfiküste, Juist oder Kent zu entführen und diese Schauplätze auch selbst zu bereisen. Mit ihren Romanen schrieb sie sich nicht nur in die Herzen ihrer Leser:innen, sondern eroberte auch die Bestsellerlisten. Katharina Herzog lebt mit ihrer Familie, Pferd und Hund bei München und plant schon ihre nächste Reise.

Manuela Inusa wurde 1981 in Hamburg geboren, wo sie auch heute mit ihrer Familie lebt. Der große Durchbruch als Schriftstellerin gelang ihr mit der «Valerie Lane»-Reihe. Auch mit den «Kalifornischen Träumen» eroberte sie die *Spiegel*-Bestsellerliste. In ihrer neuen Reihe entführt sie uns ins idyllische Lake Paradise im Herzen der USA, einen fiktiven Ort mit vielen liebenswerten Figuren und berührenden Schicksalen, in dem auch diese Geschichte spielt.

Sandra Lüpkes ist Autorin zahlreicher Romane, Sachbücher, Drehbücher und Erzählungen. Zuletzt landete sie mit «Die Schule am Meer», einem groß angelegten Gesellschaftsroman über ein reformpädagogisches Internat auf Juist, einen *Spiegel*-Bestseller. Die Lebenserinnerungen der Pastorenfrau Irmgard Janssen, die in den 1920er-Jahren auf Juist lebte, inspirierten Sandra Lüpkes zur Kurzgeschichte «Aller Augen warten», schließlich ist die Autorin fünfzig Jahre später im dortigen Pfarrhaus aufgewachsen.

Kira Mohn hat schon die unterschiedlichsten Dinge in ihrem Leben getan. Sie gründete eine Musikfachzeitschrift, studierte Pädagogik, veröffentlichte Bücher in Eigenregie unter dem Namen Kira Minttu und hob mit vier Freundinnen das Autorinnen-Label Ink Rebels aus der Taufe. In ihren Büchern entführt sie ihre Leser:innen in die beeindruckenden Landschaften von Irland, Kanada, Island und Schottland.

Kristina Moninger wurde 1985 in Würzburg geboren und hat ihre Kindheit in einem kleinen Dorf auf dem Land verbracht, in dem sie auch heute noch mit ihrer Familie lebt. Nach einer kaufmännischen Ausbildung hat sie ein Übersetzerstudium abgeschlossen. Ihre größte Leidenschaft jedoch gilt dem Schreiben. Sie hat bereits sehr erfolgreich veröffentlicht – zuletzt die beiden Romane «Was wir sehen, wenn wir lieben» und «Herz sucht Zuhause». Findet man sie nicht am Schreibtisch, dann sehr wahrscheinlich hinter einem Buch oder in der Natur.

Kelly Moran lebt mit ihrer Familie in den Südstaaten der USA. Sie begeisterte ihre Leser:innen unter anderem mit der Redwood-Love-Trilogie über drei Tierärzte in einem kleinen Ort in Oregon. So urteilte beispielsweise die *RT Book Reviews* über Band 1: «So voller Wärme und Gefühl, dass man sich unweigerlich verliebt …» Ihre Bücher standen etliche Wochen auf der Bestsellerliste des *Spiegels*.

Ines Thorn wurde 1964 in Leipzig geboren. Nach einer Lehre als Buchhändlerin studierte sie Germanistik, Slawistik und Kulturphilosophie. Sie lebt und arbeitet in Frankfurt am Main und schreibt seit Langem erfolgreich historische Romane, zuletzt erschienen bei Rowohlt Polaris zwei Bände über eine junge Frankfurter Buchhändlerin in der Nachkriegszeit: «Die Buchhändlerin» und «Die Buchhändlerin. Die Macht der Worte».

Lena Wolf ist das Pseudonym einer Autorin aus Norddeutschland, die schon zuvor unter dem Namen Mia Morgowski erfolgreich Unterhaltungsromane veröffentlicht hat. Mit «Ein Sommer auf Sylt» landete sie erneut einen *Spiegel*-Bestseller. Es folgte der Roman «Ein Zuhause auf Sylt», der ebenfalls in der warmen Jahreszeit spielt. Mit dieser Kurzgeschichte nimmt Lena Wolf uns nun erstmals mit ins winterliche Sylt – auch weil die Insel in der Weihnachtszeit so schön hyggelig wirkt.

Katharina Herzog
Das kleine Bücherdorf: Winterglitzern

Die junge Kunsthändlerin Vicky gerät
durch Zufall an einen ungewöhnlichen
Brief: Der 8-jährige Finlay aus Swinton-
on-Sea in Schottland hat ihn an seine verstorbene Mutter geschrieben. Vicky ist
berührt – aber auch neugierig, denn
dem Brief liegt ein Foto bei, auf dem Finlay eine seltene Ausgabe von «Alice im
Wunderland» in den Händen hält.

352 Seiten

Vicky reist nach Swinton, wo Graham,
der Vater des Jungen, ein Antiquariat
führt, und wird prompt für die neue Aushilfsbuchhändlerin gehalten.
Swinton ist ein ganz und gar außergewöhnlicher Ort. Ein uriges Dorf
voller Buchläden und Bücherwürmer und dazu eine Schar mitunter
sehr eigenwilliger Einwohnerinnen und Einwohner.

Unversehens gerät Vicky mitten in die Geschichte um Finlay, seinen
Vater Graham – einen attraktiven Buchhändler und Witwer – und ein
sehr wertvolles Buch. Doch sie hat auch etwas zu verbergen: dass sie
mit einem Auftrag angereist ist, der ihre zarten Freundschaftsbande in
Swinton zu zerreißen droht …

Weitere Informationen finden Sie unter **rowohlt.de**

Rebekka Eder
Der Duft von Zimt

Himmlisch duftender Zimt, ein altes
Geheimnis und eine Prise Romantik

HAMBURG, 1812: Die junge Josephine führt mit ihrem Onkel eine kleine
Bäckerei. Doch die französische Besetzung der Stadt stellt die beiden vor die
Herausforderung, genug Zutaten zu
beschaffen. Als ihr Onkel aufgeben will,
überredet Josephine ihn, Thielemanns
Backhus allein weiterführen zu dürfen.
Er hat nur eine Bedingung: Sie soll end-

528 Seiten

lich heiraten – ausgerechnet den Postboten Christian Schulte, der
überraschend wenig Mitgefühl für die Nöte der Hamburger Bevölke-
rung zeigt. Gleichzeitig wird ihr der Soldat Pépin Sabatier, der in der
Backstube ein und aus geht und stets von den Köstlichkeiten Frank-
reichs schwärmt, immer sympathischer. Besonders der Duft von Zimt
hat es ihm angetan – genau wie Josephine. Zusammen mit Pépin
kommt sie nicht nur einem alten Familiengeheimnis auf die Spur, sondern erfindet auch ein Gebäck, das Thielemanns Backhus retten
könnte …

Ein zauberhafter Roman über das wohl beliebteste Hamburger
Gebäck: das Franzbrötchen!

Weitere Informationen finden Sie unter **rowohlt.de**